KB231346

경영관리자의 성공전략을 위한
전략포맷

Strategy Format
Solutions for Ultimate Strategy

Dong J. Park and Peter H. Antoniou

박 동 준
피터 앤토니오

소프트전략경영연구원

경영관리자의 성공전략을 위한 **전략포맷**

Strategy Format : Solutions for Ultimate Strategy

박동준, 피터 앤토니오 지음
Dong J. Park, Peter H. Antoniou

발행처 / 소프트전략경영연구원
발행인 / 박동준
초판발행일 / 2008년 7월 16일
등록일 / 1993년 2월 10일
등록번호 / 제22-146호
www.ansoffkorea.com
주소 / 경기도 성남시 분당구 정자동 7. 두산위브파빌리온 B614
ⓒ 2008 박동준, Dong Joon Park, Peter H. Antoniou, Printed In Korea

ISBN 978-89-7736-122-5

도서판매공급처: 도서출판 반디불이

도서주문 전화 (02)704-3331 팩스 (02)704-3360

값 18,000원

경영관리자 여러분께 드리는 글

전략적 사고와 선택의 중요성

기업조직의 현장에서 전략적 사고에 대한 개념이 소개되기 시작한지 벌써 반세기가 흘렀습니다. 우리나라의 산업현장에서도 1980년대부터는 전략적 사고에 관한 기법과 안내서가 선을 보이기 시작하여 관련 전문가들에 의한 교육이 실시되고 있습니다. 그동안 이와 같은 노력이 우리나라 조직의 전략적 성과를 개선하는데 많은 공헌을 해왔음을 부인할 수 없습니다.

그동안 전략적 사고의 중심적 개념은 선택과 집중이었습니다. 선택과 집중은 전략대응의 원칙으로 제시되고, 기업 현장이나 대학의 강단에서도 전략과 관련된 논의에서 빠지지 않고 등장하는 개념으로 일반화되었습니다.

전략에서 선택은 대단히 중요합니다. 선택을 잘못하면, 마치 잘못된 길을 가는 것과 마찬가지로 전략적 성과를 제대로 거둘 수 없게 됩니다. 물론 뒷걸음치다가 무엇인가를 거둘 수도 있습니다. 그러나 그와 같은 횡재와 같은 일은 좀처럼 쉽게 등장하지 않습니다.

따라서 선택을 잘하는 것이 전략적 사고과정에서 중요한 역할을 하게 됩니다. 우선, 선택을 잘해야 그에 집중하여 전략을 실천할 수 있기 때문입니다. 이제는 우리나라의 조직현실에서 선택기법이나 선택에 관한 지식도 전반적으로 향상되고 있는 추세입니다.

그러나 선택을 하려면 우선 선택할 수 있는 대안이 먼저 구성되어야 합니다. 아무리 선택을 잘하려고 해도, 전략대안이 제대로 구성되어 있지 못하다면, 선택할 대상이 부족하거나 결여되어 있기 때문에 선택을 제대로 할 수 없는 상황에 처하게 됩니다.

그렇다면 선택의 과정 이전에, 우선적으로 전략과 전략대안들을 잘 만들어내는 일이 중요하게 됩니다. 물론 다른 기업조직에서 개발하여 성공적으로 실시하고 있는 여러 가지의 전략대안들을 수집하여 모방전략을 중심으로 전략대응행동을 수행할 수도 있습니다. 그러나 조직에서 당면하고 있는 전략적 대응을 모색하고 성공적 전략성과를 거두고자 한다면, 전략의 요소들과 전략대응의 방법들을 유효적절하게 구성하고 연구하여 대안들을 창조하는 노력이 수반되어야 합니다.

이러한 전략창조를 제대로 전개하고자 한다면 우선적으로 고려되어야 하는 것은 당면하고 있는 환경과 상황에 대한 현실인식의 수준을 높이고 그에 대하여 지능적 대응을 전개하며 그리고 전략의지의 발휘를 통한 전략의 창조와 실행을 전개하는 실천적 전략행동의 성과를 관리하는 것입니다.

이러한 문제의식하에서 필자는 우리가 현실적으로 성공을 높이기 위하여 무엇을 새롭게 인식하고 방법을 어떻게 혁신하며, 우리의 전략성과를 높이기 위하여 어떻게 대응할 것인가를 핵심주제로 삼고 그동안 공동연구자들과 함께 또는 독창적으로 연구한 내용을 전략마인드라는 대주제하에서 일련의 연구서들을 출간하고 있습니다.

이 책에서는 우리의 기업조직, 또는 정부조직에서 전략창조와 전략논의를 전개하고 전략적 사고와 판단, 그리고 전략추진행동에서 종종 목격되고 있는 개념의 혼란을 방지하기 위한 방법을 전개하고 있습니다.

사람마다 다른 의미의 전략개념과 내용

왜, 전략이라는 말의 의미와 내용이 사용하는 사람마다 제각기 다른가? 조직 내에서 조직구성원들 간의 전략개념이 제각기 다르고 의미하는 바가 다를 경우, 조직의 전략적 대응과정이나 방법이 혼란스러울 뿐만 아니라 성공적인 전략성과의 관리 또한 어렵게 됩니다.

경영간부와 중견간부들을 중심으로 전략 워크샵을 지도하면서 종종 경험하는 현실이지만, 대체로 전략에 대한 관점이 불명확하고 현실적으로 전략적 대응을 논의할 때에도 명확한 대안을 모색하는데 서툰 경영관리자들이 의외로 많다는 사실을 놀라지 않을 수 없습니다. 더욱이 모두가 그러한 현상을 명확하게 인지하면서도, 어찌된 영문인지 그러한 현상을 개선하지 않고 아직까지도 조직 내에서 애매한 개념과 내용으로 경영관리와 전략대응을 전개해오고 있다는 사실에 경악하지 않을 수 없다는 것을 느끼는 것은 비단 필자만의 경험은 아닐 것입니다.

그러한 현상이 그동안 방임되고 묵인되어온 가장 중요한 이유는 조직 내에서는 전략에 대한 오해와 의견의 불일치가 무성해도, 이에 대하여 바로 잡을 수 있는 구체적인 방법과 분석 툴이 없었기 때문입니다.

따라서 이러한 현상을 극복하기 위하여 우리가 당면하고 있는 환경에 대응해야 하는 전략에 대하여 구체적이고 체계적인 분석 툴을 구성하고 그 활용방법을 고안하여 제시할 필요성에 착안하여 개발한 기법이 바로 이 책의 제목에서 소개하고 있는 「전략포맷(strategy format)」입니다.

전략활용의 기본원칙으로 활용하는 전략포맷

전략포맷은 우리들이 일상적으로 당면하게 되는 전략과제나 전략대안의 모색과 개발, 전략대응행동의 구성과 같은 일을 수행할 때, 기본적 틀로 활용하기 위하여 고안되었습니다.

즉, 부서 내에서 전략을 모색하거나 전략대안을 논의하고자 할 때, 막연하게 '전략을 짜자'와 같이 전개하는 것이 아니라, '전략 포맷에 의하여 전략을 생각해내고, 전략대안을 개발해보자'와 같이 활용하기 위하여 「전략포맷」이라는 분석 툴과 방법론을 개발 하였습니다.

전략포맷의 기본적인 구도와 분석 프레임워크는 필자와 함께 전략경영관련 주제연구를 함께 해온 미국의 연구동료인 피터 앤 토니오 박사와 2006년부터 실시한 본격적인 공동연구를 통하여 개발되었으며, 2007년부터는 미국 현지의 전략 워크샵을 통하여 경영간부와 관리자들을 중심으로 현장적용을 통하여 보완하여 완 성한 기법입니다.

전략포맷의 내용과 구조를 구체적으로 확정하는 과정에서 이 를 전략문서의 기본으로 할 것인가? 또는 전략성과를 높이기 위 한 전략적 사고의 프레임워크로 간주할 것인가에 대한 논의가 반 복적으로 전개되었습니다. 필자들은 이에 대하여, 최종적으로는 어떠한 목적이나 형태로 사용되어도 상관없다는 결론을 내게 되 었습니다.

그것은 전략포맷이 조직 내에서 당면하고 있는 전략행동의 추 진과정에서 유용하게 활용될 수 있는 실천적 기법을 제공하기 위 하여 개발한 것이며, 경우에 따라서는 사용자의 자유로운 생각에 따라 그리고 실천적 성과를 높이기 위하여 얼마든지 수정하거나 변형하여 사용할 수 있도록 하여야 한다는데 의견을 같이 하였기 때문입니다.

독자 여러분은 이 책의 내용에 따라 전략포맷의 내용과 구조 를 하나씩 살펴볼 때마다, 전략발상과 전략논의의 수준이 한 단 계씩 향상되는 것을 직접 느낄 수 있습니다. 그것은 전략포맷의 서술과 분석에서 전략에 대한 인식과 발상의 구조를 설명하고 있으며, 전략에 관하여 점검하고 검토해야 할 내용을 단계적으로 설명하고 있기 때문입니다.

이 책에서 다루는 주요 내용

이 책에서는 전략의 일반적 개념을 중심으로 일반 기업조직이나 정부조직에서 당면하고 있는 환경에 대하여 전개해야 할, 전략대응에 필요한 요소들을 단계적으로 심도를 깊게 하여 살펴보고 있습니다.

제1장에서는 우선 조직현장에서 활용되고 있는 전략개념의 혼란을 예비하고 전략효과성을 제고하기 위한 전략포맷의 구성과 활용 필요성에 대하여 살펴봅니다.

제2장에서는 전략포맷의 종류와 내용, 구조와 형식을 중심으로 [전략포맷 1]부터 [전략포맷 10]까지 살펴봅니다.

제3장에서는 전략포맷과 관련하여 추가적으로 살펴보아야 할 전략적 개념과 내용들을 보충적으로 살펴보고 있습니다.

전략포맷의 내용을 살펴봄에 있어서 특정한 내용이나 중요한 내용과 관련하여 부연설명이 필요한 주제에 대하여는 별도의 소주제로 구분하여 설명을 추가하였습니다.

전략포맷만을 중심을 신속하게 학습하고자 하는 독자께서는 제1장에서 다루는 내용을 우선 살펴보고 필요에 따라서 관련된 내용을 참고하실 것을 권하고 싶습니다.

이 책은 누가 읽어야 하는가?

이 책은 당면하고 있는 전략대응에 참여하는 조직구성원이라면 직책과 부문에 관계없이 누구나 학습할 수 있습니다. 여기에서는 경영관리자에게 당부하는 내용과 구절이 많이 보이지만,

전략대응을 모색하거나 판단하고 전략행동을 지휘하는 경영자나 전략대응행동을 실천하는 실무자의 경우에도 전략포맷을 충실하게 학습할 필요가 있습니다.

그것은 전략대응행동이 대부분의 모든 조직부문에서 전개되고 있으며, 현재 대부분의 조직구성원들이 전략포맷에 대한 관점이 제대로 확립되어 있지 못하기 때문입니다.

따라서 조직내 교육부문에서는 전략포맷에 대하여 별도의 교과과정을 개설하고, 이에 대하여 지도요원을 양성하여 신속히 조직내에서 용이하게 활용할 수 있도록 조치를 취할 필요가 있습니다.

또한 경영자와 경영관리자들이 전략포맷의 내용과 활용방법을 터득하여 부하직원들에게 직접 지도하여 전략대응을 지휘할 경우, 조직부문의 전략성과를 더욱 높일 수 있습니다.

추가적인 학습자료의 발간

전략포맷기법과 관련하여 전략성과를 제고하기 위하여 필요한 내용은 전략마인드 시리즈의 형태로 지속적으로 발간하고 있습니다. 이 책과 더불어 전략마인드 1권에서는 전략성공을 위하여 필요한 기초적인 지식과 간이기법을 소개하고 있으며, 전략마인드 2권에서는 전략적 과제해결기법으로서의 뉴스와트 전략의 실무적용에 관한 기법과 절차, 방법을 설명하고 있습니다.

또한 전략마인드 4권에서는 전략적 위기에 대응하기 위한 실천기법으로 리스크 이슈 대응기법을 구체적으로 살펴보고 있습니다. 후속적으로 출판할 전략마인드 시리즈에서는 전략지능과 전략의지를 점검하여 환경대응을 전개하는 전략적 대응의 논리와 전략 패러다임의 변혁과 관련된 연구서들을 준비하고 있습니다.

전략포맷 교육의 실시

이 책에서 다루고 있는 전략포맷기법에 대한 교육과 전략포맷 지도(강사)요원 자격과정 교육은 기업체의 요청에 의하여 소프트전략경영연구원에서 실시합니다.

조직의 전략적 성과를 개선하고자 하는 기업이나 정부조직에 대하여 소프트전략경영연구원에서는 최선을 다하여 교육지도를 수행할 것을 약속드립니다.

이 책이 여러분의 업적신장과 기업발전에 도움이 될 수 있기를 간절히 기원 드립니다.

2008년 5월

박동준, 피터 앤토니오

Preface

There is a plethora of material written about strategy and increasingly more is written criticizing whether organizations are doing the right thing or not. Even more second-guess the strategic actions organizations take and hold corporate officers accountable before even seeing the outcomes.

This is quite interesting particularly since we are operating in a global setting where any actions we take are morphed into something unexpected leading, at times, to unrealized results.

However, with all these continuous turmoil it has become apparent that strategy is the mechanism which leads any organization to its next stage of development. But how is it that it can be understood and put into perspective? This is what we try to answer in this book and as an extension to this book series.

Any organization is directly affected by its environment that is operating in, constantly creating changes and at the same time being influenced by changes. The tool to successfully deal in the organization's environment is strategy. But strategy by itself does not mean much if it 'strategy for the strategy shake'. The key is the ability of the organization to proact, adopt and adapt in such a way that will make the organization a successful player in the global marketplace. The right combination of these two makes for the right outcome: on one hand the strategy and on the other hand its ability to proact.

This is well said, but what does an organization need to do to deal with all of this? Which are the steps that an organization could take to get a roadmap of specific actions so to include all what is needed? This is all in Part 2 starting with the simple potential positions for those organizations with a smaller level of complexity and expanding into all different permutations for more complex ones. We developed a series of scenarios to help the reader identify where the organization fits and based on the level of complexity propose areas to address.

This is quite good but by itself is not enough since what is needed are some of the strategy propositions under best and worst cases. At the same time, there are ways to get significantly better results out of the same strategy by minimally altering some variables. We are presenting some of these ways in Part 3. We have also included some strategic success models and strategic response principles towards the end to help the reader explore the framework to work on.

This work has been very invigorating. We would like to thank our clients who gave us the incentive to put together all of the different possible combinationsand to make this a working tool for all involved in the strategy field.

May 2009

Dong J. Park and Peter H. Antoniou

감사의 글

이 책이 완성되기까지 여러분들에게서 발상과 도움을 받았습니다.   우선 이제는 고인이 되신 앤소프(H. I. Ansoff) 교수님께 가장 먼저 감사의 말씀을 드리고 싶습니다.

필자의 창의적 이론연구와 기법개발활동에 있어서 우선 국민대학교의 전성현 교수님께 진심으로 감사의 말씀을 전하고 싶습니다.   전성현 교수님은 늘 독창적이고도 합리적 관점에서 새로운 연구활동을 격려하시고 다양한 지적과 건설적 비판을 아끼지 않으시고, 늘 세계 최고 수준의 이론과 기법창조를 완성하기를 권장하셨습니다.   아직 그 기대에 미치지 못함을 늘 부끄럽게 생각합니다.

또한 일본전략경영협회 나까무라겐이치(中村元一) 교수님과 공저자인 피터 앤토니오(Peter H. Antoniou) 박사에게 감사드립니다. 이 분들은 독특한 분석방법과 실용적인 경영지혜를 솔직하게 교환함으로써 저의 발상을 자극하시고 쉽게 무뎌지는 연구의지를 강화시켜 주셨습니다.

마지막으로 이 책을 집필하는 동안 소홀히 대했던 아내와 혁, 원, 현, 정, 웅의 다섯 명의 소중한 자녀들과 어머님께 이 책으로 대신 감사의 뜻과 깊은 애정의 마음을 전합니다.

2008년 5월

박동준

목 차

제3장

제1장

조직의 전략현실과 전략포맷

출발점

전략포맷이란 무엇인가?
What is the Strategy Format?

■ 그러지 말고, 전략의 내용을 구체적으로 이야기 해봐!

A기업의 전략 워크샵에서 경영관리담당간부 이 팀장과 T사업 책임자 김 상무와의 대화에서 옥신각신 논쟁을 벌이자 관리담당 최 상무가 개입하여 전략의 내용을 구체적으로 설명해보라고 하였습니다.

서로 다들 추진해야 할 업무를 이구동성으로 각각 전략이라고 표현하고 있었기 때문에, 서로 다른 방향으로 추진하고자 하는 전략대안들이 전체적으로 전개하고자 하는 전략이라는 명칭으로 통합이 되질 못하고 있었기 때문입니다.

그리고 보니 일상적으로 생각하고 사용하는 전략이라는 말이 대화를 나눌 때는 서로 지향하는 내용이 다를 때에도 문제가 되지만 서로 의미하는 내용이 같을 경우에도, 그 내용 전달이 제대로 되지 못하는 경우가 많습니다. 서로 그 의미의 전달이 제대로 되지 못하기 때문에 커뮤니케이션의 문제가 발생할 뿐만 아니라 그 실행의 관리 또한 어렵게 됩니다.

■ 전략 문법을 활용하자

이와 같은 경우, 조직 내에서 서로 전략을 생각하거나, 논의하고 전략실행을 관리하기 위하여 전략과 관련하여 서로 통용할 수 있는 통일된 형식으로 구성된 「전략 문법(strategic grammar)」이 필요하다는 것을 알 수 있습니다.

전략에 관하여 통일된 형식의 문법을 어떻게 하면 좋을까? 이 책에서는 보편적으로 전략에 대한 통일된 형식의 체계를 구성하여 기업조직이나 정부조직에서 사용할 수 있도록 하기 위하여 전략에 관하여 알기 쉽고 활용하기 쉬운 형식과 문법을 구성하기 위하여 논의를 전개하겠습니다.

■ 전략 문법을 확립해야 하는 이유

여러 부문의 사람들이 전략이라는 명칭의 개념을 사용하고 있어도, 각자가 의미하고 표현하는 내용이 다른 경우가 비일비재하다는 것을 느낄 경우가 많이 있습니다.

심지어는 산업교육의 전문가들이나 경영전략의 전문가들조차도 각자가 고려하고 있는 전략의 개념들이 제대로 정립되지 않고 있으며, 심지어 어떤 이들은 정의조차도 제대로 내리지 않고, 전략을 거론하는 경우도 있습니다. 이와 같은 현실 속에서 일반적인 조직의 경영관리자들이나 실무자들이 당면하고 있는 환경에 대응하기 위하여 전략을 수립하여 대응하고자 할 때, 종종 의도하는 바와 다른 내용이나 형태의 전략을 수립하는가 하면, 아무 때나 전략이라는 명칭을 붙이기도 하고, 또한 그러한 명칭 하에서 실천되는 행동들을 전략적 행동이라고 믿게 되는 현상도 목격됩니다.

이와 같은 혼란을 줄이고, 조직의 전략성과를 높이고자 한다면, 현재 활용하고 있는 전략과 관련된 개념과 내용을 확실하게 정립하여 전략적 대응의 품질과 전략성과를 높이기 위한 노력을 기울일 필요가 있습니다.

제1장에서는 조직 내에서 일상적으로 언급되고 활용되는 전략이라고 하는 것에 대한 내용과 형식 및 구조를 어떻게 설정할 수 있는가를 개괄적으로 살펴보고, 좀더 구체적인 논의는 제2장부터 살펴보도록 하겠습니다.

■ 전략의 기본형식을 설정한다

어떤 사람은 전략을 이야기 할 때, 목표를 생각하는가하면, 어떤 사람들은 시장전략이나 경쟁전략을 이야기합니다.　사람들마다 제각기 전략에 대하여 다양하게 표현하는 것은 전혀 잘못된 것은 아닙니다.　각 개인들은 각자 나름대로의 전략적 지능과 의지를 발휘하여 전략적 대응을 전개하고 있기 때문에, 각자의 전략적 판단을 획일적으로 유도하거나 조장하는 것은 오히려 위험한 발상일 수도 있습니다.

그러나 조직 내에서 전략에 관하여 서로 지향하고 있는 내용이 다르거나 구조나 형식이 다를 경우, 조직적 행동을 통하여 전략을 모색하고 실천에 옮길 경우, 여러 가지의 비능률과 혼란이 유발되기도 하며, 조직적 노력과 시간 및 자원이 낭비되는 현상을 초래하기도 합니다.

따라서 모두가 독창적인 전략을 전개한다고 할지라도, 최소한 기본적인 틀과 구조를 확립하는 것이 전략창조와 실천의 성과를 높이는데 유용합니다.　아무리 좋은 음식이라고 할지라도 커다란 용기에 한꺼번에 담아서 전하는 것보다는 잘 정돈된 형태의 그릇에 나누어 담아서 전달을 해야 그 가치가 제대로 전달되는 것과 마찬가지로, 전략이라는 것도 일정한 형태의 틀과 형식을 규정화여 활용함으로써 서로 이해하기도 좋고 대응하기도 좋게 만들어 사용할 경우, 그 성과가 높아집니다.

본서에서는 저자의 현실적 경험과 이론적 연구를 토대로 설정한 전략문법의 기본형식을 살펴보고, 각 기본형식의 개괄적 내용과 특징을 살펴보겠습니다.   편의상 전략의 기본형식을 「전략포맷(strategy format)」이라고 하겠습니다.

■ 전략포맷의 기본형식

전략포맷은 사용자, 즉 전략주체와 전략의도에 따라서 천차만별하게 활용됩니다.   우리 자신이 스스로 머릿속으로 전략을 생각할 때에도, 전략을 구성하고 있는 어떠한 형식과 구조를 갖추게 됩니다.   생존여부가 긴박한 상황에서부터 치열한 경쟁상황, 또는 아주 여유롭게 계획을 수립하는 경우에도, 우리들의 머릿속에서는 나름대로의 가정과 논리, 그리고 형식과 구조를 생각하게 됩니다.

사람들에 따라서 제각기 다른 방법을 따를 수도 있지만, 가장 명확한 것은 어떠한 형태이건 대응해야 하는 행동을 결정한다는 사실입니다.   따라서 가장 간명한 형태의 전략포맷은 자신이 처하고 있는 환경과 자기 자신 그리고 그 환경에 대응하는 자신의 행동이라는 세 가지의 요소로 구성된 형태입니다.   이를 전략포맷의 기본형식이라고 하고 [전략포맷 1]이라고 정의하겠습니다.

■ 전략포맷 1

[전략포맷 1]은 자신과 환경(또는 상대방) 그리고 그에 대응하는 행동내용으로 구성됩니다.   여기에서 자신을 조직으로 확장하게 되면, 우리 조직(기업 또는 정부)과 당면하고 있는 환경, 그리고 그에 대응하는 대응행동으로 변환됩니다.   이러한 [전략포맷 1]은 가장 근본적인 행동을 규정하는 형태의 전략입니다.

우리 조직이 과연 지금 무엇을 해야 할 것인가? 현재 당면하고 있는 환경 하에서 대응해야 할 것이 무엇인가에 대한 가장 근본적인 질문에 대한 답변을 요구하는 것이라고 할 수 있습니다.

[전략포맷 1]에 의하여 전략을 수립하게 될 경우, 기업의 근본적인 행동목표 또는 사업목표를 수립하는 일과 성격과 내용이 같게 됩니다.

> **전략포맷 1의 구성요소 = 환경 + 전략주체 + 환경대응행동의 내용**

[전략포맷 1]은 환경대응행동의 내용을 전략으로 간주합니다. 그것은 환경과 전략주체 간에서 대응해야 할 행동의 내용이 핵심으로 등장하기 때문입니다.

당면하고 있는 환경의 범위와 속성, 내용이 복잡하지 않고 간단하며 대응이 쉬울 경우에는 [전략포맷 1]의 형태로 전략을 수립하고 대응해도 충분한 성과를 거둘 수 있습니다. 즉, 대응해야 할 환경요소들이 복잡하지 않을 경우에는 전략에서 대응해야 할 요소들이 많지 않게 되기 때문입니다.

이와 같은 경우, 조직의 목표는 간단하고 명확하게 편성할 수 있으며, 목표의 수립과 관리도 용이하게 수행할 수 있습니다. 그러나 대응해야 할 요소들의 복잡성이 증가하게 되면, [전략포맷 1]의 형태는 복잡성에 대응하기 위하여 추가적인 검토와 고려사항들을 반영하게 됩니다.

여기에서 가장 우선적으로 그리고 원천적으로 고려되는 추가요소는 대응주체에 대한 능력에 대한 점검입니다. 아무리 좋은 환경대응행동을 편성한다고 해도 대응능력이 부족할 경우, 그 성과는 제약될 뿐만 아니라 상황에 따라서는 손해를 입게 되거나 실패할 수도 있기 때문입니다. 따라서 능력은 전략주체가 전략대응행동을 구성하는 핵심요소로 간주됩니다. 따라서 [전략포맷 1]은 다음과 같은 형태로 활용되기도 합니다.

> 전략포맷 1의 구성요소 = 환경 + 전략주체의 능력 + 환경대응행동

이와 같은 [전략포맷 1]에서 환경대응행동이 포괄적으로 제시되는 현상을 개선하기 위하여 보완되는 형식은 「전략내용을 구성하는 환경대응행동」을 「목표와 전략으로 세분화」하는 형태입니다. 이러한 형식을 [전략포맷 2]라고 하겠습니다.

■ 전략포맷 2

[전략포맷 2]에서는 목표(또는 목적)와 전략내용을 구분함으로써, 환경대응행동에서의 방향설정과 방법설정에서의 성과를 제고합니다.

> 전략포맷 2의 구성요소 = 환경 + 전략주체의 능력
>   + 환경대응행동(목표 + 전략내용)

[전략포맷 1]을 활용할 경우, 기업의 기본적인 목표를 변경해서는 안 될 경우, 채택할 수 있는 유일한 대응행동의 변경은 전략적 대응행동의 내용에 국한됩니다.

그러나 [전략포맷 2]에서는 목표를 변경해야 할 경우와 전략을 변경해야 할 경우를 결합적으로 판단하기 때문에, 전략에 의하여 주요한 기본 목표를 변경할 수도 있고, 목표에 의한 전략의 수정을 가능하게 할 수도 있습니다.

따라서 [전략포맷 1]을 활용하는 사람과 [전략포맷 2]를 활용하는 사람 간에는 기본적인 목표의 수정 또는 변경가능성이 다르다고 할 수 있습니다. 예를 들면, 주요한 환경요인에 대응하기 위하여 기존의 목표를 고수하며 새로운 전략을 모색하고 대응할 것인지의 여부를 고려할 때, 또는 새로운 목표를 수립하면서 기

존의 전략을 유지할 것인지를 고려할 때, [전략포맷 1]을 활용하는 경우와 [전략포맷 2]를 활용하는 경우는 큰 차이를 보일 수 있습니다.

■ 전략포맷 3

[전략포맷 3]에서는 전략대응행동을 전략내용과 전략대안을 분리하여 편성합니다. 이와 같이 전략대안과 전략내용을 구분하는 가장 중요한 이유는 전략을 수정해야 할 것인지, 또는 전략대안을 수정해야 할 것인지에 대한 판별력을 높이고, 전략실천에서의 대응성을 높여서 전략성과를 제고하기 위한 것입니다.

> 전략포맷 3의 구성요소 = 환경 + 전략주체의 능력
> + 환경대응행동(목표 + 전략내용 + 전략대안)

[전략포맷 3]을 택하는 경영관리자들은 전략(의 구체적인 내용)과 전략내용을 실천하기 위한 전략대안을 구분하여 판단합니다. 따라서 동일한 전략내용을 이야기 할 경우에도, 그 전략내용을 실천하기 위한 전략대안들을 다양하게 편성하여 대응하기 위하여 지혜를 강구합니다.

조직현실에서 흔히 목격하는 경우로, 상사가 그동안의 현실경험을 토대로 [전략포맷 3]을 택하고 있고, 부하직원들이 [전략포맷 1]을 택하고 있을 경우, 부하직원들은 종종 상사로부터 꾸지람을 듣는 경우가 많습니다.

그것은 환경대응행동을 전개하기 위하여 구체적인 전략을 전개하자고 할 경우에도, 활용하고 있는 전략포맷이 다르기 때문에 비롯되는 흔히 볼 수 있는 현상입니다. 즉, 상사는 전략내용과 그 전략내용을 성공적으로 실천하기 위하여 필요한 전략대안들을

함께 검토하는 것을 전략적 사고의 기본으로 하고 있기 때문입니다.

이와 마찬가지로 생산부문에서는 생산효율개선과 납기준수를 중심으로 하는 행동대안에 초점을 맞추어 전략을 수립하고, 영업부문에서는 새로운 기능의 신제품에 의한 시장대응에 초점을 맞추어 전략을 수립할 경우, 종종 전략내용과 전략대안간의 갈등을 경험하게 됩니다.

이와 같은 갈등을 해결하기 위하여 부문간의 조정의 문제가 종종 거론됩니다만, 형식적으로 보면, 전략내용과 전략대안의 편성에서 결합적 대응에서의 실패가 원인이라고 볼 수 있습니다.

그것은 생산과 영업부문간에 전략내용에서의 통일성을 달성하지 못한 채로 서로 지향점이 다른 전략내용을 실천하는 전략대안들 간에 조정을 원하고 있기 때문에 유발되는 현상이기 때문입니다.

■ 전략포맷 4

[전략포맷 4]에서는 [전략포맷 3]에 추가적으로 실행부문이나 실천조직을 구체화합니다. 특히, 전략실행에 대한 실천적 책무를 명시함으로써 전략실천성과를 높이기 위하여 채택되는 형식입니다.

[전략포맷 4]는 기존의 사업을 수행하면서 새로운 전략적 행동을 전개해야 하는 부담을 조직 내에서 구체적으로 분배하여, 전략성과를 관리하기 위한 조직전개에 관한 내용을 구체화합니다. 이와 같이 조직책임과 조직전개에 관한 내용을 명확히 하는 것은 전략의 실천이 결국은 조직에 의하여 전개되기 때문입니다.

[전략포맷 4]를 활용하는 조직은 새로운 전략적 환경대응을 어떠한 조직계층과 조직부문에서 전개할 것인지를 늘 염두에 두고

그 실천을 관리합니다.

이와 같은 조직은 전략의 조직적 성과를 제고하기 위하여 각별한 주의와 관심을 기울입니다.

> 전략포맷 4의 구성요소 = 환경 + 전략주체의 능력
> + 환경대응행동(목표 + 전략내용 + 전략대안)
> + 조직

따라서 전략의 성과가 저조할 경우, 전략내용이 잘못된 것인지, 또는 전략대안이 잘못된 것인지를 파악할 뿐만 아니라, 조직적 대응에서 잘못된 것인지를 파악하기 위한 노력을 강구합니다.

■ 전략포맷 5

[전략포맷 5]에서는 [전략포맷 4]에 추가적으로 경영관리부문의 역할과 책임을 구체화합니다. 대체로 경영관리부문은 기업전략이나 사업전략을 총괄하고 있음에도 불구하고 전략대응에 대한 책무의 대부분의 책임이 면제되어 있습니다. 그것은 전략실행의 주체가 사업부문을 중심으로 편성될 뿐만 아니라, 전략대응의 실천행동 또한 사업부문에서 관리하기 때문입니다.

그럼에도 경영관리부문에서는 기업조직 및 기업자원에 대한 배치권한을 주도하고 있기 때문에, 전사적 또는 사업전략의 총괄업무를 기획하고 관리하는 일을 수행합니다.

> 전략포맷 5의 구성요소 = 환경 + 전략주체의 능력
> + 환경대응행동(목표 + 전략내용 + 전략대안)
> + 조직 + 경영관리

따라서 [전략포맷 5]를 활용하는 조직에서는 당면하고 있는 환경에 전략적 대응을 성공적으로 실천하기 위하여 경영관리부문에

서 수행해야 할 직무와 책임, 지원 및 통제활동의 내용을 구체적
으로 정의합니다.

　아직도 상당수의 조직에서 [전략포맷 5]의 내용을 구체적으로
명시하지 않고, 본사부문이라는 지위로 사업부문을 통괄 관리하
면서 전략경영을 주도해오고 있습니다.　그러나 [전략포맷 5]를
통하여 본사부문의 전략기능을 재정비하여 사업부문에 대한 경영
관리지원을 강화하고, 필요한 전략대응행동에서의 역할을 명확히
구분하여 전략대응에 필요한 경영관리행동을 재정비합니다.

■ 전략포맷 6

　[전략포맷 6]에서는 [전략포맷 5]에 추가하여 사업실행부문의
역할을 구체화합니다.　사업실행부문의 역할을 구체화하는 이유
는 전략대응행동을 실천하는 사업부문의 전략적 성과를 높이기
위한 것입니다.

```
전략포맷 6의 구성요소 = 환경 + 전략주체의 능력
                    + 환경대응행동(목표 + 전략내용 + 전략대안)
                    + 조직 + 경영관리 + 사업운영
```

　따라서 사업운영부문에서 전략의 실천과정을 주도할 때 필요
한 책무와 역할을 명확히 정의하여 전략실행에서의 성과를 관리
할 수 있도록 하고, 필요하다면 사업부문에 대한 보완이나 사업
내용의 변혁을 도모할 수 있도록 합니다.

■ 전략포맷 7

　[전략포맷 7]에서는 [전략포맷 6]에 추가하여 전략대응에 필요
한 자원확보와 전개에 관한 내용을 보다 세분화하여 구체화합니
다.　흔히 볼 수 있는 현상으로, 전략내용이나 실천이 잘 전개되
는 과정에서 전략대응에 필요한 투입자원의 부족으로 성과의 제

약을 경험하는 경우가 있습니다.

[전략포맷 7]에서는 전략대응행동을 실천하는 과정에서 필요한 전략적 자원들에 대한 정의를 구체화하고 이에 대한 책무를 명시할 뿐만 아니라 전략자원의 활용성에 대한 점검을 강화합니다.

```
전략포맷 7의 구성요소 = 환경 + 전략주체의 능력
                    + 환경대응행동(목표 + 전략내용 + 전략대안)
                    + 조직 + 경영관리 + 사업운영
                    + 전략자원
```

■ 전략포맷 8

[전략포맷 8]에서는 [전략포맷 7]에 추가하여 전략대응에 필요한 혁신적 요소들을 정의합니다. 최근 혁신전략이나 창조전략과 관련하여 혁신의 대상과 방법에 관한 관심이 높아졌습니다만, 실제로 전략적 환경대응을 위한 혁신보다는 현재의 사업유지 또는 업무개선을 위한 혁신에 치중하는 경향이 현저했습니다.

[전략포맷 8]에서는 전략적 환경대응의 성과를 높이기 위하여 필요한 혁신의 요소와 대상, 방법에 대하여 구체적으로 정의하고 혁신을 통한 전략적 성과를 제고하기 위한 노력을 강화합니다.

```
전략포맷 8의 구성요소 = 환경 + 전략주체의 능력
                    + 환경대응행동(목표 + 전략내용 + 전략대안)
                    + 조직 + 경영관리 + 사업운영
                    + 전략자원 + 혁신
```

■ 전략포맷 9

[전략포맷 9]에서는 [전략포맷 8]에 추가하여 전략대응에서 고려해야 하는 리스크 요소들을 정의합니다. 즉, 전략적 대응에서 유발되는 다양한 리스크 요소들과 내용을 점검하고 그에 대하여

어떻게 대응할 것인지에 대하여 고려하는 것입니다.

소위 위기관리라는 형태로 제시되고 있는 기법들이 [전략포맷 9]에서 활용될 수도 있습니다. 그러나 현재 소개되고 있는 위기관리기법들은 전략적 위기관리와는 다소 거리가 있습니다. 즉, 기업이 당면하고 있는 새로운 환경과제에서 유발되고 있는 다양한 전략적 기업 리스크나 사업 리스크에 대응하기 보다는 현재 수행중인 사업운영에서 유발되는 리스크에 대응하기 위한 방법론들이 중심이 되고 있기 때문입니다.

이에 대하여는 최근 지속적으로 연구와 기법개발이 진행중이지만 그러한 방법론을 도입할 경우에도 선행적 대응기법은 한계가 있기 때문에, 당분간은 각 조직에서 스스로 당면하게 될 리스크를 연구하며 대응하기 위한 조직적, 체계적 노력을 기민하게 강구하고 대응해야 할 것입니다.

전략포맷 9의 구성요소 = 환경 + 전략주체의 능력
                  + 환경대응행동(목표 + 전략내용 + 전략대안)
                  + 조직 + 경영관리 + 사업운영
                  + 전략자원 + 혁신 + 리스크

■ 전략포맷 10

마지막으로 [전략포맷 10]에서는 [전략포맷 9]에 추가하여 전략대응에서 고려해야 하는 전략적 지능요소들을 정의합니다. 전략적 지능은 전략적 환경대응을 위하여 필요한 조직의 지능적 대응능력을 의미합니다.

전략적 지능이 뒤떨어져 있는 조직에서 전략대응을 전개하고자 할 경우, 그 전략의 내용이 어떻게 편성되고 어떻게 실천될 것인지는 명약관화하다고 할 것입니다. 따라서 전략적 과제에 대응하기 위하여 필요한 전략적 지능을 점검하고 그에 대하여 필요한 구체적 조치를 강구할 수 있도록 합니다.

<blockquote>

전략포맷 10의 구성요소 = 환경 + 전략주체의 능력
+ 환경대응행동(목표 + 전략내용 + 전략대안)
+ 조직 + 경영관리 + 사업운영
+ 전략자원 + 혁신 + 리스크 + 전략적 지능

</blockquote>

전략적 지능은 전략적 의지에 따라 그 지능발휘의 정도와 성과가 달라집니다. 전략적 지능의 이면에는 전략적 의지의 발휘가 작용하기 때문입니다. 즉, 소극적인 전략의지를 발휘하는 조직에서는 적극적인 전략의지를 발휘하는 조직보다 그 전략적 지능의 성과가 떨어집니다. 따라서 [전략포맷 10]을 잘 활용하는 조직은 그렇지 못한 조직보다 전략의 지능적 성과를 더욱 높이기 위한 노력을 강구합니다.

■ 우리는 어떠한 전략포맷을 활용하고 있는가?

이상으로 개괄적으로 10가지의 전략포맷의 내용과 구조, 특성에 관하여 살펴보았습니다.

이와 같은 전략포맷을 참고한다면, 우리가 현재 일상적으로 활용하고 있는 전략포맷은 어떠한 것인가에 대하여 점검해볼 필요가 있습니다.

우리가 활용하고 있는 전략포맷은 어떠한 것인가, 그리고 어떠한 전략포맷을 활용해야 할 것인가에 대하여 점검해보기 위하여 <도표 1.1>과 같은 체크리스트를 활용해볼 수 있습니다.

■ 어떠한 전략포맷을 활용할 것인가?

앞에서 살펴본 전략포맷은 번호가 높아질수록 검토하고 관리되는 필요항목이 늘어나고 있습니다. 즉, 전략에 대한 구조와 형식이 복잡해지고 고도화될수록 그에 따라 검토하고 점검하며 대비하는 내용이 증가합니다.

<도표 1.1> 전략포맷 점검 체크리스트

	점검항목	전략포맷의 선택	
		예	아니오
1	우리(조직, 구성원)는 전략의 개념이나 형식 또는 구조에 대하여 특별한 정의나 내용을 규정하고 있다.	2번으로	무형식
2	우리(조직, 구성원)는 당면하고 있는 환경과 우리의 능력을 파악하여 당면하고 있는 환경에 대응하기 위한 행동내용을 전략으로 정의하여 대응하고 있다.	3번으로	무형식
3	우리는 전략을 편성하고 대응할 때, 목표와 전략을 구분하여 대응한다.	4번으로	**전략포맷 1**
4	우리는 전략을 편성하고 대응할 때, 전략내용과 전략대안을 구분하여 편성하고 그에 따라 대응하고 있다.	5번으로	**전략포맷 2**
5	우리는 전략을 편성하고 대응할 때, 실천조직을 구체화하여 편성하고 그에 따라 대응하고 있다.	6번으로	**전략포맷 3**
6	우리는 전략을 편성하고 대응할 때, 필요한 경영관리부문의 책무를 정의하여 대응하고 있다.	7번으로	**전략포맷 4**
7	우리는 전략을 편성하고 대응할 때, 필요한 사업운영의 내용과 책무를 정의하여 대응하고 있다.	8번으로	**전략포맷 5**
8	우리는 전략을 편성하고 대응할 때, 필요한 전략적 자원의 내용을 구체적으로 편성하고 그에 대하여 대응하고 있다.	9번으로	**전략포맷 6**
9	우리는 전략을 편성하고 대응할 때, 필요한 혁신요소들을 파악하고 그에 대하여 대응하고 있다.	10번으로	**전략포맷 7**
10	우리는 전략을 편성하고 대응할 때, 당면하게 되는 리스크를 파악하고 그에 대하여 대응하고 있다.	11번으로	**전략포맷 8**
11	우리는 전략을 편성하고 대응할 때, 필요한 전략적 지능에 대하여 이해하고 구체화하여 그에 대하여 대응하고 있다.	**전략포맷 10**	**전략포맷 9**

(D. J. Park, 2007)

경영관리자가 어떠한 전략포맷을 활용할 것인지를 결정하는 것은 스스로의 자유의사에 따라 판단하여 선택할 수 있습니다. 그러나 이와 같은 전략포맷들은 제각기 장단점이 있습니다. 전략포맷이 단순할수록 작업은 쉽게 보일 수도 있습니다. 그러나 간단하게 보인다고 해서 작업자체가 쉽다고 판단할 수는 없습니다. 또한 복잡하게 보인다고 해서 활용하기 어렵다고 판단할 수도 없습니다.

<도표 1.2> 전략포맷 선택요인

	요인
1	당면하고 있는 상황이나 환경에서 유발되고 있는 전략적 과제의 특성
2	환경변화의 내용이나 속성(복잡성, 긴급성, 난이도)
3	전략대응능력과 전략대응성과
4	전략영향요인들(자원, 혁신, 리스크, 지능)
5	전략주체의 전략 패러다임, 성향, 태도

(D. J. Park, 2007)

어떠한 전략포맷을 사용할 것인가는 <도표 1.2>와 같은 요인에 따라 결정됩니다.

조직 내에서 활용하는 전략포맷이 단순하다고 해서, 전략성과가 반드시 낮다고 볼 수는 없습니다. 그것은 단순한 형식의 전략포맷을 활용할 경우에도, 그 내용면에서 보다 고도화된 전략포맷의 내용을 충분히 검토하고 판단하여 용해시켜 활용될 수도 있기 때문입니다. 그러나 전략포맷을 지나치게 단순화시켜 활용할 경우에는 전략정보의 파악이나 대안의 모색, 추진해야 할 전략행동의 내용 등을 구체화하고자 할 때, 불편함과 곤란함을 경험하게 됩니다.

이와 마찬가지로 전략포맷을 너무 고도화시켜 복잡성을 증가시키면, 이번에는 복잡한 구조와 내용을 창조하기 위하여 시간과 노력을 낭비하게 될 수도 있습니다.

전략포맷은 다양한 전략과제들에 대응하기 위하여 고안된 사고방식이며, 전략적 아이디어들을 교환하기 좋게 하기 위하여 활용되는 기본적 형식과 기틀이며 용구(tool)입니다.

이와 같은 기본적인 형식들을 잘 이해하고 효과적으로 활용한다면, 각 형식에서 부여하는 형식논리의 성과를 거둘 수 있습니다. 따라서 상황에 따라 다양한 형태의 전략포맷을 손쉽게 구사할 수 있도록 하는 것도 하나의 요령이 됩니다. 그러나 형식을 따른다고 해서 내용이 자동적으로 완성되는 것은 아닙니다. 내용을 만드는 것은 또 다른 창의적 활동이 요구되기 때문입니다.

따라서 전략포맷을 어떻게 하면 편리하게 사용할 것인가를 궁리할 필요가 있습니다. 경우에 따라서는 필요하다면, 특정한 전략포맷을 기본으로 활용하면서, 필요항목들을 추가하거나 과감히 생략하여 신속히 대응할 수 있도록 할 것을 권고합니다. 이는 우리가 학교에서 복잡한 어문법과 활용사례를 배우지만, 실제로 현실세계에서 말을 하거나 글을 쓸 때에는 기본적인 형식을 중심으로 우리 자신의 생각을 정리하고 의사전달을 하는 것과 마찬가지입니다.

제2장부터는 전략포맷의 각 형식별로 어떤 내용들을 구성하고 편성할 것인가를 살펴보도록 하겠습니다. 전략포맷을 논의함에 있어서 각 주제별로 필요하다면, 전략관련 책자에서 다루지 않고 있는 전략발상과 기법에 관한 기본적인 내용도 추가적으로 살펴보도록 하겠습니다.

제2장

전략포맷의
형식구조와 내용

전략 마인드 1

[전략포맷 1]
Strategy Format 1

제1장에서도 살펴본 바와 같이 전략포맷을 구성하기 위하여 전략에 관한 통일된 형식을 수립하려면, 우선 전략내용을 구성하고 있는 요소들을 먼저 살펴볼 필요가 있습니다.

<도표 2.1> 전략의 내용과 형식 : [전략포맷 1, 2]
Strategy Format 1 & Format 2

Strategy Format 1

Course of Action Alternatives of execution

Strategy Format 2

Goal/ Objectives	Course of Action Alternatives of execution

(D.J. Park and P. H. Antoniou, 2007)

■ 전략내용을 구성하는 요소들

대부분 전략이라는 용어를 구사하지만, 그 내용을 구성하는 요소들을 구분하여 살펴보지 않고 각자가 표현할 경우, 그 개념과 내용이 포괄적으로 활용되어 서로 발상하기도 쉽지 않고 그 내용의 전달이나 이해가 쉽지 않을 뿐만 아니라 애매모호하게 됩니다.

<도표 2.1>에서 보는 바와 같이 도표의 아래 쪽 [전략포맷 2]의 경우와는 달리, 위쪽의 [전략포맷 1]의 형태로 서로 논의를 하거나 관리를 할 때에는 전략내용에 전략행동의 구체적인 내용과 그 목적이 함께 포함됩니다.

이러한 전략포맷에 입각하여 전략을 수립하고 논의하고 실행하고자 할 때에는 흔히 경험하게 되는 바이지만, 전략과 목적 또는 목표 간에 혼란이 종종 유발됩니다.

전략의 개념 H. I. Ansoff

전략은 「조직행동의 방향설정을 위한 의사결정원칙들」 중의 하나이다. 예를 들면, 다음과 같다.

1. 기업의 현재와 장래의 성과를 측정하는 척도.

   이러한 척도의 질(質)을 일반적으로 <목표(*objectives*)>라고 부르고, 바람직한 양(量)을 일반적으로 <목적(*goals*)>이라고 부른다.

2. 기업과 <외부(*external*)>환경과의 관계를 개발하는 원칙들.

   즉, 우리는 <어떠한(*what*)> 제품-기술을 개발할 것인가?

   그 제품을 <어디에서(*where*)>, 그리고 <누구에게(*to whom*)> 판매할 것인가?

   우리는 경쟁회사에 대한 우위성을 <어떻게(*how*)> 획득할 것인가?

   이러한   일련의 원칙들이 제품-시장전략 혹은 <사업전략(*business strategy*)>이다.

3. 조직의 「내부적」 관계들과 절차들을 설정하는 원칙들.

   이를 종종 <관리전략(*administrative strategy*)>이라고 한다.

4. 자사가 운영업무를 수행하기 위하여 설정하는 원칙들.

   이를 주로 <운영(일상)업무 방침(*operating policies*)>이라고 한다.

H. I. Ansoff, 최신전략경영(The New Corporate Strategy), 박동준 역, 소프트전략경영연구원, 1994. pp. 158~160.

전략과 목표들은 프로젝트들을 선별하기 위하여 활용되어지므로, 전략과 목표들은 비슷한 것처럼 보일 수도 있다. 그러나, 그 둘은 서로 다르다. <목표들(*objectives*)>은 기업이 달성하고자 하는 <결과들(*ends*)>을 의미한다. 그러나 <전략(*strategy*)>은 <그러한 결과들을 달성하기 위한 수단(*means to these ends*)>을 의미한다. 목표들은 보다 높은 차원의 의사결정원칙들로 작용하게 된다.

따라서 어떤 일련의 목표들 하에서 타당한 전략은, 조직의 「목표들」이 변화될 경우에는 그 「타당성」을 상실하게 될 것이다.

또한 전략과 목표들은 서로 상호교환이 가능하다. 즉, 시점이 다르거나 조직의 계층(levels)이 다를 경우에는 전략이 목표로 활용될 수도 있으며 목표 자체가 전략으로 활용될 수도 있다.

따라서 (예를 들면, 시장점유율과 같은) 일부의 「성과에 대한 특성들」은, 어떤 시점에는 「목표」로 될 수 있으며 또 다른 시점에는 기업의 「전략」으로 활용될 수도 있다. 더욱이 목표들과 전략은 전체조직을 통하여 정교하게 완성되어지므로, 전형적인 「조직계통적 관계(hierarchical relationship)」를 만들게 된다. 즉, 「조직상부에서의 관리수준에 대한 <전략구성요소들(*elements of strategy*)>은 하부에서는 달성해야만 하는 목표들로 자리 잡게 된다.」

H. I. Ansoff, 최신전략경영(The New Corporate Strategy), 박동준 역, 소프트전략경영연구원, 1994. p. 160.

그래서 전략과 목표들은 서로 호환적으로 활용되는 것처럼 생각되기도 합니다. 예를 들면, 시장전략을 시장매출목표로 바꾸어도 다르지 않은 것처럼 생각되기도 하는 것입니다. 이와 마찬가지로 목표를 변경하는 것이 전략을 변경하는 것과 같다고 생각하기도 합니다. 그러다보니, 전략과 전술이 뭐가 다르냐하는 질문도 종종 등장합니다.

전략경영의 대부라고 칭송되는 앤소프 교수님의 경우에도, 목표와 전략은 서로 상호교환이 가능하다고 함으로써 이 양자의 구분을 명확하게 하지 못하는 혼란을 보이고 있습니다. 이와 같은 혼란은 전략의 내용을 정의하는 형식을 [전략포맷 1]의 형태로 전개함으로써 하나의 필드[1] 내에 전략과 목표 또는 목적을 한 덩어리로 뭉뚱그려 놓았기 때문에 발생하는 것입니다.

<도표 2.2> 전략과 환경 그리고 능력

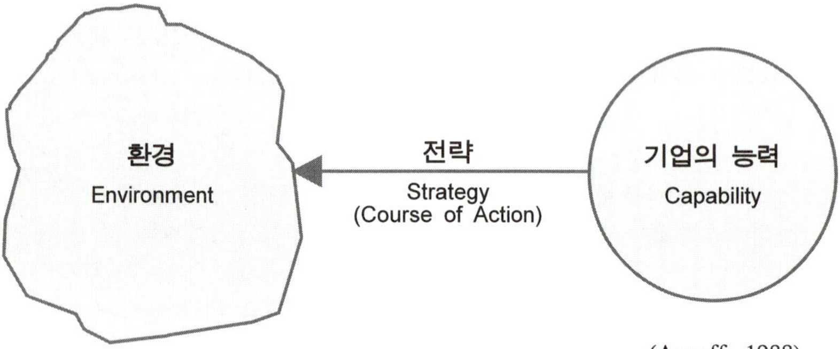

(Ansoff, 1988)

<도표 2.2>에서는 기업의 능력과 환경 그리고 그에 대응하는 행동내용으로써의 전략이 도표의 형태로 간명하게 설명되고 있습니다. 도표에서 보는 바와 같이 전략은 조직(능력)의 환경대응의 내용을 결정합니다.

■ 전략포맷으로 내용을 명확히 한다

기업현실에서 전략에 대한 논의를 전개할 때, 그 개념을 명확히 정의하지 않을 경우, 종종 목표와 전략 간의 혼란이 유발되거

---

[1] 필드(Field): 전략포맷의 내용구성요소로 정의함. 정보처리분야에서의 데이터 (Data)내의 필드(Field)와 같은 개념으로 활용함.

나 또는 서로 다른 전략내용을 거론하게 됨으로서 판단과 행동의
혼란이 유발될 경우가 발생하게 됩니다. 즉, 현재 논의하고 있는
주제와 대상이 전략적 대안을 검토하고 있는 것인지, 또는 목표
에 관한 논의를 하고 있는 것인지, 또는 목표의 전략적 구성을
논의하고 있는지, 그리고 무엇이 먼저 검토되어야 하는지와 같은
혼란을 목격하게 됩니다.

　따라서 전략을 논의할 때, <도표 2.3>에서 보는 바와 같이 [전
략포맷 2]의 형태로 2개의 필드를 나누어 목표 또는 목적과 전략
대응내용을 구분할 필요가 있습니다.

　전략을 [전략포맷 2]에 의한 형식으로 구분할 경우에는, 목표
를 바꿀 것인지, 대응내용을 바꿀 것인지에 대한 각 필드별 구분
이 가능하며, 또는 어떤 것을 바꿔야 할 것인지에 대하여 구분하
여 판단을 내릴 수 있기 때문에, 그 내용이 보다 정교해질 수 있
습니다.

<도표 2.3> 전략포맷의 구성
Structure of Strategy Format

Goal/Objectives		Contents	
Field 1	매출 15% 성장	Field 2	A 시장 시장점유율 확대

(D. J. Park, 2007)

■ 전략과 목표를 구분한다

　당연한 것이지만, 목표와 전략내용간의 구분을 내리는 이유는
<도표 2.4>에서 보는 바와 같습니다. <도표 2.4>에서는 전략과
목표에 대하여 무엇을 수정해야 하는가에 대한 판단을 위하여 목
표의 수정과 전략의 수정에 대한 구분을 결합적으로 구성하고 있
습니다. <도표 2.4> 전략과 목표의 수정에 관한 타당성 검토에

서 보는 바와 같이 전략을 「목표 또는 목적」과 「전략내용(대응행동)」으로 구분하여 살펴보면, 「목표 또는 목적」과 「전략」과의 혼란에 대하여 보다 개선된 형태의 판단을 가능하게 합니다.

즉, 기존의 목표를 유지하면서 전략대응의 내용을 변경해야 할 것인지 아니면 기존의 목표를 변경하면서 그에 따라 전략대응의 내용을 변경할 것인지에 대한 판단을 내릴 수 있게 되는 것입니다.

<도표 2.4> 목표설정과 전략대응
Strategic response and Objectives

		전략대응내용 Strategic Response	
		기존 Existing	새로운 New
목표 목적 Objectives/ Goals	기존 Existing	기존목표×기존전략 **EOES** Existing Objectives and Existing Strategy	기존목표×신전략 **EONS** Existing Objectives and New Strategy
	새로운 New	신목표×기존전략 **NOES** New Objectives and Existing Strategy	신목표×신전략 **NONS** New Objectives and New Strategy

(D. J. Park, 2007)

따라서 경영관리자는 전략적 과제에 무조건 대응할 것이 아니라, 「기존의 전략적 대응방식의 내용과 형태」로 당면하고 있는 전략적 과제에 대응할 것인지, 아니면 「새로운 형태와 내용으로 전략적 대응을 전개해야 할 것인지」에 대하여 개괄적으로 사전에 점검함으로써 판단과 의사결정의 성과를 높일 수 있습니다.

만약, 새로운 형태의 전략과 새로운 목표를 설정해야 할 때에, 이를 무시하고 막연히 전략적 대안을 모색하게 될 경우, 그러한 경영관리자의 노력은 오히려 전략적 대응이 아니라 '비전략적'인 대응이 될 수 있기 때문입니다.

따라서 전략적 대응방안을 모색하기 전에, 우선 우리가 대응해야 할 전략적 과제들에 대하여 기본적인 해결방향이나 목표, 목적에 대하여 생각과 판단을 정비할 필요가 있습니다.

전략 마인드 2

전략과 목표
Strategy and Objectives

■ 목표가 바뀌면, 전략도 바뀌야지

대체로 목표를 수정하면 전략도 수정하는 경향이 있습니다. 따라서 목표가 바뀌면 전략도 바뀌어야 한다고 생각하는 경영관리자들이 있습니다. 그러나 그것은 경우에 따라 다르다는 것을 알 수 있습니다. 목표가 바뀌어도 전략은 바뀔 수도 있고, 그렇지 않을 수도 있습니다. 전략은 목표의 예속물이 아니기 때문입니다.

앞에서 제시한 <도표 2.4>에서 보는 바와 같이 새로운 목표를 추구할 때, 기존의 전략을 수행할 수도 있고(NOES), 새로운 목표에 대하여 새로운 전략을 수행할 수도 있습니다(NONS). 즉, 전략내용은 합당하지만, 목표가 너무 과다하게 설정되어 있거나 또는 잘못 편성되어 있을 때, 전략은 기존전략을 추구하면서 추진해야 할 목표를 수정합니다. 따라서 이러한 경우는 목표의 조정이나 새로운 목표의 설정에 초점을 맞춥니다.

그러나 새로운 목표를 수립할 경우, 기존의 전략으로는 기대하는 성과를 거둘 수 없을 때, 추진해야 할 전략도 새로이 변경합니다. 여기에서 목표와 전략과의 관계는 앤소프 교수님의 설명과도 같이 목적과 수단의 관계와 유사하게 전개됩니다.

여기에서 종종 경영관리자를 혼란스럽게 하는 것은 「좋은 목표나 방향을 수립하기 위한 것도 전략이라고 해야 하지 않을까?」하는 생각입니다.

<도표 2.5> 목표와 전략의 수정과 타당성
Modification of Strategy and Objectives

구분	목표	전략	수정대응의 필요성과 타당성
현행유지 EOES	기존목표	기존전략	● 목표와 전략의 변경이 향후 몇 년간 필요하지 않을 때 ● 현재의 사업성과에 만족스러울 때
전략변경 EONS	기존목표	신전략	● 목표는 합당하지만 전략대응내용이 부적절할 때 ● 현재의 사업성과에 불만족스러울 때
목표변경 NOES	신목표	기존전략	● 전략은 합당하지만 부적절한 목표로 사업성과가 떨어질 때 ● 현재의 사업성과에 불만족스러울 때
전략과 목표의 동시변경 NONS	신목표	신전략	● 목표도 전략도 모두 부적절하여 사업성과가 부진할 때 ● 현재의 사업성과에 불만족스러울 때

(D. J. Park, 2007)

무엇인가 기발하고 상황을 멋지게 해결할 수 있는 것과 같은 것을 전략이라고 하고 싶다는 기분이 드는 것은 많은 사람들이 비슷하게 느끼는 생각입니다.

그러나 전략에 대하여 그와 같은 관점에서 생각하게 될 경우, 전략에 대한 중요한 본질을 놓칠 수 있습니다. 물론, 전략이라는 것이 때로는 기발하고 획기적이고 아주 특별한 것으로 등장하고 그러한 사례들이 종종 우리들의 뇌리에 깊게 각인되어, 전략이란 것은 그러한 것이라고 생각될 수도 있습니다.

그러나 좀더 자세히 살펴보면 너무도 당연하고 보편적으로 요구되는 것들을 제대로 수행하는 것이 성공적인 전략으로 판명되는 사례가 많이 존재한다는 사실을 상기할 필요가 있습니다.

전략을 결정하는 것은 특이성 또는 독특성이 아니라, 당면하고 있는 환경에 대응하는 적합성입니다. 만약에 환경에서 요구하고 있는 것이 독특성이라면 독특한 것을 추구해야 할 것입니다. 그것이 당면하고 있는 환경에 적합하게 대응하는 것입니다. 그러나 그와 반대로 환경에서 요구하고 있는 것이 독특성이 아니라 보편성이라면, 그에 적합하게 대응하는 것이 전략이라고 할 것입니다.

따라서 경영관리자와 실무자들이 현실적으로 다양하게 구성할 수 있는 목표들도 그것이 전략적으로 어떠한 의미를 지니고 있는가에 대하여 살펴볼 필요가 있습니다. 예를 들어, 기업의 성장과 발전을 위하여 매출의 확대를 추구하는 목표를 전개하고자 할 경우에도, 그것이 전략적으로 타당한 것인지에 대한 검토가 결여되어 있을 경우, 매출확대를 위한 목표들이 과연 추진해야할 전략과 연관되어 성과를 거둘 수 있는지는 확신할 수 없게 됩니다.

■ 목표의 재검토

즉, 목표와 전략 간에 어떠한 연관성을 맺고 있는가에 따라 목표는 전략적일 수도 있고, 전혀 전략적이지 못한 목표가 될 수 있다는 점에 유의할 필요가 있습니다.

만약 우리가 설정하고자 하는 목표가 전혀 전략적이지 못한 목표이며, 그 목표를 위하여 매진해야 한다면, 그것은 심각한 문제를 유발할 수 있을 뿐만 아니라, 중대한 전략적 실패를 유발할 수도 있기 때문입니다.

따라서 목표와 전략을 살펴볼 때, 그 타당성을 음미해볼 필요가 있습니다.

<도표 2.6> 목표와 전략의 타당성
Validity of Strategy and Objectives

| | | 전략 Strategy | |
		타당하지 않음 Invalid	타당함 Valid
목표 목적 Objectives/ Goals	타당하지 않음 Invalid	타당하지 않은 목표 × 전략적으로 타당하지 않음 IOIS Invalid Objectives and Invalid Strategy	타당하지 않은 목표 × 전략적으로 타당함 IOVS Invalid Objectives and Valid Strategy
	타당함 Valid	타당한 목표 × 전략적으로 타당하지 않음 VOIS Valid Objectives and Invalid Strategy	타당한 목표 × 전략적으로 타당함 VOSO Valid Objectives and Valid Strategy

(D. J. Park, 2007)

<도표 2.6>에서는 목표와 전략을 결합하여 타당성의 여부를 살펴보고 있습니다. 도표에서 보는 바와 같이 조직내부에서 현재 검토 중인 목표들을 네 가지의 형태로 구분해볼 수 있습니다. 도표의 오른 쪽 아래에서는 조직에서 상정해볼 수 있는 다양한 목표들에 대한 타당성과 전략적 타당성과 관련하여 4가지로 구분하고 있습니다.

목표의 타당성 여부에 대한 판단에서는 목표의 구성이나 논리가 타당하지 않거나 현실적으로 그 실천이 불가능할 경우, 타당성을 상실합니다. 따라서 타당성을 상실한 목표는 현실적으로 해당 목표를 기각하거나 해당 목표의 전개활동을 추진하지 않는 것이 바람직합니다. 도표에서는 **IOIS**나 **IOVS**의 영역에 이에 해당합니다.

그러나 도표의 **VOIS**의 영역과 같이 목표가 현실적으로 타당한 것처럼 보일 경우에도, 그 목표가 전략적으로 타당하지 않다면, 그러한 목표를 전개하기에 앞서 전략적으로 타당하며 현실적으로 타당한 **VOVS** 영역의 목표를 전개하는 것이 보다 현명할 것입니다.

만약 **VOIS** 영역의 목표를 추구하고자 하는 기업이 있다면, 그것은 설정된 목표를 달성하기 위하여 조직의 역량을 최대한 발휘하여 최선을 다하게 된다고 할지라도 전략적 실패를 경험하게 될 것이기 때문입니다.

이와 같은 영역의 목표를 전개하는 조직은 최대한 신속히 현재 추구하고 있는 목표들을 전략적으로 재검토하고 전략을 정비하여 목표체계를 재정비하여야 합니다.

참고로 도표의 오른 쪽 위의 **IOVS** 영역을 보면, 전략적으로는 타당하지만 수립된 목표가 현실적으로 타당성을 결여한 경우입니다. 이러한 영역의 목표를 추구하는 기업조직이나 공공부문에서는 전략은 제대로 세웠지만 실천목표가 현실적 의미를 결여하고 있는 경우이므로, 보다 현실적 타당성이 높은 목표로 발전시키기 위하여 목표를 정비하여야 합니다.

그렇다면, 우리가 추구하고자 하는 목표들은 <도표 2.6>의 어디에 속하고 있는지 점검해볼 필요가 있습니다. 목표가 잘못 설정되면, 조직행동이 표류하게 되기 때문입니다.

그러나 어떠한 목표가 전략적 목표이며 어떠한 목표가 전략적이지 못한가에 대한 판단을 내리는 일은 생각처럼 쉽게 되질 않습니다. 그것은 무엇이 전략적인가에 대한 판단을 내릴 수 있어야 가능하기 때문입니다.[2]

[전략포맷 2]의 형태로 전략을 고려할 때에는 전략의 구조가

---

[2] 무엇이 전략적인가에 대한 논의는 본장 4절에서 살펴보도록 하겠습니다.

목표(또는 목적)와 내용으로 편성됩니다.

따라서 [전략포맷 2]를 활용하여 목표와 전략내용을 편성하여 전개할 경우, 어떠한 것을 수정하고 어떻게 전략내용을 편성할 것인지에 대하여 판별하고 점검할 필요가 있습니다.

> **전략 마인드 3**
>
> # [전략포맷 2]의 수정
> ## Modification of Strategy Format 2

■ 전략우선의 논리와 능력우선의 논리

환경에 대응하기 위하여 전략을 전개할 때, 기본적으로 세 가지 형태의 접근방법을 생각해볼 수 있습니다.

즉, ①전략대응에 있어서 우선 당면하는 환경에 대응하기 위하여 전략을 먼저 만들고 능력을 편성하는 방식과 ②능력을 중심으로 활용할 수 있는 전략을 편성하는 방식, 그리고 세 번째로는 ③이 두 가지를 결합하여 활용하는 방식이 가능합니다.

당면하는 환경에 대응하기 위하여 전략을 먼저 세우는 방식의 논리는 현재 확보하고 있는 능력이 어떠하건 우선 환경에 대응하기 위하여 무엇을 해야 하는가를 중심으로 판단합니다.

따라서 능력에 대한 고려와 판단, 그리고 그 능력의 전개는 도출된 전략이 어떠한가에 따라 재구성되거나 새로운 능력의 형태로 편성됩니다. 이와 같은 논리를 편의상 전략우선논리라고 부르겠습니다.

■ 전략우선논리

전략우선논리에서는 전략을 먼저 도출하고 난 다음, 나머지 요소들을 구성하는 방식입니다. 따라서 전략도출 이후에 전략요소들에 대한 구성과 전개에 대하여 추가적인 전략적 판단과 노력을 기울이게 됩니다. 즉, 1차적으로 기본적인 전략을 도출하고 나면, 그 전략을 실행하기 위한 2차 전략을 후속적으로 다시 세우게 됩니다.

따라서 전략우선논리에서는 1차 전략과 2차 전략이 순차적으로 편성되어 결합됩니다. 만약 2차 전략이 제대로 구성되지 못하게 된다면, 1차 전략의 실천성과는 제약됩니다. 2차 전략은 1차 전략을 실행하기 위하여 필요한 전략요소들을 편성하고 전개하는 전략이기 때문입니다. 환경에 대응하기 위하여 도출된 전략을 「원천적 전략(primary strategy)」이라고 한다면, 후속적으로 전개해야하는 조직이나 자원, 시스템과 같은 전략요소들을 구성하고 전개하는 2차 전략을 편의상 「후속전략(secondary strategy)」이라고 부르기로 하겠습니다.

그렇다면 [전략포맷 2]에 의한 전략수립과 실천에 따른 성과, 즉 전략성과는 원천적 전략과 후속전략의 성과에 의하여 결정됩니다.

전략성과	=	원천적 전략 성과	+ 후속전략 성과
Strategic Performance	=	Primary Strategy Performance	+ Secondary Strategy Performance

따라서 [전략포맷 2]에 의한 전략논의는 후속전략에 대한 판단이 명확하지 못하거나 불분명할 경우에는 원천적 전략만을 거론할 경우, 현실적으로 무의미한 판단이 될 수도 있습니다.

그러나 원천적 전략조차 제대로 설정하지 않고, 후속전략만을 논의하게 된다면, 그것은 더욱 심각한 위험에 빠질 수도 있습니다. 그것은 원천적 전략이 조직행동, 기업행동의 중요한 방향과 윤곽을 제시하고 있기 때문입니다.

그러므로 [전략포맷 2]를 활용할 경우, 추가적으로 후속전략과 그 성과에 대하여 점검하고 대안들을 정비할 필요가 있습니다. 따라서 후속전략의 내용을 [전략포맷 2]의 전략내용에 추가할 필요가 있습니다.

<도표 2.7> [전략포맷 2]의 원천적 전략과 후속전략

Strategy Format 2		
Goal/ Objectives	Course of Action Alternatives of execution Primary strategy	Capability
Goal/ Objectives	Secondary strategy Arrangement and Deployment of strategic components	Capability

(D.J. Park and P. H. Antoniou, 2007)

<도표 2.7>의 [전략포맷 2]에서 보는 바와 같이 원천적 전략을 수립하는 과정 또는 원천적 전략을 실천하는 과정에서 필요에 따라 후속전략을 수립하여 전략의 성과를 높입니다. 여기에서 제시한 [전략포맷 2]의 구조는 앞에서 살펴본 전략포맷과는 달리 뒷부분의 필드에 능력난이 추가됩니다. 그 이유는 다음과 같습니다.

우선, 능력을 배재한 형태의 전략포맷으로는 전략은 현실적으로 그 의미를 상실할 수 있습니다. 전략우선논리에 의한 전략수립에서는 제로베이스의 발상과 마찬가지로 환경의 상황에 가장 합당한 전략을 모색하는 경향이 있습니다. 그러나 아무리 제로베이스의 발상을 전개한다고 할지라도, 현재 우리의 능력(가능성)을 무시하는 전략을 논의하는 것은 현실성을 결여할 소지가 있습니다.

물론 새로운 능력을 확보하여 전략대응을 전개하는 경우도 있지만, 그러한 경우에도 현재 우리의 능력(가능성)을 토대로 하지 않을 경우, 모처럼 전개한 전략의 모색과 전략적 시도가 「그림의 떡 신드롬」에 빠지게 될 소지가 높습니다. 앞에서 살펴본 [전략포맷 1]과 [전략포맷 2]에서는 능력요소를 추가적으로 또는 사전적으로 고려하지 않을 경우, 능력요소를 검토하는 과정에서 다시 전략을 수립해야 하는 현상을 경험하게 됩니다.

뿐만 아니라 1차 전략과 2차 전략을 반복적으로 세우는 과정에서 내부대응전략을 모색하기 위하여 능력편성을 위한 새로운 전략을 모색하게 되고, 이러한 모색과정의 진행 중에 전략의 복잡성이 지속적으로 증가함에 따라 전략활동의 피로도가 증대됩니다. 따라서 좀더 신속하고 명확한 전략전개를 위하여 능력요소를 추가하여 대응하도록 합니다.

[전략포맷 2]에서는 전략의 수행과 관련하여 활용해야 하는 능력, 또는 새로이 확보해야 하는 필요능력을 정의하여 능력요소를 추가합니다. <도표 2.8>에서는 [전략포맷 2]에 의한 간략한 전략 작성예시를 표현하고 있습니다.

<도표 2.8> [전략포맷 2]의 작성예시

Strategy Format 2		
Goal/ Objectives	Course of Action Alternatives of execution Primary strategy	Capability
매출증대 15%	매출확대	인력확보 영업망 정비
수익률 10%	비용절감	설비확충

(D.J. Park and P. H. Antoniou, 2007)

이와 마찬가지로 만약 [전략포맷 1]을 사용하여 전략을 수립하고자 한다면, 뒷부분에 능력요소를 추가하는 것이 바람직합니다.

■ 능력우선논리

능력우선의 논리에서는 전략우선논리와 달리 확보능력을 우선적으로 고려합니다.   따라서 경우에 따라서 필요하다면, 전략의 기본적인 윤곽이나 방향을 능력여부에 따라 선택하고 결정합니다.   따라서 대응전략의 방향이나 내용이 능력에 따라 결정된다고 볼 수 있습니다.   그러나 능력우선논리가 전략우선논리보다 소극적이라거나 제한적, 또는 열등한 것이라고 할 수는 없습니다.

능력우선논리에서는 대응해야 할 환경조차도 능력여부에 따라 선택하고 결정합니다.   새로운 전략대응이 필요하여 새로운 능력을 확보하는 일이 불가능할 경우에는 확보하고 있는 또는 확보할 수 있는 능력범위 내에서 가능한 전략을 동원하는 일은 무모하게 전략능력을 확보하려는 일보다 한결 실용적으로 보입니다.

만약 능력의 제약에 따라 당면하고 있는 환경에 제대로 대응하지 못하지만 새로운 환경을 과감히 선택하여 성공적으로 대응할 수 있다면, 그러한 전략대응이 뜻밖의 창조적 성과를 거둘 수도 있습니다.   물론 그에 따라 유발되는 리스크를 잘 극복해야 할 것입니다.[3]

그러나 확보(가능)능력으로 대응할 수 있는 전략 또는 환경의 선택범위가 작을 경우, 능력우선논리는 한계를 보이게 됩니다. 따라서 능력우선논리는 필요능력격차를 어떻게 극복해나갈 것인가에 대한 방안이 중요한 성공요체로 등장합니다.

---

[3] 새로운 창조적 선택과 실천에서 유발되는 리스크를 창조 리스크라고 할 수 있습니다.

■ 전략우선논리와 능력우선논리의 비교

<도표 2.9> 전략대응의 우선논리별 특성

구분 / 특성	전략우선논리	능력우선논리	전략능력결합논리
1. 관점	외부적 Outside-in	내부적 Inside-out	외부와 내부의 결합 Outside-in & Inside-out
2. 절차	환경분석→전략도출 →능력편성→실행	능력분석→환경분석 →전략도출→실행	(환경분석+능력분석) →전략도출→능력편성 →실행
3. 전략관	능력은 전략실천을 위한 수단 전략은 조직행동의 가이드라인	전략은 능력전개의 수단 전략은 능력발휘의 대안	전략과 능력의 조화
4. 필요능력에 대한 판단	필요능력은 환경에 의하여 결정	필요능력은 능력확보가능성에 의하여 결정	환경의 요구와 능력확보가능성에 따라 필요능력의 조정
5. 의사결정	환경 기회, 위협, 전략성과 기준	환경대응의 실천성과 기준	전략성과와 실천성과
6. 전략내용	성장전략, 경쟁전략	능력대응전략	외부대응전략 +내부능력대응전략
	비관련, 관련다각화	관련다각화	통합적 다각화
	전략요소의 혁신을 통한 경쟁대응	능력혁신을 통한 경쟁대응	전략과 능력의 병행적 혁신

(D. J. Park, 2007)

전략우선논리는 환경 또는 상황에 초점을 맞추어 가장 바람직한 결과를 도출하기 위하여 필요한 전략을 모색한 후 필요한 능력을 동원하려고 하기 때문에, 환경상황에 초점을 맞추게 됩니다. 반면 능력우선논리는 활용할 수 있는 능력에 초점을 맞추어 환경상황과 전략을 조명하기 때문에 양자간에 가장 큰 차이점은 어디를 중심으로 바라보는가에 대한 것입니다.

<도표 2.9>에서는 이에 대한 논리적 특성별 차이점과 통합적 논리인 전략능력결합논리를 비교하여 설명하고 있습니다.

도표에서 보는 바와 같이 전략능력결합논리는 전략우선논리와 능력우선논리의 약점을 보완하기 위하여 결합적으로 전개하는 방식입니다.   전략능력결합논리가 머릿속에서는 쉽게 이해될 것처럼 생각되지만, 실제로는 경영자와 관리자들의 참여와 노력이 상당히 요구되는 방법이라고 할 수 있습니다.

흔히 관점의 변혁과 같은 것도 관점의 주체가 행동적 노력을 기울이지 않을 경우, 머릿속으로만 이해하는 정도에 지나지 않기 때문입니다.   여기에서 이해에 관한 중요한 사실을 확인하고 넘어갈 필요가 있습니다.

■ 이해의 3가지 수준: 대충이해, 지식이해, 실천이해

일반적으로 사물이나 현상에 대하여 이해하거나 알고 있다고 하는 것도 제각기 내용과 정도의 차이가 있습니다.   건성으로 머릿속으로 이해하는 수준이 있는가 하면, 정보의 식별이나 지식의 이해수준, 행동으로 옮길 수 있는 수준이 있습니다.   건성으로 이해하는 수준을 편의상 「대충이해」라고 부르겠습니다.   대충이해의 수준에서는 외부 환경의 변화를 감지하거나 또는 내부역량을 식별하는 내용이 치밀하지 못할 뿐만 아니라, 전략능력결합논리를 이해하려는 의지나 태도도 잘 보이질 않습니다.

전략이나 능력에 대하여 대충이해의 수준에 머무르고 있는 경영관리자들은 전략우선논리나 능력우선논리에 대한 관점도 불분명할 뿐만 아니라, 이 두 가지의 논리 중에 어느 하나에 속하고 있을 경우에 상대적 논리를 이해하려고 하는 의지도 박약합니다. 겉으로는 상대방의 이야기를 경청하고 수긍하는 것처럼 보이지만, 실제로는 애매모호한 자신의 대충이해의 입장을 견지하면서 상대적 논리를 이해하고자 하는 노력을 보이지 않습니다.

대충이해보다 한 단계 더 나아가 현상이나 사물에 대한 이해의 수준이 높아지면, 관련지식과 정보를 체계화하는 「지식이해」의 수준에 이르게 됩니다. 지식이해의 수준에 이르게 되면, 전략우선논리나 능력우선논리, 그리고 전략능력결합논리를 이해하려는 의지를 보이게 됩니다. 그러나 이 경우에도, 실천적 과정에서는 제한적인 참여나 소극적인 행동을 보이는 경우가 있습니다. 대부분의 산업교육현장에서 새로운 기법을 학습하게 될 경우에도, 기본적인 논리나 필요성, 지식 및 방법을 이해하게 될 경우에도 그것이 쉽게 행동화되지 못하는 경우가 이에 해당한다고 할 수 있습니다.

따라서 지식이나 정보가 바로 행동으로 이어지는 것은 아니며, 이미 알고 있는 지식조차도 행동화하고자 할 경우에도 조직 내에서 또는 행동주체에게 만연되고 있는 일련의 행동장애, 문화적 특성, 조직관성, 동기부족, 신념과 의지의 결여와 같은 요인들이 행동실천을 억제하게 됩니다.

이와 같은 요인들을 극복하고 현상이나 사물을 이해하여 몸소 실천에 옮기는 수준이 있습니다. 이러한 수준을 「실천이해」라고 부르겠습니다. 실천이해수준에 도달한 경영관리자들은 단편적인 정보나 사실에 대하여, 지식이해수준에 도달한 경영관리자들보다 신속히 상황대응에 착수합니다. 그것은 이미 확보하고 있는 지식과 정보를 체계화하고 내재화된 지식과 정보체계를 기반으로 활용하여 현실대응을 전개할 수 있는 실천행동기술을 발휘할 수 있기 때문입니다.

이와 같은 실천행동기술은 소위 노하우와 같은 형태로 업무에서 발휘됩니다. 따라서 실천행동기술은 실천이해의 수준에 따라 결정된다고 할 수 있습니다.

<도표 2.10> 이해의 수준과 실천대응행동

이해수준 Depth of Understanding		행동실천	무행동 No response	관망 Wait and see	시도 Trial	실천 Execution/ Action	완수 Accomplish
1	대충이해	소식/뉴스/현상 접촉 Information/ fact/Data	N1	W1	T1	E1	A1
2	지식이해	배경과 원인의 이해 Understanding of Contexts	N2	W2	T2	E2	A2
3		대응방법의 이해 Knowledge of Response	N3	W3	T3	E3	A3
4	실천이해	관리 및 실천방법의 숙지 Action & Management Technology	N4	W4	T4	E4	A4
5		교정행동에 대한 숙지 Feedback	N5	W5	T5	E5	A5

(D. J. Park, 2007)

여기에서 유의할 점은 대충이해나 지식이해의 수준에 머무르고 있는 조직구성원들의 경우, 관점의 변혁이나 행동의 변혁이 생각처럼 쉽게 되지 않는다는 점입니다.

이러한 현상을 무시하고 조직내 선구자 또는 외부의 전문가가 전략우선논리나 능력우선의 논리를 강조하거나 또는 전략능력결합논리를 전개할 경우, 종종 현실적 장벽을 경험하게 됩니다. 그것은 조직의 문제가 아니라 인식과 이해의 문제라는 것을 알지 못할 경우, 종종 조직의 문화나 실력, 또는 최고경영자의 역량과 같은 주제들을 거론하기도 합니다.

실천행동을 중심으로 우리들의 이해하고 있다고 하는 내용과 수준을 살펴보면, <도표 2.10>과 같이 구분해볼 수 있습니다. 도표에서는 이해의 수준과 실천대응행동을 결합하여 살펴보고 있습니다.

도표의 상단에는 전혀 대응행동을 전개하지 않는 무행동의 수준에서부터 실천완수의 수준으로 구분하였습니다. 도표의 좌측에는 이해의 수준을 5단계로 나누어 구분하고 있습니다. 이와 같은 구분을 통하여 행동실천의 성과를 파악해보면, 흥미로운 사실을 알 수 있습니다.

환경의 현상이나 사실에 대하여, 어느 정도의 정보나 지식, 기술을 가지고 어떠한 행동을 전개하고 있는지에 대하여 구분을 나누어 보면, 비교적 성과를 거둘 수 있는 실천이해의 수준은 도표의 오른 쪽 하단의 9개 영역에 지나지 않는다는 것을 알 수 있습니다. 즉, 대응방법에 대한 지식을 습득하고, 관리 및 실천방법을 숙지하며, 행동결과를 교정할 수 있는 수준의 실천이해가 발휘되는 행동영역인 T3~T5, E3~E5, A3~A5에서 높은 성과를 기대할 수 있습니다.

앞에서 살펴본 전략대응에 있어서 전략우선논리와 능력우선논리의 특성은 <도표 2.9>에서 보는 바와 같습니다. <도표 2.9>에서는 관점과 절차, 전략관, 필요능력에 대한 판단, 의사결정의 기준, 그리고 전략내용에 대한 차이점을 기술하고 있습니다.

　　도표의 맨 오른 쪽에는 이 두 가지의 방식을 결합한 전략능력 결합논리의 특성을 설명하였습니다.

　　그러면 다시 「전략능력결합논리」에 대하여 살펴보겠습니다. 전략결합논리는 외부적 관점에 치중하는 전략우선논리와 내부적 능력을 중심으로 하는 능력우선논리를 절충하고 결합하여 전개합니다.　이와 같은 결합논리의 대표적인 기법이 SWOT 전략기법이라고 할 수 있습니다.

　　SWOT 분석은 외부의 환경에 대한 기회와 위협을 진단하고 내부 능력의 강점과 약점을 파악하여 전략대응을 전개하고자 하는 논리입니다.

　　또한 외부 및 내부의 환경에서 유발되는 주요한 전략적 이슈들에 대응하기 위하여 환경대응의 논리적 절차를 정리한 것이 SIM(Strategic Issues Management)이라는 기법도 있습니다.[4]

　　SIM에서는 외부의 환경분석을 통하여 주요한 전략적 이슈들을 도출할 뿐만 아니라 내부의 능력진단에서 주요한 전략적 이슈들을 도출합니다.　여기에 한 가지 더 추가하여, 그동안의 주요한 성과추이를 참조합니다.　이렇게 세 가지의 관점을 추가하여 전략적 대응이 필요한 과제들을 도출하고, 중요성과 긴급성을 파악하여 대응행동의 전개 프로세스를 수행합니다.

■ 전략능력결합논리의 실천적 문제점

　　언뜻 보기에는 전략능력결합논리에서는 전략우선논리와 능력우선결합논리의 단점들을 보완하는 방식이기 때문에 가장 바람직한 논리인 것처럼 생각될 수 있습니다.

　　그러나 경우에 따라서는 두 가지 논리의 단점만을 채택하게

---

[4] 앤소프, 전략경영실천원리, 박동준 역, 제2장, 소프트전략경영연구원, 1997.

될 소지도 있습니다. 우선 두 가지의 관점을 모두 반영해야 하기 때문에 시간과 노력이 많이 들게 될 뿐만 아니라, 무조건 결합적으로 활용한다고 할 경우, 전략논리가 취약하거나 또는 능력중심적 사고가 약할 경우, 그 판단과정이나 절차, 내용면에 있어서 조악한 결과를 유발시킬 수도 있습니다.

시간적 여유가 허락되지 않거나 또는 전략주체가 역량이 떨어질 경우, 이 방법은 오히려 비능률적이며 비효과적인 결과를 초래할 수도 있습니다.

소위 전략경영의 핵심적 논리가 바로 이와 같은 전략능력결합논리에 입각하고 있음에도 불구하고, 기업현장에서 종종 전략주체가 이 방법과 논리를 잘 구사하지 못하게 될 경우, 파행적 전개를 보이는 현상의 핵심은 바로 여기에 있다고 할 수 있습니다.

따라서 전략능력결합논리를 전개하고자 할 경우에는, 전략우선논리와 능력우선논리에 대한 지식과 기량을 높이는 한편, 이 양자의 결합적 운영을 위한 방법과 논리, 기법들의 학습을 강화하고 지속적인 훈련과 조직적 전략지능개발에 각별한 노력을 기울일 필요가 있습니다.

전략 마인드 4

전략요인의 기본구도

Basic Postures and
Factors of Strategy

■ 전략적이란 무엇인가?

우리의 조직현실을 보면 '전략적'이라는 개념은 일상적으로 널리 활용되고 있지만, 사용자에 따라서 그 의미는 다양하게 적용되고 있습니다. 따라서 동일한 조직에서 직원들 간에 전략적이라는 말을 하게 될 경우에도, 서로 다른 의미로 활용되기도 하고, 전혀 다른 의미를 지칭하기도 합니다.

경쟁상대방과 경합에서 승리하는 방안이나 계책을 전략이라고 하기도 하고, 상황에 대응하는 논리를 전략이라고도 합니다. 때로는 취업이나 거래와 같은 과제를 해결하는데 보다 슬기롭게 대처하는 것을 전략적이라고도 표현합니다.

그러다보니 기업전략이나 경쟁전략과 같이 확립된 개념뿐만 아니라 재테크 전략이나 입시전략, 결혼전략, 성공전략, 심지어는 인생전략과 같은 개념도 사용되고 있습니다.

이와 같은 용어의 현실적 활용 사례에서 전략은 좀더 나은 성과 또는 결과를 제공하는 방법과 같은 의미로 받아들여집니다. 그러나 좀더 나은 성과를 추구하는 관점은 상황적이고 상대적인 개념이기 때문에 때로는 맞는 것 같기도 하고 때로는 맞지 않는 것처럼 보이기도 합니다.

예를 들어 어느 작은 마을의 A라는 막걸리 제조업체를 생각해 보겠습니다. A 막걸리 제조업체는 인근의 B, C 보다 나은 성과를 거두는 방안을 전개하여 성과를 거두고 있다면, A 업체는 전략적이라고 할 수 있습니다. 그러나 그 마을의 주민은 막걸리를 많이 소비하지 않고 소주나 다른 종류의 주류를 많이 소비하고 있으며 최근에는 막걸리를 별로 선호하지 않기 때문에 A 업체는 겨우 채산을 맞추고 있는 정도라면, A업체는 전략적으로 대응하고 있는가에 대하여는 답변이 곤란하게 됩니다.

또한 작은 시장을 상대로 하고 있는 기업과 큰 시장을 상대로 하고 있는 기업의 전략은 내용면에서 차이를 보이게 됩니다. 그것은 대상으로 하는 현실이 명확히 다르기 때문입니다. 따라서 A조직에게는 전략적인 것으로 보이는 것도 D업체에서 볼 때에는 전략적인 것으로 전혀 판단되지 않을 수 있습니다.

또한 어제까지는 추진해온 전략을 통하여 전략적 성과를 거둘 수 있었지만, 오늘 또는 내일에는 그러한 전략행동이 전략적 성과를 거두지 못하게 될 수도 있습니다.

즉, 당면하고 있는 상황의 범위를 어떻게 이해하고 어떻게 대응하는가에 따라 전략적이라는 의미는 달라집니다. 조직구성원들 간의 논의에서도 그 대상으로 하는 범위와 크기에 따라서 전략은 서로 다른 것을 의미하는 것을 알 수 있습니다. 따라서 전략은 상황에 따라, 그리고 대상 범위와 규모에 따라 그 내용이 달라집니다.

'전략적'이라는 말의 의미를 앤소프 교수님은 기업이 당면하고 있는 환경에 대하여 적합하게 대응하는 것이라고 정의하였습니다.

「전략적인」 의사결정5)이라고 할 때, 「전략적(strategic)」이라는 의미는 「기업이 당면하고 있는 환경에 대하여 기업의 적합성에 관한(relating to firm's match to its environment)」이라는 의미를 지니고 있다.

이에 대한 두 번째의 의미로 「전략(strategy)」이라고 할 때 그 의미는 「부분적인 정보부족하에서의 의사결정의 원칙(rules for under partial ignorance)」을 의미하고 있다.

이와 같은 정의에 따라 판단한다면, 무엇이 전략적인 것인가에 대하여 힌트를 찾아낼 수 있습니다. 즉, 우리가 추구하고 있는 목표들이 우리 기업이 당면하고 있는 환경에 제대로 대응하고 있는 것인지의 여부에 따라 전략적으로 타당한 목표인가의 여부를 파악할 수 있습니다.

앞의 막걸리 기업을 생각해보면, 막걸리 기업이 경쟁기업들과 잘하고 못하고 있는가를 파악하기 전에 막걸리 기업의 시장환경의 변화에 제대로 대응하고 있는가에 따라 전략적으로 대응하고 있는지에 대하여 파악할 수 있는 것입니다.

■ 대응성에 따라 달라지는 전략

여기에서 추가적으로 유의해야 할 「적합성」과 「관련성」의 2가지 관점이 있습니다. 환경대응의 적합성은 환경체계 하에서의 적응방식을 의미하지만, 그것이 어떠한 특성으로 적응할 것인가에 대한 구분은 포함되어 있지 않습니다.

따라서 적합성을 생각할 때에도 <도표 2.11>에서 보는 바와

---

5) (앤소프 각주) 이에 대한 보다 적절한 용어는 기업가적(*entrepreneurial*)이라고도 생각된다.

　　Ansoff, H. I., The New Corporate Strategy, 1988, 박동준 역, 최신전략경영, 제1부 6장 전략의 개념, 소프트전략경영연구원, 1993. 9.

같이 소극과 적극, 그리고 중도론적인 적합성으로 구분해볼 수 있습니다.

<도표 2.11>에서 보는 바와 같이, 누구나 모두 상황에 적합하게 행동한다고 할 경우에도, 피동적이고 수동적인 형태로 지낼 수도 있고, 적극적으로 상황을 개척해가는 형태도 있기 때문에, 그 대응의 내용과 결과가 제각기 다르게 나타납니다. 여기에는 각기 발휘되는 전략의지와 전략지능이 다르기 때문입니다.[6]

<도표 2.11> 적합성의 내용

대응태도의 특성 행동의 내용	소극적 Negative	현상유지 Status quo	적극적 Positive
수동적 Passive	1 피동적으로 끌려다님, 회피	2 눈치를 보면서 현상유지	6 적극적 순응, 적극적 회피
존속, 상황유지 Existent	3 소극적 존속, 소극적 상황유지	4 생존 현상유지	8 적극적 존속, 적극적 상황전개
적극적 상황개척 Growth, Developing	5 소극적 상황개척 성장의 미흡, 지연	7 현재 진행속도를 유지하는 상황개척 평균적 성장	9 적극적 상황개척 탁월한 성장
주요 대응특성	시장에서의 경쟁기업들과 동질적 대응 ←——————→		다양하고 독특한 대응
	수비적 대응	현상유지	공격적 대응

(D. J. Park, 2007)

---

6) 전략의지와 전략지능에 관한 논의는 다음 문헌을 참조하세요
   박동준, 뉴스와트 전략, 제7, 8장, 소프트전략경영연구원, 2005.

■ 관련성에 따라 달라지는 전략

두 번째의 유의점으로 관련성을 살펴볼 필요가 있습니다. 관련성은 관계를 결정하는 속성을 의미합니다. 동일한 상황이라도 관련성이 어떠한가에 따라 이해관계가 달라집니다. 따라서 전략의 내용도 변화됩니다.

관련성에는 다양한 형태의 이해관계뿐만 아니라 구조적, 결합적, 영향적 연관관계가 작용합니다. 사업을 중심으로 보면, 사업과 관련하여 경영자원과 운영의 전반에 걸쳐 복합적인 관련성이 작용하고 있습니다. 시장을 중심으로 보면, 시장에 참여하는 기업들과 고객, 교환과 거래의 시장기능을 전개하고 있는 조직들과 감독기구와 같은 주체들과 다양한 형태의 관련성이 작용합니다.

제품이나 서비스를 중심으로 보면, 공급자와 소비자, 사용자, 그리고 품질, 기능, 제품 서비스의 작용과 부작용, 생산과 거래, 판매와 유통, 물류, 소비와 같은 관련성이 작용합니다.

관련성을 시간적 관점에서 보면, 과거로부터 현재까지 조직이 관계해 온 관련성뿐만 아니라 앞으로 새로이 관계를 전개해야 하는 관련성도 있습니다.

관련성에는 시간적, 공간적인 개념이 포함됩니다. 시간적 관련성에는 아주 짧은 시간에서부터 아주 긴 시간에 이르는 관련성이 있습니다. 한번 거래를 끝내면 다시 안 볼 것 같은 사람도 얼마 지나지 않아서 난처하게도 다시 거래를 해야 하는 경우가 발생하기도 합니다. 아무리 기억력이 나쁜 사람이라도 손해를 입은 쪽에서는 그 손해에 대하여 오랫동안 기억을 하기 마련입니다. 만약 단기적으로 수익을 높이기 위하여 부당한 가격이나 조치를 통하여 관계에 대응한다면, 여러 가지의 관계적 구조를 통하여 그에 상응하는 대가를 치루게 됩니다.

우리와는 공간적으로 아주 멀리 떨어진 지역에서의 현상은 전혀 상관없을 것 같지만, 그 역시 조건에 따라 파급적 영향을 미치게 됩니다. 물론 아주 가까운 지역에서 유발되고 있는 현상은 더욱 신속히 영향을 미치게 됩니다. 때로는 관련성에는 감성적, 논리적 영향도 작용합니다. 사소한 감정적 계기가 불씨가 되어 국가간의 전쟁도 유발됩니다. 어떤 기업에서는 특정지역시장에서 특별히 잘못한 것도 없는데, 민족적 감정에 휩쓸려서 특정한 제품이 팔리지 않는 일도 비일비재합니다.

따라서 전략을 수립하기 위하여 환경분석을 전개할 때에도, 관련성을 어디까지 볼 것이며, 어떻게 이해하는가에 따라 환경분석의 내용도 크게 달라집니다.

■ 환경과 능력의 관련성에 유의해야 한다

아무리 좋게 보이는 전략도 우리의 역량 또는 우리(조직)과 무관한 환경과 관련된 것이라면, 의미를 상실하게 됩니다.

만약 전략을 수립한다고 하면서, 우리가 당면하고 있는 환경과 무관한 전략을 수립하게 된다면, 그 전략의 실효성은 저하됩니다. 이와 마찬가지로 우리의 능력과 역량과 무관한 전략을 수립하게 될 경우에도 전략의 성과는 저하됩니다. 따라서 관련성에 대한 점검과 판단은 전략의 효과성, 즉 전략성과를 관리하기 위하여 반드시 요구됩니다.

여기에서 전략의 본질에 대한 판단을 내릴 필요가 있습니다.

> 기본적으로, 전략이란 조직행동을 이끌기 위한
> **일련의 의사결정규칙들**이다.[7]
>
> Basically, a strategy is a set of decision-making rules for guidance of organization behavior.

전략은 조직행동의 가이드라인을 수립하기 위한 의사결정원칙으로 작용합니다. 전략이 없는 조직은 목표의 정렬이 곤란하며, 기업행동의 전개를 체계적으로 실천하는데 어려움을 경험하게 됩니다. 뿐만 아니라, 기업의 환경대응행동을 관리하는 일도 쉽지 않게 됩니다. 따라서 기업의 환경대응행동을 효과적으로 관리하기 위하여 기업의 의사결정을 위한 가이드라인으로 전략을 설정하여 기능할 수 있도록 하는 것입니다. 따라서 이와 같은 정의는 전략의 기능적 측면을 강조하여 내려진 정의라고 할 수 있습니다.

■ 전략에 대한 기능적 정의가 적용되지 않는 조직

그러나 현실적으로는 조직의 의사결정을 위한 가이드라인으로 전략이 활용되기도 하고 그렇지 못한 경우도 있습니다. 즉, 전략을 의사결정원칙으로 활용하지 않고, 필요할 때마다 참조수단으로 활용하는 조직이 그 대표적인 경우라고 할 것입니다.

이와 같은 조직에서는 전략은 상황에 따라 수립되며, 기업행동의 원칙이나 가이드라인을 다른 동기나 다른 이유에 기인한 목표의 형태로 수립됩니다. 이러한 조직에서는 전략은 의사결정원칙으로 작용하지 않고, 여러 가지의 조직행동대안들의 선택대안 중의 하나로 작용하며, 상황과 필요에 따라 전략이 채택되기도 하고 무시되기도 합니다.

이러한 경우, 전략을 체계적으로 수립하고 기업의 의사결정원칙으로 활용하는 일은 사실상 수용되지 않습니다. 그것은 전략의 수립이나 활용목적이 기업의사결정의 가이드라인으로 활용하기 보다는 기업의사결정을 위한 대안채택의 수단으로 활용하기

---

7) Ansoff, H. I. and McDonnell, E., Implanting Strategic Management, 1992, 박동준, 신준성 공역, 전략경영실천원리, 소프트전략경영연구원, 1997, p. 100

때문입니다.

　이와 같은 조직에서는 전략은 조직행동을 위하여 선택할 수 있는 대안들 중의 하나, 또는 하나의 목표에 지나지 않게 됩니다.

　그러나 이와 같은 경우에도 전략이 하나의 대안이나 목표로 구성되어 기업행동을 전개하기 위한 대안으로 선택된다면 해당 목표의 전개나 대안의 실천을 위하여, 조직행동의 가이드라인으로 작용할 수도 있습니다. 만약 전략대안이나 목표가 채택되지 않고 제3의 대안이 선택될 경우에는 어떻게 될까? 이 경우에도, 해당 목표나 선택대안을 실천하기 위하여 필요한 세부조치들을 구성하며, 조직행동의 원칙으로 작용할 수 있습니다.

　따라서 전략이 조직행동의 원칙을 이끈다고 할 수는 있지만, 조직행동의 원칙을 이끄는 의사결정원칙에는 전략만 존재하는 것이 아니라는 것을 알 수 있습니다.8) 전략이 구체적으로 추진목표의 형태로 구성된다는 점을 감안한다면, 일반적으로 구성되고 실천되는 목표체계 또한 전략의 기능을 대체적으로 수행한다고 볼 수 있습니다.

　이와 같은 조직에서는 조직의 환경대응의 관점보다 설정된 목표의 달성이 더 중요하게 여겨질 수 있습니다. 실제로 특정한 조직에서는 환경변화에 대응하는 것 보다, 특정한 사업목표나 목적의 달성에 더 높은 우선순위를 부여하기도 합니다.

　이러한 조직에서는 해당조직체의 경영진 또는 경영행동에 강력하게 영향을 미칠 수 있는 외부의 강력한 이해관계인 그룹이 해당 조직체에 대하여 환경변화에 적극적으로 대응하지 않을 경우, 특별히 심각한 제약을 가하거나 행동의 변화를 요구할 경우

---

8) 심각한 경우에는 조직구성원들의 오만이나 편견, 또는 그릇된 신념도 조직행동의 원칙으로 작용할 수도 있습니다.

에만, 전략적 대응을 신중하게 고려하게 될 수도 있습니다. 예를 들면, 정부 등에서 공기업부문에 대한 경영평가를 수행하면서 전략경영에 관한 평가를 통하여 경영진과 기업에 대한 조치를 전개하기 때문에, 형식적으로나마 그동안의 전략을 진단하고 새로운 전략적 대응계획을 구성하여 문서화하는 일을 수행하는 경우와 같다고 할 것입니다.

그러나 이와 같은 조직의 경우에도 우연하게 전개하게 된 전략활동이 계기가 되어 전략의 체계화를 수행하면서 전략수립 및 대응을 조직화하고, 그 전개방법을 경험하게 되면, 조직 내에서 전략경험이 축적되고 전략 시스템이나 전략기능이 강화될 수도 있습니다.

■ 전략주체의 역할이 중요하다

전략은 조직행동의 현재와 미래에 대한 윤곽을 구체화합니다. 당면하고 있는 환경에 대하여 그 대응방향과 대응행동원칙을 정의하고 이러한 전략내용을 구체적으로 가시화시킨 것을 전략적 비전이라고 합니다. 그러나 전략은 미래의 윤곽을 막연하게 그리거나 무제한의 상상으로 마구잡이로 그려내는 것은 아닙니다.

전략은 상황과 조건, 그리고 그에 대응하는 주체의 의욕과 의지에 따라 그 내용의 구성이 달라집니다. 전략의 주체가 비관적이거나 소극적일 경우에는 미래전략의 내용이 비관적 또는 소극적인 그림이 됩니다. 그러나 적극적 또는 의욕적인 주체가 전략을 도출할 경우에는 수립하는 경우와는 전혀 다른 내용과 형태의 전략을 그리게 됩니다.[9] 전략주체의 다양하고 복합적인 능력이

---

[9] 비관적인 사람의 경우에도 전략적 기량이 늘게 되면, 전략지능이 높아지게 되어, 소극적 전략에서 탈피하게 될 수 있습니다. 그러나 이와 같은 경우에도 전략적 투지나 전략의지가 결여될 경우에는 전략적 시도가 제한됩니다.

전략의 내용에 지대한 영향을 미치고 있는 것입니다.

　대부분의 신흥 초일류기업군들의 괄목할 만한 성공은 조직에서 이미 확보하고 있는 제한적인 능력에만 의존하기 보다는 전략주체의 탁월한 능력발휘를 통한 전략적 성공이라고 할 수 있습니다. 즉, 전략을 주관하는 전략주체의 의지, 환경대응에 필요한 지능, 상황에 대한 실천이해의 수준과 전략실천능력과 같은 역량이 작용하고 있는 것입니다. 따라서 전략을 논의하고자 할 때, 환경-전략-능력의 구도에 전략주체를 포함하여 환경-전략-전략주체-능력을 고려하는 것이 중요합니다. 전략성공을 도모하려면, 환경, 능력, 그리고 전략주체가 전략요소들을 통합적으로 관리해야 하기 때문입니다.

■ 전략주체를 빼고 전략논의하는 것은 무의미하다

　따라서 전략을 논의할 때 환경과 (조직)능력의 두 가지의 관점에서 논의하는 것은 중요한 한 가지의 전략요소를 간과하는 셈이 됩니다.

　앞의 <도표 2.2>의 그림에서도 설명되었지만, 앤소프 교수님의 관점에서는 환경과 능력, 그리고 우리가 고려해야 할 전략으로 구도하였습니다. 이러한 관점은 마치 신이 지구를 만들 듯, 전략의 주체, 즉 전략을 모색하고 계획으로 만들며, 행동으로 실천하는 전략주체는 물리적 전략공간에서 빼버린 채로, 한 손에는 환경을, 한 손에는 능력을 대응시키면서 양자간에 결합대응의 방법으로 전략을 고려하고 대응하는 형태라고 할 수 있습니다.

　그러나 전략주체, 예를 들면 최고경영자나 경영관리자, 심지어는 주요한 핵심 실무자들의 전략의식이나 전략적 태도, 전략지능, 전략의지와 같은 전략주체의 역할을 배제하게 되면, 환경에 대응

하는 손발의 능력과 대응행동은 모색되지만, 전략의 핵심적 내용
을 도출해내는 전략주체의 두뇌적 역할이나 전략의지, 전략적 지
능, 창의적 역할을 간과하게 되고 전략의 품질을 간과할 수 있습
니다. 이런 연유에서 종종, 경쟁성과가 가장 주목되는 전략성과
로 부각됩니다.

따라서 <도표 2.12>에서 보는 바와 같이 환경과 능력, 그리고
전략을 살펴보는 3분법적 논리에 추가적으로 전략주체를 반영하
여 전략요인의 기본요소들과 기본구도를 구성할 수 있습니다.

<도표 2.12> 전략요인의 기본구도

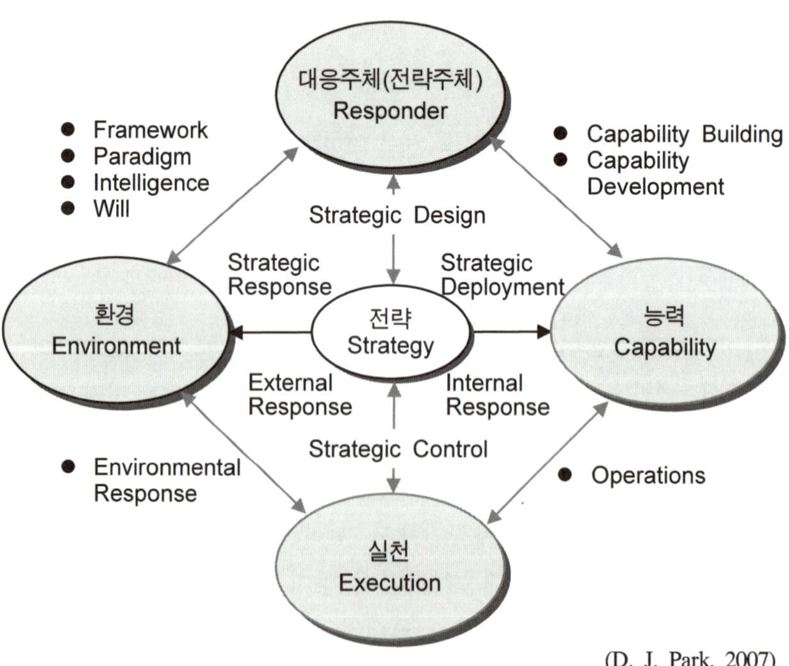

(D. J. Park, 2007)

<도표 2.12>의 하단에는 전략요인의 기본구도에 전략의 실천
적 성과를 제고하기 위하여 전략실천의 항목을 추가하였습니다.

전략을 살펴볼 때, 이와 같은 기본구도를 활용할 경우, 전략이해와 전략의 구도를 보다 정교하게 전개할 수 있습니다.

■ 전략요인의 기본구도를 이해한다

<도표 2.12> 전략요인의 기본구도에서는 조직의 전략적 성공을 위한 전략 패러다임과 대응논리를 설명하고 있습니다.

도표의 중앙에서 수평적으로는 앤소프 교수님의 환경과 능력, 그리고 전략의 결합적 관계를 설명하고 있습니다. 도표의 중앙에서 수직적으로는 전략대응의 주체와 전략, 그리고 실행의 결합적 관계를 설명하고 있습니다.

전략주체는 당면하고 있는 환경과 능력의 확보(가능성)수준에 따라 대응하기 위한 전략을 모색합니다. 이러한 프로세스에서 전략주체의 고유의 전략지능과 전략의지를 발휘하며, 의사결정을 주도합니다. 전략주체의 결정은 전략실행의 가이드라인을 설정하게 되어, 실행내용을 주도합니다.

조직규모가 작고, 의사소통이 원활한 경우에는 전략기획의 주체와 실행주체가 다를 경우에도, 전략주체의 전략결성과 전략실행에서의 차이발생의 문제는 신속하게 해결됩니다. 그러나 조직규모가 방대해질 경우, 전략주체와 실행주체가 서로 다를 경우, 전략과 실행의 차이발생의 문제가 중대한 현안으로 등장할 수 있습니다.

그동안 전략기획부문과 사업부문간의 갈등은 전략주체와 실행주체간의 전략책임의 문제를 명확히 구분하지 못할 경우에 등장합니다. 따라서 전략책임의 문제를 기획의 책무와 실행의 책무로 구분하여 대응하는 방법도 제시됩니다.[10] 최근 조직의 수평

---

10) 쯔무라타케오(都村長生), 기업변신전략, 소프트전략경영연구원, 1993.

화의 진전과 사업 및 업무영역의 확대에 따라 본사 기획부문이 아닌 실행부문에서 전략책임을 담당하는 경우도 목격되고 있습니다.

이제는 전략의 선택과 책임의 문제는 전략실행부문에서 대응해야 할 과제로 변화되고 있습니다. 그것은 사업실행부문의 전략지능이 지속적으로 향상되고 전략적 관리능력 또한 강화되어 왔기 때문입니다.

따라서 전사적 사업전략에 대한 전략과 사업부문별 전략대응이 구분될 수 있게 되고, 전사전략이나 사업전략의 경우, 공히 <도표 2.12>와 같은 전략요인의 기본구도 하에서 그 대응논리를 점검할 수 있습니다.

■ 전략요인의 기본구도를 윷놀이 판으로 바꾸면

해마다 연말이 되면, 가족끼리 즐기는 놀이 중에 윷놀이가 있습니다. 이러한 윷놀이를 활용하여 조직구성원들 간에 즐길 수 있는 전략윷놀이를 생각해볼 수도 있습니다.

<도표 2.13>은 <도표 2.12> 전략요인의 기본구도를 이용하여 필자가 그린 전략윷판입니다. 전략을 구성하고자 할 때, 이 윷판을 이용하여 조직구성원들 간에 재미있는 전략게임을 할 수도 있습니다.

어떠한 것을 출발점으로 삼을 것인가는 전략적 상황이나 전략에 대한 관점에 따라 다르지만, 일단 출발점은 능력에서 출발하는 것으로 하겠습니다. 또한 어떠한 경우이건 환경을 일단 거치고 가야하는 것이 원칙이지만, 환경상황에 변화가 없거나 양호한 경우에는 바로 전략을 먼저 수립하고 갈 수 있는 것으로 할 수도 있으며, 또는 가장 먼 거리를 돌아가는 경로를 세울 수도 있습니다.

<도표 2.13> 전략요인기본구도의 윷판

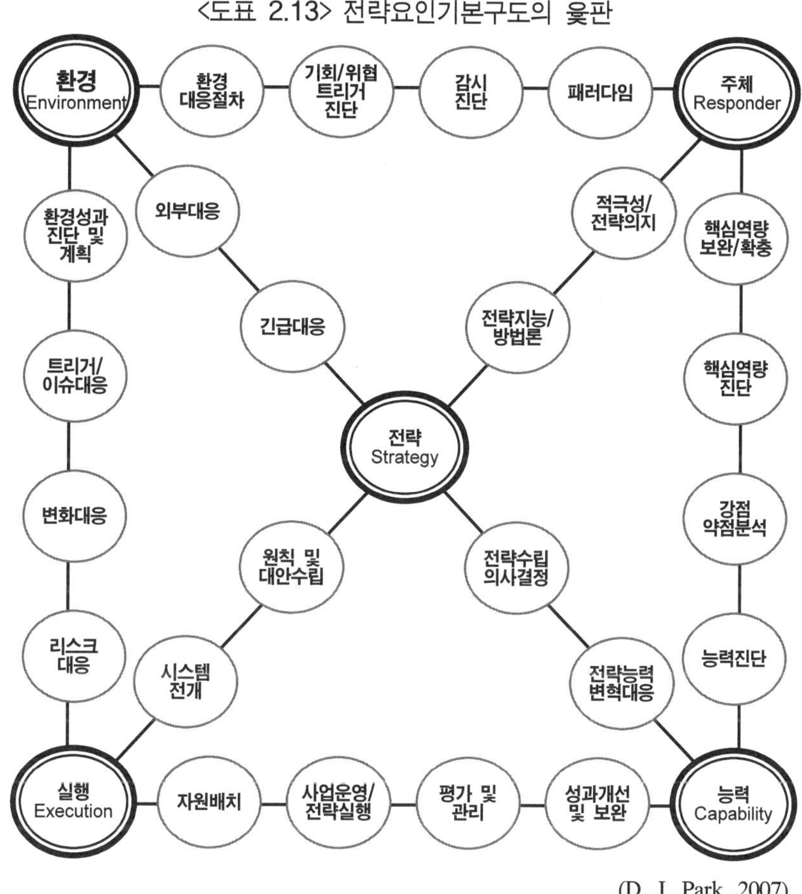

(D. J. Park, 2007)

윷놀이에서는 가장 빨리 끝내는 쪽이 승리하는 것으로 되지만, 전략을 창조하고 실천하는 일에서는 반드시 속전속결이 좋은 결과를 가져다주는 것은 아닙니다.

살펴보고자 하는 전략의 주제와 특성에 따라서 <도표 2.13>의 내용들을 다양하게 구성하여 새롭게 재편성할 수도 있습니다. <도표 2.14>에서는 기술 및 제품 경쟁전략을 중심으로 새롭게 편성한 예입니다.

<도표 2.14> 경쟁 전략 윷판

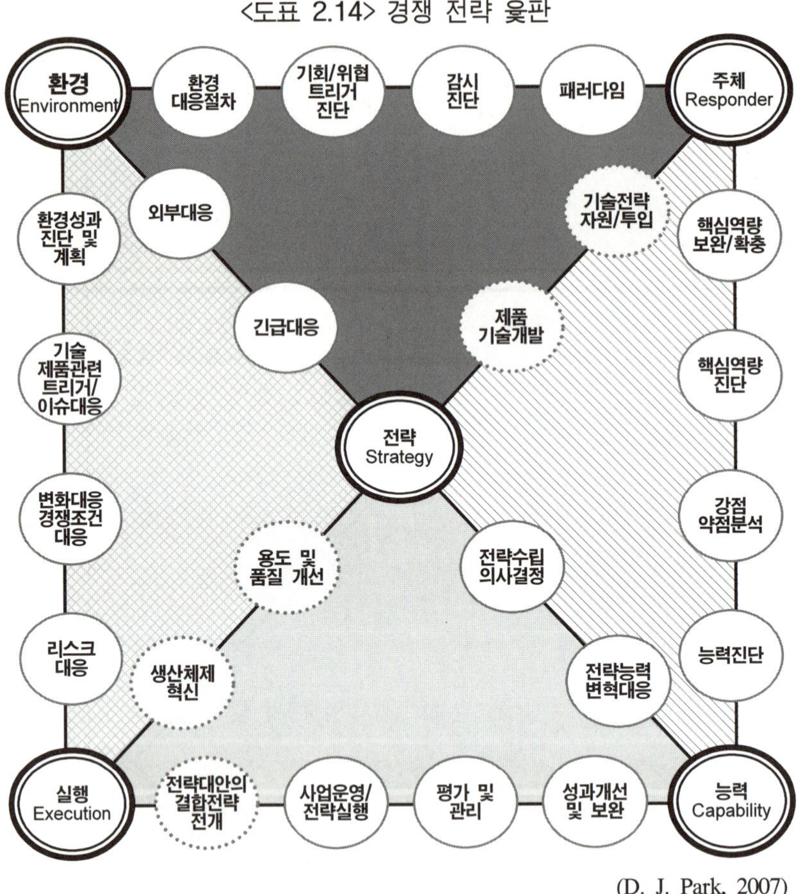

(D. J. Park, 2007)

　　이 게임에서의 목적은 다양한 전략적 과업들을 어떻게 결합시
키거나 또는 어떻게 단축시키면서 최상의 대안을 모색할 수 있는
가를 게임을 통하여 음미할 수 있도록 하는 것입니다.　게임을
좀더 흥미롭게 운영하고자 한다면, 특정한 전략과제를 중심으로
예를 들면, 신제품 개발 또는 경쟁에서 이기기 위한 전략을 중심
으로 각 단계별로 필요한 전략적 대안이나 조치들을 제시하도록
할 수도 있습니다.

■ 전략적이란 표현에 대한 재정의

그동안 우리는 서두에서 '전략적'이라는 것에 대하여 '기업이 당면하고 있는 환경에 대하여 기업의 적합성에 관한' 이라는 판단의 기준에서 출발하여 이러한 기준에 작용하고 있는 「대응성」과 「관련성」을 살펴보았습니다. 또한 전략주체의 역할을 고려할 필요가 있다는 점을 살펴보았습니다. 이와 같은 필요성을 점검하는 과정에서 우리는 전략요인의 기본구도를 새롭게 편성할 수 있었습니다.

전략요인의 기본구도에서 전략을 중심으로 음미해보면 전략은 외부환경과 관련된 전략과 내부역량과 관련된 전략으로 구분할 수 있으며, 이를 편의상 외부대응전략과 내부대응전략이라고 한다면, 이 두 가지의 균형적 결합이 필요하다는 것을 알 수 있습니다. 그렇다면, 전략적이라는 의미도 '외부대응에 관한' 것과 '내부대응에 관한' 것으로 두 가지로 나누어 볼 수 있습니다.

만약 외부의 환경대응에 관한 전략은 타당하지만 내부적 대응이 제대로 갖춰지지 못하거나 또는 내부적 대응이 부실하다면, 그 전략의 결과는 성공을 보장할 수 없게 됩니다. 이와 마찬가지로 내부적 전략대응은 타당하지만, 외부적 대응에서 의미를 결여하거나 잘못된 외부대응을 전개한다면, 그 또한 당초에 도모하고자 한 전략성과를 보장할 수 없게 됩니다.

따라서 '전략적'이란 특정 주체가 기업이 당면하는 (또는 당면하게 될) 환경에 대하여 외부대응과 내부대응의 결합적 실천에 관한 것이라고 정의할 수 있습니다. 이와 같은 정의에 따르면 전략적이라는 표현에는 외부대응에 있어서의 전략적이라는 표현과 내부대응에 있어서의 전략적이라는 표현이 가능하며, 이 두 가지의 결합적 표현도 가능합니다.

■ 외부대응전략과 내부대응전략

외부대응에 관한 전략을 편의상 외부대응전략이라고 부르겠습니다.   외부대응전략은 기업의 외부환경변화에 대응하는 전략을 의미합니다.   같은 맥락으로 내부대응에 관한 전략, 즉 내부대응전략은 외부환경에 대응하기 위하여 내부적 조치를 강구하는 전략이라고 할 수 있습니다.   이러한 전략들을 모색하고 기획하여 실천하고자 할 때, 외부대응전략과 내부대응전략은 어느 한편에 치중하기 보다는 서로 결합적, 균형적으로 수행될 필요가 있습니다.

이상의 논의를 토대로 다음과 같은 전략원칙을 수립할 수 있습니다.

전략대응의 제1원칙

전략 제1원칙: 환경변화에 대응하는 외부대응전략을 확립한다.

전략대응의 제2원칙

전략 제2원칙: 환경변화에 대응하는 내부대응전략을 확립한다.

전략대응의 제3원칙

전략 제3원칙: 외부대응전략과 내부대응전략의 균형적, 결합적 전개를 도모한다.

전략대응의 제4원칙

전략 제4원칙: 전략성과는 1차 전략성과(원천적 전략성과)와 2차 전략성과(후속적 전략성과)의 결합적 성과로 구성된다.

전략 마인드 5

전략과 능력
Strategy and Capability

앞에서도 여러 번 반복되어 언급되었지만, 전략을 결정하는 핵심적인 요인 중의 하나는 조직의 능력, 또는 역량이라고 할 수 있습니다. 어떠한 전략을 구사할 것인가를 결정하는 핵심적 요인은 (전략주체가) 조직에서 확보하고 있는, 또는 확보가능한 능력 또는 역량을 어떻게 발휘할 수 있는가에 따라 달라집니다.

만약 당면하고 있는 환경 또는 해결해야 하는 과제에 대하여 그 대응능력이 제한되어 있을 경우, 선택할 수 있는 전략적 대안도 제한됩니다. 따라서 환경과제에 대응하기 위한 전략의 구성과 선택은 1차적으로 능력 또는 역량에 의하여 결정된다고 봐도 과언이 아닐 것입니다. 이와 같은 능력중심의 대응방식을 편의상 능력본위에 의한 전략대응이라고 정의하겠습니다. 앞에서는 능력우선논리라고 하였습니다.

흔히, 합리적인 전략을 세우고 전략실행을 위하여 필요한 능력을 전개하여 배치한다는 논리, 이를 전략우선논리 또는 전략본위에 의한 능력편성이라고 정의하면, 이 논리는 능력본위의 현실과는 본질적으로 서로 상충될 수 있습니다. 능력본위의 전략에서는 보유하고 있는 능력을 전제로 필요한 전략을 전개하는 것을 제1의 원칙으로 하고 있지만, 전략본위의 능력편성은 필요한 전략을 수행하기 위하여 능력을 수단적 요소로 전개할 것을 사고의 원칙으로 하고 있기 때문입니다.

능력본위의 전략사고, 즉 능력우선논리에서는 아무리 탁월한 전략을 세운다고 할지라도 현재 보유하고 있는 능력으로 실행에 옮길 수 없다면, 그것은 그림의 떡에 지나지 않을 뿐만 아니라, 현실적으로 성과를 거둘 수 없기 때문에, 보다 현실적인 사고에 입각하여 실천을 전제로 하는 전략을 구사합니다.   따라서 능력본위의 전략이 현실적으로는 실용적인 대안으로 활용됩니다.

조직이 확보하고 있는 탁월한 능력을 중심으로 당면환경 또는 상황에 대응하는 것을 전략대응의 제5원칙이라고 하겠습니다.

전략대응의 제5원칙
전략 제5원칙: 탁월한 능력으로 당면환경에 대응한다.

전략 제5원칙은 앞에서 살펴본 전략 제2원칙에서 능력을 중심으로 발전시킨 능력확보와 능력활용에 관한 원칙입니다.   여기에는 5가지의 기본적인 능력대응전략이 수반됩니다.   즉, 능력확보전략, 능력활용전략, 능력개발전략, 능력혁신전략 그리고 능력변혁전략이 그것입니다.

능력확보전략은 당면하고 있는 환경대응에 필요한 능력이 제한적이거나 부족하여, 필요한 수준의 능력을 확보하지 못하고 있을 경우, 필요한 능력을 확보하는 전략을 의미합니다.   이를 편의상 [A 전략]이라고 부르겠습니다.

능력확보전략에는 내부능력의 확보 및 개발과 외부능력의 도

입, 개발, 활용이 있습니다. 능력의 확보라고 하지만, 단순히 능
력을 채용하여 활용하는 방법(adopt)도 있지만, 확보된 능력을 좀
더 적용하여 보다 높은 성과를 올리는 방법(adapt)도 있습니다.

<도표 2.15> 능력대응 AUDIT 전략

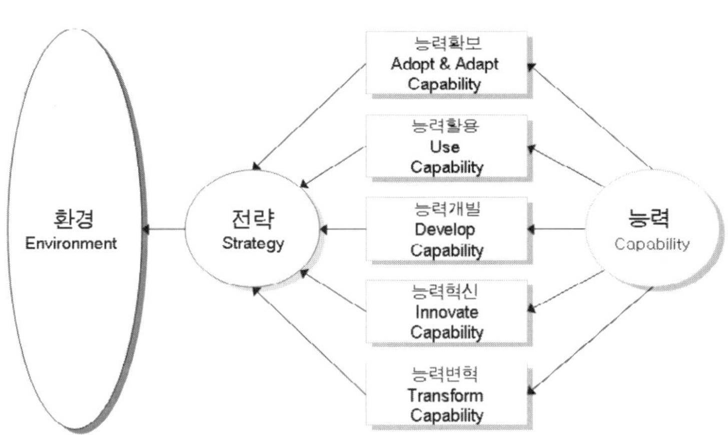

(D. J. Park, P. H. Antoniou, 2007)

능력활용전략은 기존의 확보된 능력을 최대한 발휘하는 전략
을 의미합니다. 일반적 조직에서 가장 보편적으로 활용되는 전
략이라고 할 수 있습니다. 이를 편의상 [U 전략]이라고 부르겠
습니다. 즉, 조직의 여러 능력요소들 중에 어떠한 능력을 선별적
으로 활용하여 대응할 것인가에 따라, 그 성과에 차이가 있기 때
문에, 기존능력의 배치나 전개, 활용에 관한 전략들이 전개됩니
다.

조직에서 당면하고 있는 환경의 과제에 대응하기 위하여 필요
한 능력을 확보하고 있다면, 그 능력을 어떻게 활용하여 환경에
대응할 것인가에 대하여 필요한 전략을 수립하고, 필요한 능력의

효과적이고도 효율적인 발휘를 위한 절차와 체계를 고안하여 대응하는 일에 집중합니다.

그러나 필요한 전략능력을 확보하지 못하고 있을 경우, 어떠한 능력이 부족한가를 점검하여 이를 개발하여 대응하는 것이 능력개발전략입니다. 이를 편의상 [D 전략]이라고 부르겠습니다.

따라서 능력개발전략은 능력활용전략보다 상황대응면에서 적극적이라고 할 수 있습니다. 능력개발전략은 대상과 내용, 방법 측면에 있어서 내부적 능력개발과 외부적 능력개발로 구분됩니다. 그러나 능력개발전략은 기존의 능력을 확보, 활용하는 것이 아니라 새로운 능력을 창조한다는 점에서 능력확보전략과 구분됩니다. 새로운 능력의 창조는 창조전략의 핵심적 내용을 구성합니다.11)

능력개발전략은 개발에 따르는 비용과 시간, 노력이 요구되며, 그에 따라 개발된 능력의 독특성에 의한 우위성을 누릴 수 있게 됩니다. 만약 D 전략을 수행하는데 드는 비용과 시간, 투입노력이 A 전략의 수행을 통하여 얻을 수 있는 성과보다 떨어지게 된다면, D 전략의 유의성은 상실하게 됩니다. 따라서 D 전략은 A 전략과 비교하여 결합적으로 수행할 것을 검토할 필요가 있습니다.

능력혁신전략은 기존의 능력을 새로운 능력으로 혁신하는 전략입니다. 이를 편의상 [I 전략]이라고 하겠습니다. 능력개발전략을 새로운 능력을 창조하는 전략이라고 한다면, 능력혁신전략에는 기존의 능력을 파괴하고, 새로운 능력을 창조한다는 점에 이중의 노력이 요구됩니다. 새로운 능력의 창조는 대체로 환영받

---

11) 창조전략에는 능력창조, 전략창조, 사업(제품)창조, 기업(산업)창조, 기술창조, 시장창조, 자원창조, 사회창조, 환경창조의 9가지의 핵심으로 구성됩니다.

지만, 기존의 능력의 파괴는 종종 거부되거나 배척되는 현상이 등장하기 때문에, 능력혁신전략에는 강력한 조직지휘능력이 새로이 요구됩니다.

능력변혁전략은 기존의 능력을 새로운 수준의 능력으로 전환 또는 변환하는 전략입니다. 이를 편의상 [T 전략]이라고 하겠습니다. 능력혁신전략과 아주 유사하기 때문에 같은 의미로 활용하여도 좋을 듯합니다. 다만, 능력혁신전략이 새로운 창조와 파괴를 통하여 새로운 능력대응을 전개하는 것을 강조한다면, 능력변혁전략은 기존의 능력을 개체, 또는 변경하거나 현재의 능력수준을 새로운 능력수준으로 변화시키는 것으로 정의할 수 있습니다.

이상과 같은 5가지의 능력대응전략은 전략의 핵심적 내용을 규정합니다. 이 5가지의 능력대응전략을 기억하기 쉽게, 영문 대문자를 따서 능력대응 AUDIT 전략이라고 하였습니다. 이 5가지의 능력대응전략을 어떻게 구성하여 전개할 것인가에 따라 환경대응전략의 핵심이 달라집니다. 즉, 기존의 능력을 선별적으로 활용할 것인지, 새로운 능력을 구성히여 활용할 것인지에 따라서 전략의 내용과 방법의 선택이 달라지는 것입니다.

그러나 능력본위의 전략사고는 구조적으로 취약점을 내포하고 있습니다. 그것은 능력이 떨어지는 조직의 경우, 지극히 제한적인 능력에 입각한 전략만을 구사하게 될 것이라는 논리입니다. 만약 현실적으로 그와 같다면, 능력의 빈익빈부익부의 현상이 지배하여 능력이 탁월한 조직의 전략이 그렇지 못한 조직의 전략보다 탁월하게 된다는 발상에 순응하게 됩니다.

그러나 현실적으로는 상당히 많은 산업분야에서 적극적이고 창의적인 신생기업들이, 상대적으로 유리한 기존의 경쟁기업들보다 확보된 조직능력 및 자원의 열세에도 불구하고 경쟁에서 우위를 보이며, 산업계를 변혁시켜가는 현상을 빈번히 목격할 수 있습니다.   이러한 사례들은 능력본위의 전략사고에 대하여 새로운 착상을 가능하게 합니다.   즉, 대응할 수 있는 능력과 자원은 상대적으로 부족하지만, 그 대응의 내용과 방법, 대상을 새롭게 변혁하거나 창조하여 전략적 성공을 실천하는 것입니다.

■ 전략은 전략주체의 능력에 의하여 결정된다

환경에 대응하기 위한 전략은 환경대응행동의 주체가 어떠한 조직능력을 가지고 있는가에 따라 결정됩니다.

따라서 환경대응능력이 전무한 조직에서 세계최고 수준의 전략을 모방하거나 자신의 능력과 무관한 전략을 멋지게 만들어내어 그 전략을 전개하고자 할 때, 그 전략이 성공적으로 실행될 것인가에 대하여는 회의적이라고 할 것입니다.

전략은 행동을 전제로 하고 있기 때문에, 실현능력이 전제조건으로 작용합니다.   대부분의 전략성과는 실행능력에 의하여 좌우됩니다.   능력이 출중한 조직에서 탁월한 전략을 전개할 경우와 능력이 빈약한 조직에서 그나마 전략도 제대로 갖추지 않고 사업을 전개하는 경우의 성과비교는 특별한 분석이나 점검을 하지 않을 경우에도 그 결과를 쉽게 짐작할 수 있을 것입니다.

따라서 전략은 능력을 전제로 구성되며, 능력의 활용을 전략의 핵심적 내용으로 편성하게 됩니다.

여기에서 능력과 전략과의 관계에 대하여 고려해야 할 중요한 관점이 있습니다.   그것은 전략에서 능력의 확보와 활용을 어떻게 할 것인가에 관한 관점입니다.   즉, 기존에 확보된 능력의 활용을 중심으로 전략을 편성하는 방안을 기본적인 것이라고 한다면, 다음 <도표 2.16>에서 보는 바와 같이 확보된 능력과 그 활

용에 따라 전략의 내용과 그 전개가 달라질 수 있다는 점을 알
수 있습니다.

<도표 2.16> 능력의 확보와 발휘에 따른 성과

능력발휘수준 능력확보수준	빈약함	보통	높음/ 탁월함
빈약함	1 무성과	3 성과 저조	6 능력성과의 제약
보통	2 성과저조 실패의 반복	4 보통의 전략	7 제한적 능력성과
높음/탁월함	5 능력의 도태 실패의 반복	8 제한적 능력성과	9 높은 능력성과

(D. J. Park, 2007)

만약 특정한 조직에서 제한적인 능력을 가지고도 최대한의 성
과를 거두고 있다면, 해당조직은 현재 최대한의 능력효과를 누리
고 있다고 할 수 있습니다. 이러한 조직에서는 신속히 능력재편
성에 대한 고려를 해야 할 것입니다. 왜냐하면, 현재의 능력효과
성은 최대로 발휘되고 있지만, 더 이상의 성과를 거두기 어려운
수준에 도달하고 있기 때문입니다.

즉, 이미 확보하고 있는 능력의 한계가 성과제고를 제약하고
있는 상황이라고 할 수 있습니다. 능력은 저절로 신장되거나 강
화되지 않습니다. 또한 능력의 발휘와 시간의 경과에 따라 능력
은 점차 소진되거나 능력성과가 떨어지는 경향을 보입니다.

따라서 능력은 부단히 보완하고 보충하며, 강화하기 위하여 적
극적인 대안을 마련하고 관리되어야 합니다. 여기에서 고려해볼

수 있는 능력대응의 관리는 다음 <도표 2.17>과 같이 살펴볼 수 있습니다.

<도표 2.17> 능력대응의 관리

능력발휘수준 능력확보수준	빈약함	보통	높음/ 탁월함
이미 확보된 능력	1 능력발휘촉진	2 능력성과의 제고	3 능력개편
현재 확보중인 능력			
현재 확보하지 못하고 있는 능력	4 신능력확보 신능력개발 신능력발휘	5 신능력확보 신능력개발 신능력발휘	6 신능력확장 신능력창조 신능력발휘
앞으로 새로이 확보해야 하는 능력			

(D. J. Park, 2007)

■ 기업성과는 능력성과와 전략성과의 결합에 의하여 창조된다

탁월한 능력을 지닌 조직에서는 능력의 발휘에 따른 성과, 즉 능력성과에 의하여 기업행동의 성과를 창조하기도 합니다.   예를 들면, 탁월한 설비능력이나 생산능력을 통하여 제품성과와 시장 성과를 누리는 경우를 들 수 있습니다.   능력성과는 기업행동의 성과를 결정하는 중요한 성과요소라고 할 수 있습니다.

그러나 능력이 아무리 출중하여도, 전략을 제대로 세우고 정비 하지 않을 경우, 환경대응의 시행착오를 경험하게 되며, 전략적 성과를 누리지 못하게 되므로 기업의 성과는 제한됩니다.   또한 능력은 제한적으로 확보하여 부족하지만, 능력을 보완해가면서 전략성과를 높임으로써 최종성과를 높여갈 수도 있습니다. 따라서 기업의 성과는 능력성과와 전략성과가 결합적으로 작용하여 창조되는 것을 알 수 있습니다.

전략대응의 제6원칙

전략 제6원칙: 기업성과는 환경에 대응하는 전략성과와 능력성과의 결합에 의하여 창조된다.

<도표 2.18>에서는 능력성과와 전략성과에 따라 최종적인 성과가 달라지는 것을 설명하고 있습니다.

<도표 2.18> 전략성과와 능력성과의 결합

능력수준 전략수준	빈약함	보통	탁월함
무전략	1 조직 존속 불가	2 성과저조 실패의 반복	4 능력의 도태 실패의 반복
보편적 전략	4 성과 저조	5 성과 저조	6 능력효과를 누림 제한적 전략성과
탁월한 전략	7 능력효과의 부진 제한적 전략성과	8 능력효과의 제약 제한적 전략성과	9 탁월한 전략성과/능력성과

(D. J. Park, 2007)

도표에서 보는 바와 같이 탁월한 능력을 보유하고 있을 경우에도 전략이 없을 경우에는 능력성과가 제약될 뿐만 아니라, 여러 가지의 시행착오와 실패를 반복하게 되며, 능력의 도태를 유발하게 되어, 이전의 탁월한 능력에 따른 우위성도 점차 발휘할 수 없게 됩니다.

　따라서 능력성과를 관리하려면, 능력을 지속적으로 발휘하고 능력의 수준을 유지하는 한편, 더욱 높은 능력수준으로 향상시켜는 노력이 요구됩니다.　이와 마찬가지로 기업성과 또는 조직성과를 높이려면, 전략성과를 제고해나가는 것이 필요합니다.

　그러므로 우리 조직의 능력성과와 전략성과의 수준이 <도표 2.18>의 5의 수준에 있다면, 여기에서는 두 가지의 노력을 병행해야 할 것입니다.　그 한 가지는 내부대응전략의 성과를 높이는 일입니다.　즉, 보다 높은 능력성과를 거둘 수 있도록 하기 위한 능력발휘와 능력확보를 위한 조치와 관리적 노력을 기울이는 것이입니다.　또 한 가지는 외부대응전략의 성과를 높이고 내부대응전략과의 결합적 성과를 높임으로써 현재의 전략성과를 더욱 향상시키기 위한 전략적 노력을 기울이는 일입니다.

전략 마인드 6

[전략포맷 3]
Strategy Format 3

■ 전략과 전략대안은 같은 것인가?

전략대안은 전략의 실행을 위하여 편성된 방안, 또는 대안들입니다.   따라서 전략을 유지하면서 전략대안들을 수정하거나 재편성하여 전략실행을 유지할 수 있습니다.   또한 전략은 수정되었지만, 기존의 전략대안들을 병행적으로 추진하면서 새로운 대안들의 전개도 가능하게 됩니다.

<도표 2.19>에서는 전략의 내용(contents) 필드를 2개로 나누어, 전략내용과 실행을 위한 전략대안(Strategic alternatives)을 구분함으로써 이에 대한 혼란을 예비하였습니다.   이를 편의상 [전략포맷 3]이라고 하겠습니다.

<도표 2.19> 전략의 내용과 형식 [전략포맷 3]

Strategy Format 3			
1	2	3	4
Goal/ Objectives	Contents	Capability	Alternatives of execution

(D.J. Park and P. H. Antoniou, 2007)

■ 전략과 전략대안의 구분이 명확하지 않을 경우

[전략포맷 2]를 활용하는 경우를 생각해보면, [전략포맷 3]을 활용할 때와는 달리, 「전략과 전략대안을 동일한 것으로 간주」하게 되어, 전략대안들을 효과적으로 활용하거나 유지하지 못할 수 있으며, 전략과 「전략대안의 선택과 활용」에 대하여 혼란이 유발될 경우가 있습니다.

즉, 조직내에서 전략대안들을 전략내용으로 이해하고 전략의 실천과 관리행동을 수행하게 될 경우, 다음과 같은 문제점들이 목격됩니다.

1. 전략대안들의 효과성 결여시 다시 전략을 수립해야 한다

전략대안들을 실천하는 과정에서 그 결과가 미흡할 경우, 전략을 수정해야 하는 것인지, 아니면 전략을 실천에 옮기기 위하여 필요한 전략적 대안들을 재정비해야 하는 것인지에 대한 판단이 쉽지 않습니다.

2. 전략수정시에 새로운 전략을 수립하는 전략수립활동이 전개됨

기존의 추진중인 전략과 전략대안들에 대한 점검기준이 결여되어 있기 때문에, 새로운 전략 검토를 위하여 전략수립부문의 기획활동이 새로이 개입해야 할 뿐만 아니라, 전략계획수립이 새로이 정비되는 와중에 현장에서는 전략적 대응의 속도와 성과를 지연하게 됩니다.

또한 특정한 전략을 중심으로 각 부문에서는 새로운 전략실천 대안들의 모색과 점검을 전개하고 전략대안을 집중적으로 전개해야 할 시점에서, 전략기획부문에서 편성한 전략대안이 현실적으로 타당성이 결여될 경우에는, 현장에서는 현재 하던 일을 계속하자는 식의 소극적 거부현상이나 조직저항이 등장하기도 합니다.

3. 실행과정에서의 혼란유발

전략의 관리를 위한 전략의 내용과 전략의 실행을 위한 전략대안을 구분해놓지 않았기 때문에, 전략대안의 수정이 필요할 경우에도 전략내용에 대한 전반적인 검토를 수행해야 할 경우가 발생합니다.

뿐만 아니라 전략대안들의 실천과정에서 상황에 따라 전략적 대안들을 선택적으로 적용하거나 보완해야 할 경우, 대안들의 판단 및 관리의 기준이 불분명하기 때문에, 경영간부들의 전략 실행과 관리활동에서 어려움을 경험하게 될 수 있습니다.

4. 전략적 대안들간의 연관성, 효과성의 관리가 곤란

따라서 전략적 대안들 간의 연계성이나 상호보완성을 관리하는 것이 용이하지 못할 뿐만 아니라 그 효과적 관리가 어렵게 됩니다. 또한 전략대안들의 조직화 및 체계적 관리활동을 전개하고자 할 때, 각 대안들 간의 취사선택이나 기준 또는 원칙의 적용에서 판단이 후퇴하거나 표류하는 현상도 종종 목격됩니다. 더욱이 각 전략대안들의 실행과정에서 그 실천 효과의 점검과 피드백이 쉽지 않습니다.

또한 전략을 실천하고자 할 때, 마땅히 추진해야 할 전략대안이 없거나, 또는 전략을 수정해야 할 경우에는 전략적 대응을 포기하거나 또는 새로이 추진해야 할 전략의 내용과 방법들을 전반적으로 검토해야 하는 상황에 처하게 될 수 있습니다.

이러한 현상에 대응하기 위하여 전략의 실천과 관련하여 각 실행부문에서 스스로 실천해야 하는 전략대안들은 실행추진부문에서 직접 도출하도록 하는 조직들이 확대되고 있습니다. 그러나 이와 같은 경우에도 전략의 내용과 전략대안의 구분을 내리지 않을 경우에는 마찬가지의 문제현상에 처하게 될 수 있습니다.

따라서 [전략포맷 3]과 같이 전략내용과 전략대응방안, 즉 전략대안들을 구분하여 활용하게 된다면, 이와 같은 문제현상들을 줄여나갈 수 있게 됩니다.

이상과 같은 논의를 토대로 전략대응의 제7원칙을 다음과 같이 수립할 수 있습니다.

전략대응의 제7원칙

전략 제7원칙: 전략내용과 전략대안을 구체적으로 구분하여 활용한다.

전략 마인드 7

[전략포맷 3.1] 전략내용
Strategy Format 3.1
Strategy Contents

■ 전략의 내용항목에는 어떠한 것들이 들어가는가?

[전략포맷 3]에서 전략내용과 전략대안을 구체적으로 이해하고 제대로 설정하려면, 먼저 전략내용(Contents)에 들어가는 내용을 명확히 할 필요가 있습니다. 전략내용에 들어가는 내용에는 당면하고 있는 환경상황이나 대응해야 할 행동의 특성이나 내용에 따라서 다양한 형태와 내용들이 편성될 수 있습니다.

예를 들면, 현재 관계하고 있는 시장이나 대상영역에서의 경쟁적 행동성과를 높이기 위한 전략을 거론할 수도 있으며, 새로운 종류의 시장 또는 제품을 창조하거나 특별한 조직적 대응을 편성하는 전략이 모색될 수도 있습니다.

전략내용에 들어갈 주제들은 추진하고자 하는 전략의 핵심에 관한 것들입니다. 예를 들면, 성장전략을 추구할 것인지, 경쟁전략을 추구할 것인지에 따라, 전략내용이 달리 편성됩니다. 또한 성장전략을 추구한다고 할 경우에도 양적 성장을 도모할 것인지, 질적 성장을 도모할 것인지에 따라 그 내용이 달라집니다.

이러한 세분화에 대하여 이해하기 쉽도록 좀더 간단한 형태의 [전략포맷 2]를 중심으로 살펴보면 도표에서 보는 바와 같이 [전략포맷 2.1]과 같습니다.

[전략포맷 2.1]에서는 전략내용을 목표, 전략영역, 영역별 내용, 행동방향, 가정과 전제의 5가지의 항목으로 세분화하여 살펴보고 있습니다.

<도표 2.20> 전략의 내용의 구체적 항목 : 전략포맷 2.1

Strategy Format 2		
1	2	3
Goal/ Objectives	Contents	Capability

(D.J. Park and P. H. Antoniou, 2007)

Strategy Format 2.1						
1	2					3
Goal/ Objectives	Contents					Capability
	Sub Goal/ Objectives	Domain (Vector)	Contents (P/S/B/T)	Direction of Action	Premise & Prereq	

(D.J. Park and P. H. Antoniou, 2007)

[전략포맷 2]의 각 필드를 세분화하면 도표의 두 번째 줄에서 설명되고 있는 것처럼 ①하위 목표와 그 실천 목표, ②전략영역(벡터), ③전략행동영역에서의 실행내용(제품/서비스/사업/기술), ④실행의 가이드라인 또는 행동원칙, 그리고 ⑤전제조건 또는 사전충족요건의 5가지로 구분하여 정의할 수 있습니다.

따라서 [전략포맷 2]에서는 전략의 내용을 구성할 때, <도표 2.20>과 <도표 2.21>에서 보는 바와 같이 기본적으로 구성되어야 할 기본문법으로 5가지의 항목을 편성합니다. <도표 2.21>에는 활용에 도움이 될 수 있도록 세부 필드들에 대하여 각각의 번호를 붙였습니다.

[21] (하위) 목표와 실천목표

전략내용을 구성하는 첫 번째 필드 [21]에서는 [2] 전략내용을 실천해야 하는 「실천 목표 또는 목적」을 정의합니다.12) [전략포맷 2]에서 정의된 [1] 목표를 여기에서 직접 활용할 수도 있지만, 전략을 추진하는 목표가 새로이 구체적으로 정의되어야 할 경우, [21]의 필드에 기입합니다.13)

　　<도표 2.21>은 [전략포맷 3]의 세부 항목을 좀더 구체적으로 세분화시킨 [전략포맷 3.1] 도표입니다.

<도표 2.21> 전략의 내용의 구체적 항목 [전략포맷 3.1]

Strategy Format 3.1

1	2	3	4
Goal/ Objectives	Contents	Capability	Alternatives of Execution

21	22	23	24	2Z
Sub Goal/ Objectives	Domain (Vector)	Contents (P/S/B/T)	Direction of Action	Premise & Prereq.

(D. J. Park and P. H. Antoniou, 2007)

　　전략포맷의 각 하위 세그먼트의 앞부분에는 전략요소나 조직에서 추구하고자 하는 목표 또는 목적이 정의되어 있습니다. 도표에서 제시한 바와 같이 앞부분에 전략내용과 별도로 「목표 또는 목적」을 정의하고 있는 이유는 전략과 목적 또는 목표 간의 구분을 통하여, 혼란을 방지하고, 전략과 목표의 명확성을 추구함

---

12) 괄호 [ ]내의 숫자는 전략포맷에서 구성되고 있는 필드와 서브필드(또는 세그먼트)의 번호를 의미함.

13) 따라서 세부 목표와 실천목표, 목적을 기입하는 첫 번째 필드를 [전략포맷] 세그먼트의 헤더(header)라고 할 수 있습니다. 이와 마찬가지로 각 세그먼트의 뒷부분, 즉 마지막 필드(tailer)에는 가정과 전제를 넣었습니다. 도식작성의 편의상 마지막 필드는 도표에서 생략한 경우가 있습니다.

으로써 추진성과의 증진을 도모하기 위한 것입니다.

목적과 목표는 정의하는 사람들에 따라서 제각기 그 의미가 다를 수 있지만, 어떻게 정의하건 간에 여기에서는 사용하고 인식하기 편하게 두 가지를 같이 기입하도록 하였습니다.[14]

[22] 전략영역

도표의 [22] 전략영역(Domain)은 전략의 대상영역을 의미합니다.   구체적으로는 제품, 서비스, 사업, 시장, 기술의 5가지로 나누어 볼 수 있습니다.

이러한 5가지의 영역에 대하여 무엇을 선택하고 그리고 어디에서 기업행동을 전개할 것인가를 선택하여 결정하는 것을 전략구도를 설정하는 것이라고 합니다.[15]   이를 편의상 「대상과 영역(what and where) 판단」이라고 하겠습니다.

이와 같은 방식의 전략영역의 선택에서는 어떻게 할 것인지에 대한 「방법(how) 판단」은 2차적 판단이라고 할 수 있습니다.   상황에 따라서는 처음부터 무엇을 어떻게 할 것인가의 판단을 전개할 수도 있습니다.   이와 같은 판단을 「대상과 방법(what and how) 판단」이라고 하겠습니다.   이러한 판단에서는 어디에서(where)는 2차적 판단이 됩니다.

어떠한 판단을 활용하는 것이 좋을 것인가는 한마디로 결정하기 어렵습니다.   대체로 전략주체가 사용하기 쉽고 익숙한 방법을 택하는 경향이 있지만, 판단방법의 선택에 따라서 전략내용이

---

[14] 이 책에서는 목표(objectives)를 사업추진의 기본적인 방향이나 추구 또는 달성해야 하는 사업의 최종 결과를 의미하는 것으로 정의하고, 골(goal)은 실천해야 하는 세부 목표의 일환으로 정의하도록 하겠습니다.   또한 목적은 영문으로는 purpose로 표기하고 사명(mission)과 동의어로 사용하겠습니다.

[15] 이를 strategic positioning이라고 할 수 있습니다.   설정된 구도에 초점을 맞추게 되면 strategic posture라고 할 수도 있습니다.

달라질 수도 있다는 점에 유의할 필요가 있습니다.

여기에서 고려해야 할 점은 성과와 리스크입니다. 새로운 영역(where)과 대상을 먼저 선택하는 방법은 새로운 전략영역의 선택과 전개에 따라 고려해야하는 성과와 리스크를 살펴보아야 합니다. 예를 들면, 신시장이나 신제품, 신기술에 대한 전개에 따라 어떠한 성과를 거둘 수 있으며 어떠한 리스크가 등장하게 될 것인가에 따라 판단을 전개해야 할 것입니다.

그러나 대상과 방법을 선택하는 경우에는 기존에 관계하고 있는 지역이나 시장, 고객을 중심으로 전략을 모색하기 때문에, 새로운 지역이나 시장, 고객으로의 이동에 따르는 성과와 리스크는 배제되지만, 기존의 영역이나 기존의 관계성 내에서 전략을 모색할 때에는 기존영역 내에서의 성과와 리스크를 감수해야 합니다.

만약, 새로운 영역으로의 이동이나 진출, 또는 새로운 관계성을 설정하여 획득할 수 있는 성과가 기존의 영역이나 기존의 관계성 내에서 방법변경을 통하여 얻게 되는 최종성과보다 크다면, 「대상과 영역(what and where) 판단」을 수행하는 것이 바람직합니다. 그러나 새로운 영역으로 이동이나 새로운 관계성을 설정하여 얻게 되는 최종성과가 기존의 영역이나 기존의 관계성하에서 방법변경을 통하여 획득하게 되는 최종성과보다 낮다면, 당연히 「대상과 방법(what and how) 판단」을 수행하는 것이 바람직합니다.

이때, 유의할 점은 두 가지에 대한 판단을 모두 내려보지 않는다면, 어떠한 것이 바람직한 것인지에 대한 분별이 쉽지 않다는 점입니다. 이 책에서는 우선적으로 전개해볼 수 있는 것은 대상영역에 대한 판단을 먼저 수행하고 다음에 방법판단을 추가하는 것을 기본논리로 하여 살펴보도록 하겠습니다.

전략영역을 기본 축으로 설정하여 결합하면 전략벡터를 구성

할 수 있습니다.   전략벡터는 성장전략의 기본적 논리를 제시하
므로 좀더 자세히 살펴볼 필요가 있습니다.   이에 대하여는 바로
다음 절에서 별도로 좀더 자세히 살펴보도록 하겠습니다.

전략영역에서는 대응해야 할 「전략의 대상영역」을 구체적으로
정의합니다.   전략영역은 사업전개의 특성과 환경에 따라 다르지
만, 대체로 점검해야 할 영역들에는 다음과 같은 영역들이 있습
니다.

시공간(지리)적 영역을 구성하는 「제품-시장영역」: 구체적, 물
리적, 논리적, 공간적, 시간적, 지리적, 사이버 영역 등

사업 영역을 구성하는 「제품-사업영역」: 현 제품-서비스, 신제
품-서비스, 중저가(또는 고가) 제품-서비스, 글로벌 제품-서비스,
초일류제품-서비스 등

품질과 제품 사용영역을 구성하는 「제품기술품질영역」: 첨단,
고품질, 중수준, 저수준 등

제품의 생산 및 구매활용, 영업, 경영관리와 관련된 「사업활동
전개영역」: 생산, 판매, 유통, 자원, 금융, 기술, R&D, 경영관리,
정보처리 및 서비스 제공 등의 영역

원료 및 가공 또는 완제품의 사용방식과 관련된 「사업방식영
역」: 원료제공, 가공, 제품이용 서비스, 임대, 제품 판매, 재활용,
회수처리 등의 영역

[23] 전략영역별 내용

[23] 전략영역별 내용에는 앞에서 언급한 전략영역으로 구성한
전략벡터의 내용을 구체적으로 기술합니다.   즉, 여기에서는 대상
영역으로 선택한 제품, 서비스, 사업, 시장, 기술의 전개내용을 좀
더 구체적으로 기입합니다.

[24] 실행의 가이드라인, 행동방향 또는 행동원칙

[24] 행동방향은 전략영역과 내용에 대하여 각기 어느 수준으로 얼마나 전개할 것인지에 대하여 구체화합니다. 예를 들면, 특정한 시장에서 특정한 제품서비스를 중심으로 언제 전개할 것인지, 또는 복합적인 구성으로 어떤 프로세스로 전개할 것인지에 대한 판단을 정리합니다.

[2Z] 가정과 전제

[2Z] 가정과 전제에서는 이러한 판단을 내리게 된 조건이나 가정을 정의합니다. 예를 들어서 특정한 신흥시장에 대한 진출과 그 행동방향의 설정에 대하여 어떠한 조건이나 가정 하에서 판단한 것인지에 대한 설명을 기록함으로써 조건이나 가정이 변경되었을 경우에 대비합니다.

이상과 같이 전략내용을 정의하게 되면 [전략포맷 3]에서는 네 번째 필드인 전략대안에 편성된 전략내용을 실천하기 위하여 각 전략내용별로 어떠한 전략대안들을 구성할 것인가를 구체화합니다. 앞에서 언급한 바와 같이, 이와 같은 구분을 통하여 전략내용과 전략대안 간의 혼란을 예비할 수 있고, 그 대응방안을 효과적으로 편성할 수 있게 됩니다.

이상과 같은 논의를 토대로 전략대응의 제8원칙을 다음과 같이 수립할 수 있습니다.

전략대응의 제8원칙

전략 제8원칙: 전략영역의 내용과 방향, 실행 가이드라인(원칙)을 구체화한다.

전략 마인드 8

전략 벡터란 무엇인가?
Strategic Vector

■ 성장전략벡터

전략벡터는 앤소프 교수님에 의하여 1960년대에 최초로 소개되었습니다. 당초에는 2차원의 매트릭스의 형태로 성장 매트릭스라는 이름으로 소개되고, 10여년 뒤에는 니즈라는 축이 추가되어 지리적 성장벡터라는 이름으로 발전하게 되었습니다.

기업의 성장전략은 기업전략의 핵심적 논리를 결정하게 됩니다. 이에 대한 자세한 논의는 이미 많이 되어 있으므로[16], 여기에서는 이론적 관점보다는 경영관리자의 입장에서 필요한 실무적인 점을 살펴보도록 하겠습니다.

성장전략은 명칭에서도 이해할 수 있는 바와 같이 기업의 성장경로를 결정합니다. 그러나 어떠한 방향으로 성장할 것인가에 대한 관점과 여건에 따라 그 내용이 달라지며, 추구하는 방향에 따라서 성장의 내용과 방향이 달라집니다.

---

[16] 앤소프의 최신전략경영, 전략경영실천원리를 참조. 앤소프의 전략벡터를 수정한 나까무라겐이치의 전략큐브에 관한 이해는 도표50으로 배우는 전략경영, 실천전략경영진단매뉴얼을 참조하시기 바랍니다.

<도표 2.22> 앤소프의 고전적 전략벡터

Growth Vector

	현재 시장 PRESENT	신시장 NEW
신제품 NEW	**2** **Product Development**	**3** **Diversification**
현제품 PRESENT	**1** **Market Penetration**	**4** **Market Development**

PRODUCT/SERVICE

MISSION/MARKET

(Ansoff, 1965)

　제품과 시장을 기준으로 구분하여 제시한 제품시장 매트릭스는 기업이 어디에서 무엇을 할 것인지를 판별하는데 유용한 도움을 줄 뿐만 아니라 기업의 진행방향을 설정하는 데 유용한 도구로 사용되어 왔습니다.

　앤소프 교수님은 이 매트릭스를 성장벡터라고 이름을 붙이고, 기업의 진행방향을 제품(또는 서비스)과 시장에 대하여 기존의 것과 새로운 것에 대한 구분으로 설명하였습니다.

　따라서 당시에는 현제품과 신제품, 현시장과 신시장을 나누어 이들간의 조합을 통하여, 현시장에 현제품을 제공할 것인지, 아니면 현시장에서 신제품을 제공할 것인지, 또는 신시장에서 현제품을 제공할 것인지, 아니면 신시장에서 신제품을 제공할 것인지에 대한 방향을 검토하도록 한 것입니다.

　이러한 선택지의 제공으로 기업의 신제품(서비스)개발 전략과 신시장개발 전략, 다각화전략 그리고 현재시장과 제품에 충실히 하는 전략의 4가지 방향을 명확하게 인지할 수 있도록 하였습니다.

즉, <도표 2.22>에서 보는 바와 같이 전략의 방향은 4가지로 생각해 볼 수 있습니다. 즉, 1에서 2로 나아가는 신제품개발전략의 벡터, 1에서 4로 나아가는 신시장개발(개척)전략, 1에서 3으로 나아가는 신시장·신제품개발전략, 즉 다각화전략의 벡터를 생각해 볼 수 있습니다. 물론 새로운 방향을 지향하지 않고 현재 위치를 고수하는 전략도 생각해 볼 수 있습니다.

■ 입체적 성장벡터와 전략큐브

이러한 개념은 10여년 후, 1978년에 <도표 2.23>과 같이 입체적 성장벡터로 다시 제시되었는데, 소위 제품(서비스)과 시장에 이어서 추가적으로 니즈를 반영하여 앤소프 교수님은 지리적 성장벡터라는 이름으로 제시하였습니다.[17]

<도표 2.23> 입체적 성장전략벡터
Geographical Growth Vector

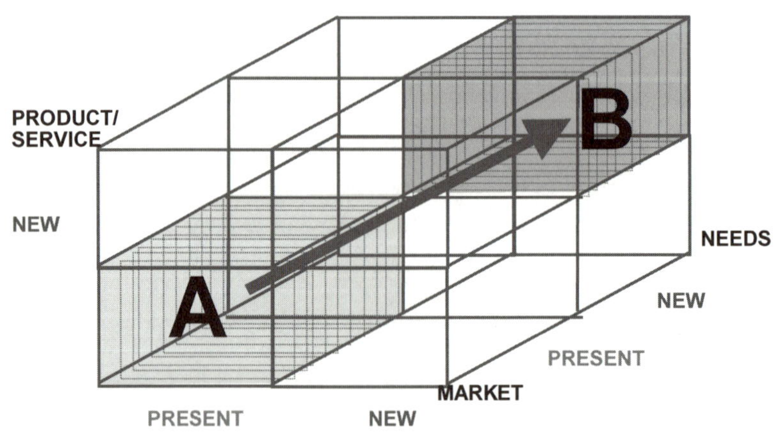

(Ansoff, 1978)

---

[17] 앤소프(H. I. Ansoff), New Corporate Strategy, 박동준 역, 최신전략경영, 소프트전략경영연구원, 1994, p. 189.

니즈의 추가로 이 벡터는 새로운 니즈의 발굴과 현재의 니즈의 충족과 같은 문제를 해결하는데 도움을 주게 되었습니다.

이러한 벡터는 이런 상태로 몇 년간 그대로 활용되다가, 일본에서는 나까무라겐이치 교수님에 의하여 전략큐브라는 이름으로 <도표 2.24>와 같이 다시 변형되어 활용되기 시작하였습니다.

나까무라겐이치 교수님의 전략큐브에서는 앤소프 교수님의 벡터의 세 가지 요소인 제품(서비스)과 시장, 니즈를 좀더 실용적으로 제시하였으며, 크게 보면, 니즈를 기술로 대치하였습니다.

구체적으로는 제품(서비스)을 좀더 확대하여 사업으로 변형시켰고, 시장은 그대로 하고, 니즈를 기술로 바꿈으로써 사실상 이 벡터를 만드는 작업이 보다 용이하게 된 것입니다.

<도표 2.24> 전략큐브

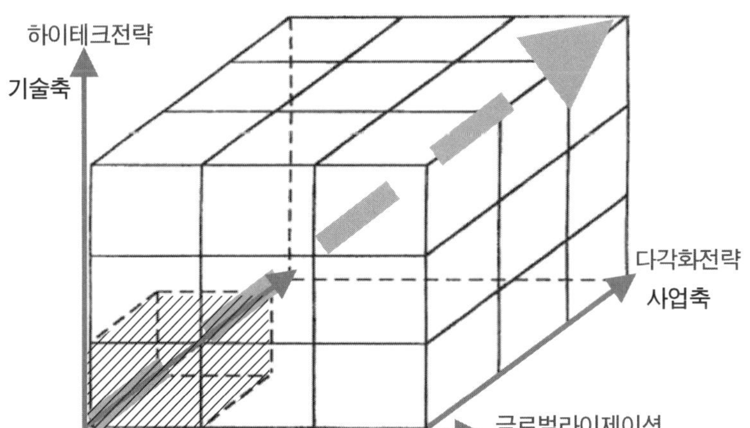

(Nakamura, 1983)

실제로 경영관리자를 위한 전략경영워크샵과 기획현장에서 활용해본 결과, 그 유용성이 널리 입증되고 있으며, 다양하게 응용이 가능하여, 이제는 여러 기업체들에서 비교적 익숙한 방법이 된 듯합니다.

이와 같이 변형하여 사용한 이유는 니즈라는 것을 구체적으로 파악하기 힘들 뿐만 아니라, 더욱이 니즈는 수요 측의 것이기 때문에, 불확실한 정보를 토대로, 전략을 수립하는 부문에서 일방적으로 구체화여 기업의 행동공간 내에 잡아넣기가 쉽지 않기 때문입니다. 따라서 제품을 중심으로 하는 사업, 사업의 대상영역으로서의 시장, 그리고 제품과 사업의 구성요소로서의 기술을 결합시킴으로써 성장벡터를 기업중심에서 편성하기 쉽도록 하였습니다.

더욱이 그 구분을 앤소프 교수님께서 현재와 새로운 것으로 나눈 반면, 나까무라교수님께서는 현재와 가까운 장래, 그리고 미래로 나누어 미래에의 접근성을 용이하도록 하였습니다.

■ 전략큐브의 단점은 무엇인가?

그러나 전략 큐브는 기업, 즉 공급자 입장에서의 작업의 편의성은 높지만, 앤소프 벡터에서 감안하고 있는 수요측의 니즈가 반영되지 못하여, 기업중심의 관점에서 방향모색을 하게 되므로 수요충족 실패의 가능성이 있다고 할 것입니다.

그러나 이러한 제약점에 불구하고 이 큐브의 장점은 사업과 기술, 그리고 시장을 중심으로 기업의 진행방향을 명확하게 인식할 수 있다는 점입니다.

그러므로 이 큐브의 활용에 있어서 시장측면에서의 니즈에 대한 필터링 작업을 추가할 수 있다면, 보다 정교한 형태로 활용될 수 있습니다. 즉, 경영관리자의 입장에서는 두 가지의 벡터를 동시에 활용하는 방법을 감안할 필요가 있습니다. 즉, 수요가 있는 곳으로 나아간다는 점에서 앤소프 교수님의 전략벡터를 활용하고, 기술을 감안하여 구체적인 사업과 시장을 조명한다는 점에서 나까무라 교수님의 전략큐브를 활용하는 것입니다.

또 다른 방법으로는 수요측의 니즈를 사전에 정의 또는 구체화하지 않고, 기업측에서 전개할 수 있는 모든 사업과 기술, 시장의 조합을 통하여 우리의 기업진행경로들을 뽑아보고, 수요측 조건을 감안하여, 기업의 진행경로들을 재점검하고 수정하여 최종적으로 시장니즈를 확정해나가는 방법입니다. 이러한 방법은 난기류 수준이 증대하는 상황 하에서 미래의 수요조건을 사전에 파악할 수 없을 경우, 유용한 방법입니다.

그 이유는 수요나 미래의 특정한 고객니즈가 불확실할 경우에도, 기업의 진행방향을 안내하는 벡터의 구성작업이 가능하다는 점입니다. 이 점은 앤소프 교수님의 입체적 성장벡터의 단점을 보완할 수 있다고 할 것입니다. 즉, 앤소프 교수님의 입체적 성장벡터는 사실 개념적으로는 탁월하지만 현재 실무적으로 작성을 하고자 한다면, 직업이 쉽지 않을 뿐만 아니라. 미래의 새로운 니즈가 전혀 감지되지 못하게 되거나 불명확할 경우에는 작성조차 불가능하게 될 수도 있습니다.

그러나 앤소프 교수님의 전략벡터를 나까무라 교수님이 보완한 전략큐브는 기술의 진화정도를 감안하여, 신사업이나 신제품의 어렴풋한 윤곽을 이해할 수 있게 합니다. 더욱이 다양한 사업선택의 가능성을 제공하고 있습니다.

지루한 주제에 대하여 독자의 홍미를 돋우기 위하여 분위기를 바꾸어 가상의 예로 다음 도표에서 보는 바와 같이 세간의 화제가 되고 있는 룸살롱 분야의 업종에 대한 전략벡터를 생각해보겠습니다. 독자 여러분의 흥미를 돋우기 위하여 선택한 업종이므로 너그럽게 살펴봐주시기 바랍니다.

만약 이와 같은 발상을 하고 있는 룸살롱의 사장이 있다면, 개념적으로는 국내의 중견규모의 기업의 성장전략의지를 훨씬 초월하는 것이라고 볼 수도 있습니다. 여기에서 예시된 사례를 잘 다듬어서 룸살롱 업주에게 설명하게 된다면, 술을 좋아하시는 경영관리자의 경우라면, 공짜 술에 VIP대접을 받게 될 지도 모를 일입니다.

■ 강남 룸살롱의 전략큐브

각 기간구분은 일단 3~5년으로 설정하여 강남 룸살롱의 성장전략큐브를 구성하면 <도표 2.25>와 같이 만들어볼 수 있습니다. 이 업체는 지금은 강남에서 1개 점포를 운영하고 있지만, 현재 구도할 수 있는 전략큐브에 의하면 10년내에 글로벌 룸살롱 업계의 대부로 떠오를 지도 모릅니다.

5~10년 후의 새로운 룸살롱의 니즈에 대하여 잘은 모르지만, 갖고 있는 접대기술운용 노하우를 토대로 향후 5년 내로 수도권 시장을 확장하고, 주색(酒·色) 엔터테인먼트 기술을 더욱 개발하여, 이 분야의 사업을 확장하는 한편, 최근 산업화, 도시화가 급속하게 진전되고 있는 상해와 인근지역 및 한인사회가 밀집되어 있는 미국 서부의 LA지역까지 확장하는 기업진로를 구축하고 있습니다.

교육적 측면에서는 다소 부적절하다고 생각될 수도 있지만, 룸살롱 업계측에서는 기회요인으로 주목할 수 있는 현상으로 현재 구조적인 국가경제의 문제와 정부정책의 혼선이 이중으로 겹쳐 실업률이 증가하고 있다는 점입니다.

<도표 2.25> 강남 룸살롱의 전략큐브(예)

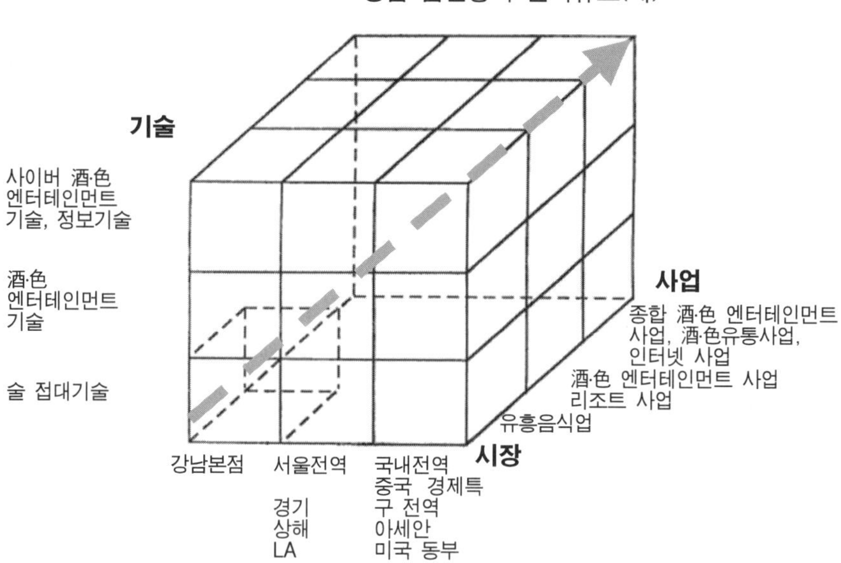

    실업률이 증가하면, 소득분배의 불균형문제가 심화되고, 따라
서 고급인력의 룸살롱 인력수급이 아주 용이하다는 점입니다.
뿐만 아니라, 죄송 서비스가격에 차별화를 제공할 수 있다면, 저
소득층을 상대로 막대한 시장에 접근할 수 있다는 장점도 있습니
다. 소득분배의 불균형정도가 심할수록 룸살롱사업의 전망이 좋
다는 이론적 근거는 찾아볼 수 없지만, 사회의 불안정 요인이 증
가하게 될 수록, 주류소비가 늘게 된다고 볼 수 있기 때문에, 룸
살롱 비즈니스를 당분간 성장사업분야로 볼 수도 있습니다.

    현재와 같은 추세라면, 향후 10년 이내에 국내경기와 정치적
행태, 사회적 기강이 동시에 회복될 가능성은 그다지 높지 않다
고 본다면, 향후 10년간은 일단 사업전망이 나쁘지는 않고 사업
확장도 가능하다고 판단하는 것도 일리가 있습니다.

따라서, 제2차 성장기에는 수도권을 영업거점과 세력을 토대로 전국에 영업체인망을 구성하고, 상해 지점 운영경험을 바탕으로 상해 전 지역으로 영업체인망을 확대하고, 제 3차 성장기에는 중국의 수도 북경을 비롯하여 경제특구에 영업망을 구축하고, 미국 동부에도 그 세력을 넓혀갑니다. 사업의 내용도 룸살롱 뿐만 아니라, 리조트를 겸한 酒·色엔터테인먼트 사업으로 확대하고, 현재 확보된 인터넷 솔루션을 활용하여, 버츄얼 酒·色 엔터테인먼트 사업을 확장합니다. 酒·色 유통분야에도 진출하여, 명실상부한 종합 酒·色 엔터테인먼트 그룹을 지향합니다.

세칭 물장사라고 하는 하찮은 서비스 업종이라고 생각될지 모르지만, 사업경영자의 소신을 펼쳐서 업태의 사회적 인식을 제고하기 위하여, 건전 酒·色 문화창달을 위한 각종 문화사업, 출판사업에도 진출하고, 베스트 酒·色·雜技 세계대회를 개최하고, 건전 酒·色 교육재단을 설립하여 酒·色 전문 기술 교육기관을 신설합니다.

예시로는 상당히 지나친 감이 있지만, 전략벡터 하나로 강남룸살롱의 창업주의 인생역정과 그 화려한 기업성장 변천사가 눈앞에 훤히 그려집니다.

이상에서 살펴본 바와 같이 전략큐브 하나로 장기전략방향과 전략비전을 가시화할 수 있습니다. 물론 이러한 전략벡터는 부분적으로 수정이 가능하기도 할 뿐만 아니라, 다양한 경로를 ABC안으로 편성해볼 수도 있고, 단계별로 벡터의 크기나 방향을 조율할 수도 있습니다. 장기진로를 시간별로 세분화하여 장기전략 시나리오와 일정계획을 그려볼 수도 있습니다.

필요하다면, 기입항목들을 수정하여 벡터의 내용자체를 변경할 수도 있습니다. 일단 이러한 벡터들을 중심으로 전략방향이 설정되면, 앞에서 말씀드린 대로 수요조건이나 시장조건을 감안하여, 수정하여 좀더 실천 가능한 성장전략벡터를 구성할 수 있습니다.

■ 다양한 선택을 가능하게 하는 전략큐브

앞에서 전략큐브를 활용하면 다양한 선택이 가능하다고 말씀드렸습니다만, 실제로 어떠한 전략적 선택지들을 뽑아낼 수 있는가를 생각해 보겠습니다.

예를 들면, 강남룸살롱의 경우, 일단 기술분야에서 선택할 수 있는 요소들을 간략하게 보면, 현재 확보하고 있는 술접대기술(T1)을 중심으로 하여 보다 진보된 酒·色엔터테인먼트 기술(T2)을 확보하고, 정보기술(T3)과 사이버 酒·色엔터테인먼트 기술(T4)이 선정되어 있습니다.

시장은 서울의 일부지역(DM1)에서 서울전역(DM2), 경기도(DM3), 해외로는 상해(COM1), LA(AOM1), 그리고 국내전역(DM9), 북경(COM2), 경제특구지역(COM11~19), 아세안(COM 91··99), 미국 동부(AOM 41··59)로 나뉘이 있습니다.

사업은 현재 추진하고 있는 서비스, 즉 유흥음식업(B1)에서 酒·色엔터테인먼트 사업(B2), 리조트사업(B3), 酒·色유통사업(B4), 인터넷사업(B5), 그리고 종합 酒·色엔터테인먼트 사업(B6)으로 구분되어 있습니다.

일단, 큐브에서 파악할 수 있는 각 세부공간영역은 3×3×3=27개의 공간영역으로 나누어집니다. 현재 사업공간영역은 이 27개의 공간영역중의 하나에 속하고 있습니다. 여기에서 어떤 영역으로 나아갈 것인가? 또는 어느 영역까지 우리의 것으로 할 것인가를 결정할 수 있게 됩니다.

사업개발이나 새로이 우리가 진출할 수 있는 공간영역에 대한 이해라는 측면에서도 이 큐브는 상당히 도움을 줍니다.

더욱이 각 벡터의 구성요소별로 결합해봄으로써 다양한 사업의 진로를 파악할 수 있게 합니다.   예를 들면, (T1, T2, T3, T4)×(DM1, DM2, DM3, DM9, COM1, COM2, COM11~19, COM 91~99, AOM1, AOM 41~59)×(B1, B2, B3, B4, B5, B6)의 사업구성을 가능하게 합니다.

물론 각 요소간의 새로운 조합도 가능합니다. (T1+T3)이나 (T2+T3), 또는 (T1+T2+T4)과 같이 다양한 복합 기술을 적용해볼 수도 있고, 사업이나 지역도 마찬가지입니다.   이 세 가지 요소들 간의 곱, 즉 벡터 또한 27개의 전략공간이라고 하지만, 실제로 기업의 전략공간은 더욱 다양한 대안구성을 가능하게 합니다.

이쯤 되면, 영화에서나 볼 수 있을 듯한 미국 마피아 계열의 기업이나 중국의 삼합회와 같은 집단들이 연상됩니다만, 라스베가스의 호텔그룹들을 생각해본다면, 그다지 허황된 꿈만은 아닌 듯 생각됩니다.

사실 라스베가스 시(市)의 주제는 노름입니다.   더 정확히 말하자면 도박입니다.   우리의 정선 카지노도 이와 유사한 개념에서 접근되었다고 생각됩니다만, 우리의 강남룸살롱이 글로벌 기업그룹으로 성장한다면, 룸살롱의 입장에서 본다면 그것도 나름대로의 전략적 성과라고 할 수 있을 것입니다.

물론 기업행태나 기업윤리문제가 지역사회나 글로벌 사회에서 어떻게 조화롭게 유지될 것인가 하는 과제는 반드시 점검되어야 할 것이며, 그 해결은 기본전략에서 강구되는 지혜보다 더욱 높은 수준의 지혜를 동원하여 전략적으로 해결되어야 할 것입니다.

■ 강남 룸살롱의 비전 – 세계 그룹기업화의 로망과 그 전개

그렇다면 구체적으로 이러한 기업진로를 나아가기 위하여 무엇을 해야 할 것인가? 강남룸살롱의 세계그룹기업화의 로망과 그 전개를 달성하고자 한다면, 소위 전략기획을 준비해야 할 것입니다. 꿈이 꿈으로 끝나지 않고, 현실로 가능하도록 하는 것, 이것을 필자는 전략기획의 핵심이라고 하고 있습니다.

구체적으로는 경영자원의 조달과 그 운영을 어떻게 할 것인가에 대한 경영계획과 사업계획을 근간으로 하여, 해당 지역에서 어떻게 사업과 조직을 전개해나갈 것인가에 관한 조직운영과 지역사업전개에 관한 기획, 그리고 필요한 자금이나 설비, 핵심 관리요원, 현지 거점을 동원하기 위한 자금계획, 입지계획, 인원조달계획, 제휴와 분사계획, 사업과 제품서비스 수행을 위한 기술도입 및 운영계획, 현지 영업망을 확충하고 고객과의 관계를 설정하고 유지 발전시켜가는 영업, 마케팅계획, 인허가 및 현지 분쟁 등을 최소화하고 지역사회와의 관계를 유지 발전시키기 위한 대외관리, 사회전략과 같은 다양한 기획들이 동원되어야 할 것입니다.

그러고 보니 이미 1990년대 후반의 IMF체제 이후 국내 경기가 위축되자 이미 2000년대 초부터 미국의 로스엔젤레스와 한인지역을 중심으로 이미 접대부들의 해외진출로 화제가 되고 있습니다. 그리고 보면, 연관산업군이 이미 움직이고 있다는 이야기가 됩니다. 강남룸살롱과는 사업형태는 다르지만 인력송출의 관점에서 이미 사업이 진전되고 있다는 것입니다. 문제는 그러한 사업이 현지에서 합법적인 사업여부에 관한 것입니다.

■ 무사계급과 경영정치론

영화에서는 이러한 경우, 현지의 경쟁세력이나 지역세력과의 충돌문제, 소위 시장압력에 대한 대비책으로 '주먹세력조직'을 활용하는 사례를 종종 목격하게 됩니다. 소위 일본의 야쿠자와 같은 무사계급이나 한국의 조직폭력배를 동원하는 식의 해결책이 흥미롭게 영화속에서는 전개됩니다. 현실적으로 이러한 대응이 중요하게 작용하는 지역이라면, 그리고 현지에서 적용할 수 있는 대응이라면, 물론 같은 방식으로 접근될 수도 있을 것입니다.

기업체의 경우에는 소위 칼이나 폭력을 행사하는 무사계급을 활용하는 것은 아니지만 다른 종류의 합법적 집단이나 정치세력을 이용하는 경우도 흔히 목격됩니다. 이러한 현상은 시장압력을 효과적이고 효율적으로 해결하기 위하여 종종 동원됩니다. 따라서 소위 '경영은 정치'라고 하는 식의 이야기가 거론되기도 합니다.

그러나 강남룸살롱의 경우, 현지세력의 해결사로 반드시 무사계급만을 고려할 필요는 없습니다. 중국이라면, 정치세력이 무사계급보다도 훨씬 강력합니다. 필리핀이라면, 아직 어떨지 모르겠습니다만, 미국의 LA라면 무사계급보다는 지역사회의 각 기관이나 단체들이 한결 더 유익할 수 있습니다. 때로는 무사계급보다 더 무서운 소외된 노숙자 집단을 세력화할 수도 있습니다. 어쩌면, 힘이 전혀 없는 것처럼 보이는 노인층이나 주요고객들을 중심으로 방어세력을 편성할 수도 있습니다.

과거 한국의 천주교 선교역사를 회고해보면, 포교과정에서 천주교에 대하여 스스로 대변에 나서고 저항했던 사람들은 오히려 무사계급이나 정치집단보다도 힘없고 무기력한 부녀자나 또는 선비, 농민과 같은 계층으로부터 비롯되었다는 점을 주목해볼 필요가 있습니다.

무사계급을 활용할 것인가? 정치세력을 활용할 것인가? 어떠한 현지세력을 조성할 것인가? 즉, 지역의 현지세력에 대하여 어떻게 대응하고 우리의 현지세력은 어떻게 조직하여 대응할 것인가? 이에 대응하기 위하여 우리 조직내부의 세력관계는 어떻게 전개되어야 하며, 누가 관장해야 할 것인가?

이러한 점은 해외 진출기업 뿐만 아니라 국내에서 사업을 전개하고 있는 기업조차도 현지의 시장압력을 돌파하기 위하여 반드시 염두에 두어야 할 점이 될 것입니다. 이러한 관점에서 필자는 시장압력에 대응하기 위한 현지세력화에 대한 관점을 정치적 대응이라는 인식하에서 경영정치론이라는 범주에서 다루고 있습니다.[18]

전략큐브를 작성하게 되면, 기업의 공간영역이 어떻게 전개될 것인지를 일목요연하게 알 수 있습니다. 단, 여기에서의 공간영역은 시장, 사업(제품), 기술을 중심으로 전개하고 있기 때문에, 예를 들면 제4의 고려요소, 즉 생산입지나 물류, 또는 글로벌 자금의 조달이나 운영과 같은 영역들은 추가하여 고려해야 할 것입니다.

이와 같은 기본적인 공간인식을 토대로 전략큐브를 가상의 식품회사의 사례로 그려보면, <도표 2.26>과 같이 생각해 볼 수 있게 됩니다. 이와 같은 공간영역에서 어디로 갈 것인가를 정하는 것이 결국, 전략의 방향을 결정하는 것이며 기업진행방향을 결정하는 것과 같은 일입니다.

이러한 큐브를 만드는 것은 그렇게 쉬운 일은 아닙니다. 최종적으로 완성되기까지에는 일련의 방법적 절차와 검토가 수반되어야 할 것입니다. 예를 들면, 전략적 타당성의 점검이 반드시 선행되어야 할 것입니다.

---

18) 박동준, 뉴패러다임의 전략경영, 소프트전략경영연구원, 2003.

즉, 구체적으로 동북 쪽 2시 방향은 아니더라도, 우리 회사가 가야 할 곳이 최소한 동 쪽인지, 서 쪽인지, 어느 쪽으로 우리 기업이 움직여야 할 것인지, 또는 어느 쪽으로는 가서는 안 될 것인지에 대한 방향설정은 되어 있어야 하는 것입니다.

기업전체적인 차원에서 전체적인 방향이 설정되면, 부서별로 나름대로의 성장벡터를 구성할 수도 있습니다. 이 경우에는 각 부서별로 작업이 추진됩니다. 물론 사업부서별 성장전략벡터를 먼저 만들고 전사적인 성장전략벡터를 구성할 수도 있습니다.

<도표 2.26> ABC 식품회사의 전략큐브(예시)

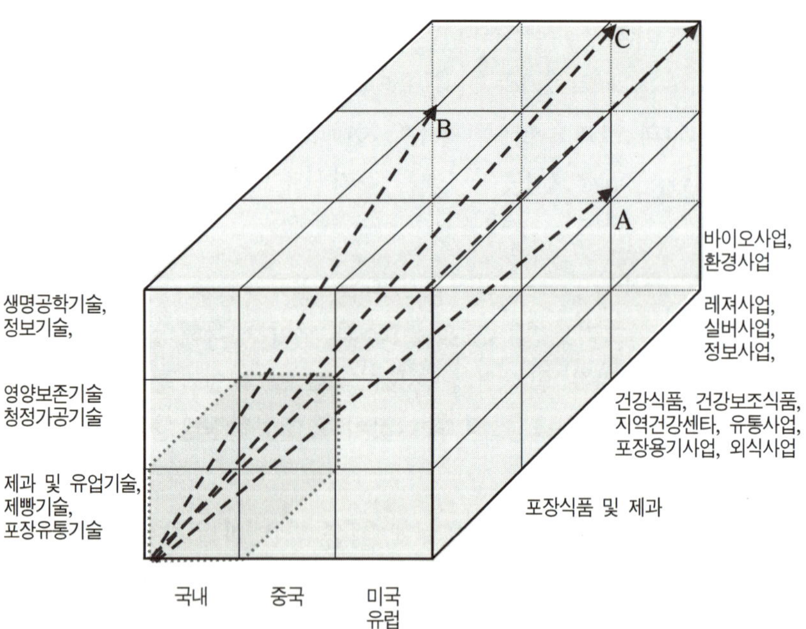

자료: 박동준, 전략경영노트1, 소프트전략경영연구원간, 2002, p. 91

이상과 같은 논의를 토대로 전략대응의 제9원칙을 다음과 같이 수립할 수 있습니다.

전략대응의 제9원칙

전략 제9원칙: 전략벡터로 성장전략의 포트폴리오를 구성하여
전략적 비전과 나아갈 방향을 점검한다.

전략 마인드 9

전략의 구체화
Strategy Contents

■ 전략내용과 전략대안을 좀더 구체화시킨다면

앞에서 살펴본 전략대안을 좀더 살펴보기 위하여 [전략포맷 3]을 중심으로 지금까지 논의된 포맷들의 내용 구성을 좀더 발전시켜 보겠습니다.

[전략포맷 3]의 구조를 한 단계 더 세분화시켜보면 다음 <도표 2.27>에서 보는 바와 같이 [전략포맷 3.1]의 형태로 살펴볼 수 있습니다.

<도표 2.27> 전략대응행동 [전략포맷 3.1]

Strategy Format 3.1

1	2	3	4
Goal/ Objectives	Contents	Capability	Alternatives of Execution

21	22	23	24	2Z
Sub Goal/ Objectives	Domain (Vector)	Contents (P/S/B/T)	Direction of Action	Premise & Prereq.

241	242	243	244
Sub Goal/ Objectives	Timing	How to respond/ solve	Processes

(D. J. Park and P. H. Antoniou, 2007)

■ [전략포맷 3.1]의 실행 가이드라인과 행동원칙의 구체화

<도표 2.27>의 맨 아래쪽에는 추가적으로 [전략포맷 3.1]의 실행 가이드라인과 행동원칙 필드에 대한 세부 내용을 다시 구체화한 예시를 설명하고 있습니다.

여기에는 [241] 세부 실천목표와 [242] 시기, [243] 대응방법, [244] 사업전개의 처리에 관한 내용이 기술되어 있습니다.

[241] 세부 실천목표

[241] 세부 실천목표를 다시 정의하는 까닭은 각 전략행동의 전개에 있어서 상위의 목표를 충실히 이행하기 위하여 필요한 세부행동의 전개에서 추구해야 할 목표들을 확인하고, 점검하기 위한 것입니다.

만약, 상위의 목표를 그대로 적용해서 활용해야 할 경우라면, 그대로 적용해도 무방합니다. 그러나 세부적 행동의 전개에 있어서 그 행동의 목표가 구체화되는 과정에서 별도의 실천관리목표를 설정해야 할 필요가 있다면, 여기에 기입합니다.

[242] 시기

[242] 시기에서는 착수시기와 완료시기, 중간 점검에 관한 시기를 기입합니다.

[243] 대응방법

[243] 대응방법에서는 구체적으로 전개해야 할 내용들의 윤곽을 정리합니다. 예를 들면, 조직부분별 대응행동의 내용을 기입합니다.

[244] 사업전개 프로세스

[244] 사업전개에서는 전략전개활동의 프로세스를 기입합니다.

예를 들면, 전략을 수립해야 한다면, 전략수립활동의 프로세스를 기입하고, 소비자 모니터링을 전개해야 한다면, 모니터링의 방법과 프로세스를 기입합니다.

이와 같이 주요한 대응활동의 내용을 기입하고 점검함으로써 전략적 대응의 내용을 구체적으로 이해할 수 있습니다. 필요하다면, 사업의 특성에 따라 각 필드마다 세부 필드를 재정의하거나 추가, 변형시켜 활용할 수도 있습니다.

■ [전략포맷 3.1]의 작성예시

예를 들면 <도표 2.28>과 같이 내용을 편성하여 작성합니다. 이 도표는 매출확대전략을 추구하고자 하는 어느 가상의 조직에서 편성한 [전략포맷 3.1]을 예시한 사례입니다.

도표에서는 아주 간략한 형태로 작성하여 제시하였으므로 세부적인 내용들은 일부 생략되었지만, 전략포맷의 작성을 통하여 일목요연하고 구체적으로 무엇을 해야 할 것인지, 또한 그것이 타당할 것인지, 어떻게 그 전개를 관리해야 할 것인지에 대한 판단이 가능하게 됩니다.

만약 전략포맷이 너무 간결한 형태로 편성되어 논의가 곤란하거나 추가적인 내용의 반영이 필요하다면, 해당 필드별로 별지를 첨부하여 활용할 수도 있습니다. 또한 특정한 사안이 추가적으로 반영되어야 하거나 특정한 필드가 추가되어야 할 경우에는 필요에 따라 내부적으로 필드를 추가하여 활용할 수도 있습니다.

전략은 구체적이고 명료해야 합니다. 그러나 전략을 추상적이고 피상적으로만 파악하고 있는 한, 그 전략은 제대로 구도되거나 실천될 수 없습니다. 전략을 수립하는 가장 중요한 이유는 실천적으로 대응하기 위한 것이기 때문입니다.

<도표 2.28> 전략의 내용 세분화 예시 [전략포맷 3.1]

1 Goal/Objectives	2 Contents	3 Capability	4 Alternatives
매출 15% 성장	시장점유율 확대	영업 대리점 및 전문판매조직 판촉예산	판촉증대

21 Sub Goal/Objectives	22 Domain (Vector)	23 Contents (P/B/S/T)	24 Direction of Action	29 Premise & Prereq
A 제품 시장점유율 1.5% 확대	서울 및 중부지역	A제품 및 개량 신제품	선도적 전개 경쟁사보다 먼저 추진	개량신제품의 패키징 및 영업협력관계정 비

241 Sub Goal/Objectives	242 Timing	243 How to Respond	244 Process
언론 및 방송에 판촉 신광고 및 개량 신제품 홍보	3개월 (90일)후 첫 월요일	243.1 마케팅 전략 프로그램 수립 전개	244.1 뉴스와트 전략 244.2 마케팅 프로그램수립
		243.2 판촉행사 (7주간)	244.3 판촉행사 경진대회 244.4 외부 아웃소싱 관리 244.5 판촉물 기획 및 집행관리
		243.3 생산품질 243.4 상품재고유지	244.6~244.10 품질관리, 공정관리 생산관리 신제품 품질 및 안전성 확보
		243.5 영업 인센티브	244.11 실적 관리 시스템

(D. J. Park, 2007)

전략 마인드 10

[전략포맷 3.1] 능력
Capability

이제부터는 앞에서 간략하게 편성하여 예시한 능력요소들을 점검해보겠습니다.

전략의 실체는 바로 능력이라고 할 수 있을 정도로 능력은 전략대응을 모색하고 실천할 때, 핵심적 역할을 수행합니다. 앞에서의 전략포맷에서는 능력이라고 포괄적으로 표현하였습니다만, 구체적으로 어떠한 능력들을 고려할 것인지에 대하여는 검토하지 않았습니다. 그러나 전략대응에 필요한 능력이 어떠한 능력을 의미하는가에 대하여 제대로 파악하지 않고 전략을 수립하거나 전략대응을 전개할 경우, 전략은 사상누각의 격으로 전락될 수 있습니다.

■ 능력의 기본적 요건

앞에서 실현능력이 전략의 전제조건으로 작용한다는 점에 관하여 간략히 언급하였지만, 능력에 대하여 고려할 때 우선적으로 확인해야 할 점은 활용성(availability)에 관한 점검입니다. 아무리 다양하고 많은 능력을 보유하고 있다고 할지라도 활용성이 제약된다면, 이미 확보하고 있다고 믿는 해당능력은 일단 그 한계를 인식하고 출발하는 것이 타당합니다.

능력(capability)의 속성을 고정적인 것으로 볼 것인가 또는 가변적인 것으로 보는가에 따라 능력에 대한 관점은 달라집니다. 그러나 속성을 어떻게 인지할 것인지에 대한 판단보다 더 중요한 것은 활용성입니다.

능력의 요건 중에 두 번째로 고려해야 할 점은 능력요소들의 결합적 전개입니다. 각 요소별 능력들은 미약할지라도, 이를 결합적으로 활용함으로써 괄목할만한 성과를 거두는 것이 능력의 전략적 성과창조의 관건이 되기 때문입니다.

이와 같은 능력의 결합적 전개는 요소별 능력들이 확장가능하고 대체적 활용이나 결합적 활용이 가능할 때 실현됩니다. 이와 같은 특성은 능력의 고유한 특성들을 결합적으로 활용할 수 없거나 유연성, 가변성이 충족되지 못할 경우에는 능력의 결합적 전개는 불가능합니다. 이와 같은 능력의 특성들은 능력주도형 전략의 전개에서 능력특성에 입각한 고유한 전략성과를 결정합니다.

확보하고 있는 능력의 결합적 전개가 불가능할 경우, 차선책으로 고려할 수 있는 전략대응은 기존의 능력들을 최대한 발휘할 수 있도록 하여 능력운영에 따른 성과를 제고하는 일입니다. 그러나 이와 같은 경우, 확보하고 있는 능력의 고유한 특성이 환경에 대응하는 활동에서 충실히 발휘될 것을 전제로 합니다. 만약, 능력의 고유한 특성의 발휘가 제약되거나 또한 능력의 전개가 미흡하다면, 전략성과는 제약됩니다.

따라서 확보하고 있는 능력의 전개를 위한 관리가 중요한 성공요인으로 등장합니다.

전략포맷에서 다루고 관리해야 할 능력요소들은 사업의 특성이나 조직의 여건에 따라 다르지만, 대체로 <도표 2.29>에서 보는 바와 같은 항목들이 반영될 필요가 있습니다.

<도표 2.29> 능력의 구체적 항목 [전략포맷 3.1]

Strategy Format 3.1

1	2		3	4
Goal/ Objectives	Contents		Capability	Alternatives of execution

31	32	33	34	35	36	37	38	3Z
Sub Goal/ Objectives	General Management	Managers staffs, peoples	Organizational	Functional/ Operational	Capacities	Capability Resources	Capability Redesign	Premise & Prereq

321	322	323	324	325	326	327
Sub Goal/ Objectives	Motivation	Competence/ Knowledge	Commitment			

(D.J. Park and P. H. Antoniou, 2007)

■ 인적자원의 능력

능력요소에서 가장 중요한 요소는 인적자원의 능력입니다. 그 중에서도 우선적으로 검토되어야 하는 능력요소는 <도표 2.29>의 [32] 경영자입니다. 경영자는 기업조직의 각 능력을 결정하는 가장 선두에 위치하는 기업능력의 핵심이라고 할 수 있습니다. 아무리 유능한 사원들이 많아도, 경영자가 조직구성원들을 잘못 지휘하고, 잘못 통솔할 경우, 사원들의 능력은 제대로 발휘되지 않습니다. 뿐만 아니라 물적, 재무적 능력 성과 또한 제약받게 됩니다.

도표의 [33]에서는 전략실행에 필요한 관리자 및 사원들 그리고 조직내외부에서 필요한 사람들의 능력에 대하여 검토합니다. [34]에서는 전략실행에 필요한 조직적 능력을 검토합니다. [35]에서는 사업부문이나 기능별 부문에서 필요한 능력을 검토합니다. [36]에서는 생산설비, 운영에 필요한 하드웨어 등의 시설과 설비능력을 검토합니다. [37]에서는 각 설비능력에 동원되어야 하는 투입자원을 검토합니다. [38]에서는 기존의 능력을 변경시키거나 새로운 능력을 확보해야 할 경우, 추가적으로 변혁해야 할 능력의 내용을 점검합니다. 그리고 맨 앞의 [31]에서는 이와 같은 능력의 편성원칙이나 목적, 목표를 정의하고 맨 마지막의 [3Z]에서는 능력의 확보와 전개에 따른 선결요건이나 조건에 대한 구체적인 검토를 수행합니다.

[32] 경영자 능력

<도표 2.29>의 맨 아래쪽에는 환경대응에 필요한 전략을 수행하기 위하여 필요한 경영자의 능력에 관한 검토항목을 세분화하고 있습니다.

[321]에서는 경영자의 능력수행과 편성에 대한 기본적인 원칙이나 목표, 목적을 검토합니다. [322]에서는 경영자의 전략대응 성과를 높이기 위하여 필요한 동기부여에 관한 내용을 검토합니다. [323]에는 전략대응을 지휘하기 위하여 필요한 경영자의 역량과 지식을 점검합니다. [324]에서는 전략대응을 위하여 필요한 경영자의 참여수준과 투입해야 할 노력에 대하여 점검합니다. 이 밖에도 추가적으로 외부적 관계를 개선하고 특정한 상황을 개척해야 할 능력이 요구된다면 [325]와 그 이하의 필드에서 그 필요역량과 능력을 점검합니다.

[33] 관리자와 실무자 능력

<도표 2.30>에서 보는 바와 같이 [33]에서 고려되는 관리자의 실무자 능력에서는 [332] 필요한 동기부여의 내용과 [333] 관리자와 실무자들에게 요구되는 기본적이고 필수적인 역량과 지식, 기술수준을 점검합니다. 또한 [334] 전략대응행동원칙과 [335] 전략과제에 대응하기 위하여 구체적으로 실천해야 할 과업수행능력, 그리고 [336] 통제에 필요한 요건들을 살펴봅니다.

134   제2장 전략포맷의 형식구조와 내용

[333] 필수역량과 지식, 기술수준

관리자와 실무자들에게 요구되는 기본적이고 필수적인 역량과 지식, 기술을 좀더 자세히 살펴보면, <도표 2.30>의 맨 아래쪽과 같이 구분할 수 있습니다.

<도표 2.30> 조직구성원의 핵심역량 및 지식 [전략포맷 3.1]

Strategy Format 3.1

1	2	3	4
Goal/Objectives	Contents	Capability	Alternatives of execution

31	32	33	34	35	36	37	38	3Z
Sub Goal/Objectives	General Management	Managers staffs, peoples	Organizational	Functional/Operational	Capacities	Capability Resources	Capability Redesign	Premise & Prereq

331	332	333	334	335	336	327
Sub Goal/Objectives	Motivation	Competence/Knowledge	Commitment	Tasks	Control	

3331	3332	3333	3334	3335	3336	
Sub Goal/Objectives	Power base	Problem Solving	Leadership	Knowledge	Skills	

(D.J. Park and P. H. Antoniou, 2007)

[3332]에서는 전략대응의 전반에 걸쳐 필요한 권한과 지원에 관련된 내용을 점검합니다. 이어서 [3333] 전략대응을 위하여 필요한 과제해결능력과 [3334] 상황에 따라 전략대응에 필요한 행동을 지휘하고 이끌어갈 수 있는 능력, [3335] 당면하고 있는 환경상황과 전략과제에 대응하여 성과를 거두기 위하여 필요한 지식과 기술, [3336] 전략대응행동을 추진하는 필요한 기량과 업무능력을 살펴봅니다.

[3332] 권한에 대한 4가지 유의사항

여기에서 유의해야 할 항목은 [3332]의 권한과 지원에 관련된 사항입니다. 대체로 새로운 전략대응활동을 수행할 때, 그 전략대응활동을 주도하는 경영관리자들에게 전략적 대응의 책무는 많이 부여되지만, 해당 업무를 수행하기 위하여 부여되는 권한은 제한되는 경우가 많습니다.

여기에서 경영관리자들이 공통적으로 확인해야 할 점으로 네 가지 유의사항이 있습니다. 첫 번째 유의사항으로 권한에 대한 의미를 확인하는 것입니다. 대체로 권한이라고 하지만 이는 말로만 부여되는 권한이 아니라 실질적으로 발휘될 수 있는 권한을 의미합니다. 실질적 권한의 의미는 필요한 전략자원을 조직내부 또는 외부에서 동원하여 활용할 수 있는 자원동원과 활용에 관한 권한을 의미합니다.

따라서 막연하게 AA프로젝트 팀장과 같은 직책만 부여하는 것이 아니라 해당 프로젝트를 수행하기 위하여 필요한 자원동원권, 자원활용권이 부여되어야 권한이 제대로 부여되었다고 할 수 있습니다.

두 번째로 유의해야 할 점은 자원동원과 활용에 따라 수확하게 되는 성과에 관한 후처리의 문제입니다. 성과의 후처리, 즉 성과보상을 어떤 형태로 하는가는 조직 내의 성과평가 시스템이나 방식에 따라 다르지만, 이에 대하여 명확하게 할 필요가 있습니다.

여기에는 직접보상이나 간접보상과 같은 형태도 가능하며, 가벼운 형태와 무거운 형태의 보상방식도 있습니다. 조직의 보상방식에 서투른 조직에서는 전략대응행동의 성과보상책의 일환으로 승진시스템을 활용하기도 합니다. 그러나 승진보상을 남발하게 되면, 경영간부진만 늘게 되어 다양한 조직내 부작용을 초래할 수 있다는 점에 유의할 필요가 있습니다. 따라서 승진은 별도의 인사원칙에 입각하여 추진하고 전략적 성과에 대하여 보너스와 같은 직접적인 성과보상의 방식을 채택하는 것을 주목할 필요가 있습니다. 성과처리의 내용은 [332] 전략대응행동의 동기부여와 직접 연관됩니다.

세 번째로 유의해야 할 점은 권한의 이면에 숨겨져 있는 책임에 관한 점입니다. 자원동원과 활용에는 그에 따른 실질적 비용과 기회비용이 발생합니다. 따라서 동원되고 활용되는 자원비용을 보전할 수 있는 성과를 실현하여야 합니다. 만약 자원동원권과 활용권을 충분히 발휘하여 전략대응을 전개했음에도 불구하고 성과를 거두지 못하게 될 경우에는 권한의 행사자는 그에 상응하는 책임을 맡아서 이행하여야 합니다.

바로 이러한 세 번째의 유의점인 책임의 부담이 조직구성원들의 환경에서 유발되는 다양한 기회에 대한 새로운 시도나 어려운 전략과제의 해결활동을 기피하게 합니다. 따라서 조직내 관련부문과 경영책임자들이 전략대응의 전체 프로세스를 주시하면서 해당 추진부문에서 전략성과를 높여줄 수 있도록 지원하고 협력하는 일이 필요합니다. 뿐만 아니라, 선의의 책임사항에 대하여는 면책 또는 감책의 대응원칙을 적용할 필요가 있습니다.

따라서 네 번째의 유의사항으로 면책 또는 감책의 대응원칙을 고려할 필요가 있습니다. 즉, 전략적 당면과제에 대한 전략대응에 있어서 목표의 최대허용수준과 최소허용수준을 정의하여, 전략대응에 참여하는 우리의 전략대응주체에게 운신의 폭을 넓혀줌으로써 전략성과를 높일 수 있도록 감안할 필요가 있습니다.

[34] 조직 능력

조직능력에서는 전략대응에 필요한 조직적 능력전개에 관한 점검을 구체화합니다. <도표 2.31>에는 조직능력에 관한 세부 필드들을 설명하고 있습니다. 우선 [342] 대응행동을 실천하는 부서나 부문을 정의하고 전략대응에 필요한 [343] 조직의 행동특성을 살펴봅니다. 만약 특수한 조직문화적 요인들이 필요하게 될 경우, 필요한 특성요인들을 살펴봅니다. [344]에서는 전략대응에 필요한 조직의 역량을 정의합니다. [345]에서는 필요한 조직규모를 점검합니다. 또한 전략대응을 수행하는 과정에서 추가적으로 또는 예비적으로 확보해야 하는 조직과 인력에 대하여 [346]에서 검토합니다.

<도표 2.31> 조직능력 [전략포맷 3.1]

Strategy Format 3.1

1	2	3	4
Goal/Objectives	Contents	Capability	Alternatives of execution

31	32	33	34	35	36	37	38	3Z
Sub Goal/Objectives	General Management	Managers staffs, peoples	Organizational	Functional/Operational	Capacities	Capability Resources	Capability Redesign	Premise & Prereq

341	342	343	344	345	346	347	34Z
Sub Goal/Objectives	Organization/department/unit	Organizational climate	Organizational Competence	Organizational Capacity	Reserved manpower		Premise & Prereq

(D.J. Park and P. H. Antoniou, 2007)

[35] 사업추진 능력

다음으로 살펴볼 능력항목은 <도표 2.32>에서 보는 바와 같은 사업추진능력입니다. 여기에서는 사업추진을 위한 각 기능부문별, 또는 업무부문별로 환경에 대응하기 위한 전략행동의 실천과 관련된 사업수행능력을 점검합니다. 여기에서 주로 살펴보는 능력요소들은 업무 수행능력입니다.

즉, 전략적 대응행동을 위하여 필요한 업무, 또는 사업의 차원에서 수행되고 관리되어야 할 업무수행능력을 점검하여 정비합니다.

여기에서는 단순하게 업무수행능력에 대하여 업무수행을 할 수 있다 또는 없다와 같은 것으로 능력을 판단하는 것이 아니라, 보다 구체적으로 전략대응을 성공적으로 전개하기 위하여 [352] 어떠한 수행원칙을 확립해야 할 것인가를 점검하고, [353] 업무수행 프로세스는 어떻게 편성되고 실천되어야 하는가를 파악합니다. 이어서 [354] 업무수행에 필요한 자원, [355] 업무수행에 필요한 외부 또는 내부의 연결관계, 결합관계를 점검합니다.

[356]에서는 전략대응을 위하여 전개하고 있는 업무수행의 내용이나 방식에 대하여 수정 또는 보완해야 할 점에 하여 판단하고 [357]에서는 업무수행능력을 유지하고 지원해야 할 점들을 점검합니다.

<도표 2.32> 사업추진능력 [전략포맷 3.1]

Strategy Format 3.1

1	2	3	4
Goal/ Objectives	Contents	Capability	Alternatives of execution

31	32	33	34	35	36	37	38	3Z
Sub Goal/ Objectives	General Management	Managers staffs, peoples	Organizational	Functional/ Operational	Capacities	Capability Resources	Capability Redesign	Premise & Prereq

351	352	353	354	355	356	357	35Z
Sub Goal/ Objectives	Rules and principle	Processes	Resources	Networks	Modification	Maintenance and support	Premise & Prereq

(D.J. Park and P. H. Antoniou, 2007)

[36] 설비능력

다음으로 살펴볼 능력항목은 전략대응에 필요한 설비능력입니다. <도표 2.33>에서 보는 바와 같이 설비능력에 대한 판단에서도 [362] 설비자체의 성능이나 경쟁능력 뿐만 아니라 [363] 설비 운영의 성과, [364] 설비를 둘러싸고 있는 기술, 운영능력, 운영요원, 설비의 활용수준을 높일 수 있는 유틸리티, [365] 설비의 보급과 지원, [366] 설비의 수정과 보완, [367] 설비의 보전에 관한 필요능력들을 점검합니다.

<도표 2.33> 설비능력 [전략포맷 3.1]

Strategy Format 3.1

1	2	3	4
Goal/ Objectives	Contents	Capability	Alternatives of execution

31	32	33	34	35	36	37	38	3Z
Sub Goal/ Objectives	General Management	Managers staffs, peoples	Organizational	Functional/ Operational	Capacities	Capability Resources	Capability Redesign	Premise & Prereq

361	362	363	364	365	366	367	36Z
Sub Goal/ Objectives	Facilities/ hardware	Throughputs	Infrastructures and Utilities	Logistics	Modification	Maintenance	Premise & Prereq

(D.J. Park and P. H. Antoniou, 2007)

[37] 자원능력

여기에서 검토되는 자원은 전략대응을 실천하기 위하여 업무 또는 사업수행(operation)의 프로세스에 필요한 자원에 관한 능력을 점검합니다. [372]에서는 하드 자원의 입지, 시설, 장비에 관한 내용을 점검합니다. [373]에서는 소프트 자원의 내용을 점검합니다. 여기에는 지적재산권을 포함하여, 브랜드, 서비스 관련된 자원의 확보여부, 보완, 강화를 검토합니다.

[374]에서는 투입자원의 품질수준을 점검합니다. [375]에서는 자원의 내부적 운영 및 프로세스의 성과능력을 점검합니다.

[376]에서는 투입자원의 외부적 신뢰도나 명성을 검토합니다. 또한 [377] 자원의 투입과 활용의 노하우, [378] 재무적 투입능력을 검토합니다.

<도표 2.34> 자원능력 [전략포맷 3.1]

Strategy Format 3.1

1	2	3	4
Goal/ Objectives	Contents	Capability	Alternatives of execution

31	32	33	34	35	36	37	38	3Z
Sub Goal/ Objectives	General Management	Managers staffs, peoples	Organizational	Functional/ Operational	Capacities	Capability Resources	Capability Redesign	Premise & Prereq

371	372	373	374	375	376	377	378
Sub Goal/ Objectives	Location, Facilities, Equipments	Brand, Service, Intellectual Properties	Quality	Internal processes	Reputations	Know-how	Financial capability

(D.J. Park and P. H. Antoniou, 2007)

[38] 자원변혁능력

당면하고 있는 환경대응을 위한 전략대응을 전개함에 있어서 기존의 자원능력으로는 최선의 성과를 거둘 수 없을 때, 확보하고 있는 자원의 구조나 내용을 변혁하여 대응할 수 있는 능력을 자원변혁능력이라고 하겠습니다. 자원변혁능력은 기존의 확보된 자원의 규모나 내용, 구조를 새롭게 설계하고 구축할 수 있는 능력을 말합니다. 여기에는 사람이나 자금, 설비와 같은 가시적인 투입자원을 포함하여 기술 및 소프트 자원을 포함하여 살펴봅니다.

<도표 2.35>에서는 전략대응에 필요한 새로운 자원설계에 관한 능력을 점검합니다.

[382]에서는 기존의 확보된 자원과 새로이 확보해야 할 자원의 개발에 관한 사항을 점검합니다. [383]에서는 전략대응을 전개하기 위하여 기존의 확보된 자원에 대하여 혁신이 필요한 사항을 점검합니다. [384]에서는 새로운 자원의 확보에 관한 사항을 점검합니다. [385]에서는 외부 또는 내부의 자원들에 대한 결합적 사용에 관하여 점검합니다. [386]에서는 기존의 자원과 새로운 자원을 포함하여 새로운 자원구조를 형성하는 것에 대하여 점검합니다.

<도표 2.35> 자원변혁능력 [전략포맷 3.1]

Strategy Format 3.1			
1	2	3	4
Goal/ Objectives	Contents	Capability	Alternatives of execution

31	32	33	34	35	36	37	38	3Z
Sub Goal/ Objectives	General Management	Managers staffs, peoples	Organizational	Functional/ Operational	Capacities	Capability Resources	Capability Redesign	Premise & Prereq

381	382	383	384	385	386			38Z
Sub Goal/ Objectives	Development of Capability	Capability Innovation	Capability Acquisition	Capability Alliance	Capability Restructuring			Premise & Prereq

(D.J. Park and P. H. Antoniou, 2007)

이상으로 전략포맷에서 다루고 있는 자원에 관한 검토항목들에 대하여 좀더 구체적으로 세분화된 항목들을 살펴보았습니다.

기업조직이 당면하고 있는 환경의 특성이나 전략과제의 내용, 추진하고 있는 사업의 규모나 조직현실에 따라서 이러한 항목들은 좀더 세분화하여 살펴볼 수도 있으며, 또는 특정한 내용을 중심으로 재구성하여 살펴볼 수도 있습니다.

■ 전략포맷 활용에서의 유의사항

이와 같은 전략포맷의 능력에 관한 세분화 항목들은 전략을 성공적으로 도모하고 전략성과를 높이기 위하여 검토하고, 전략대응방안을 설계하고 점검하는데 유용한 도움을 줍니다. 따라서 전략적 대응을 고려하는 실무자나 경영 책임자들은 전략포맷의 각 항목들에 대하여 세심한 검토를 할 필요가 있습니다.

그러나 각각의 항목들에서 관리하거나 점검하는 관점이 확립되어 있지 않거나 방법이 서툴 경우에는 오히려 전략포맷에 따라 검토를 하거나 전략을 수립하는 일이 복잡하게 느껴질 수도 있습니다.

여기에서 경영관리자들이 유의해야 할 점은 전략포맷의 활용에 대한 마음가짐입니다. 전략포맷은 경영관리자의 전략적 판단과 의사결정, 그리고 최종적으로는 전략성과를 제고하기 위하여 고안된 틀입니다. 이러한 전략포맷은 전략대응행동의 주체들이 전략포맷을 통하여 서로 전략대응에 대한 상호이해를 높이고 신속하고도 명확하게 전략대응행동을 전개하기 위한 전략사고의 원칙으로 활용될 수 있습니다.

그러나 전략포맷은 일상생활에서 사용하고 있는 어문법과 마찬가지로, 필요에 따라서 편리하게 사용하기 위한 것입니다. 따라서 시급하게 대응해야 할 경우에는 중요한 줄거리와 골자를 중심으로 신속하게 그리고 자유자재로 대응할 수 있도록 활용의 기량을 평소에 높이는 것이 중요합니다. 전략포맷을 통하여 경영관리자가 조직구성원들과 함께 현재의 우리 능력의 수준은 어떠한가를 수시로 점검하고 어떠한 능력을 개발하며 변혁해나갈 것인가에 대하여 주목하고 지속적으로 대응하는 일은 내부적 전략능력을 강화하는데 주효한 조치입니다.

조직구성원들이 평소에 전략포맷을 익숙하게 사용할 수 있게 되고, 당면하는 환경에 대하여 좀더 일찍 준비하여 대응을 전개하도록 지휘한다면, 조직의 전략성과는 크게 개선될 수 있습니다.

여기에서는 주로 전략적 환경대응을 전개하기 위하여 필요한 능력의 관점에서 살펴보았습니다. 그러나 좀더 조직내 전략주체, 즉 조직구성원들이 전략포맷을 활용하는 기량이 향상된다면, 능력을 중심으로 전략을 재구성하는 논리를 구성할 수 있도록 하는 것이 필요합니다.

이상과 같은 논의를 토대로 전략대응의 제10원칙을 다음과 같이 수립할 수 있습니다.

전략대응의 제10원칙

전략 제10원칙: 전략실행성과를 좌우하는 능력과 자원의 확보와 변혁능력을 강화한다.

전략 마인드 11

[전략포맷 3.1] 전략대안
Strategy Format 3.1
Strategic Alternatives

■ 전략대안은 전략의 실천을 위한 방안중의 하나

전략을 실시하려면 전략실천을 위한 구체적인 방법과 행동내용을 편성해야 합니다. 따라서 전략대안은 전략을 달성하기 위한 구체적인 실천방법이라고 정의할 수 있습니다.

<도표 2.27>에서 살펴본 바와 같이 전략내용에서는 [22] 전략영역과 [23] 전략내용에 대하여 무엇을 어떻게 할 것인가에 대한 구체적인 내용을 검토하고 확정합니다. 네 번째 필드 [24]에서는 전략실천에서 필요한 「실천행동의 원칙이나 기준」을 기입합니다. 예를 들면, 무엇 무엇은 반드시 원칙적으로 준수해야 한다거나 또는 어떠한 일은 반드시 예방해야 한다는 행동기준을 기입합니다. 마지막으로 다섯 번째 필드 [29]에서는 이러한 전략내용이 전개될 경우 「선행되어야 하는 요인이나 전제조건」을 기입합니다. 예를 들면, 판촉활동을 전개해야 한다고 할 경우, 그에 필요한 사업추진예산이나 활동계획의 필요와 충족에 관한 내용을 기입합니다.

이에 대하여 전략대안필드의 [41]에서는 전략영역과 전략내용의 성공적인 실천을 위하여 필요한 내용을 편성하는 원칙이나 목적, 목표를 정의합니다. 즉, 전략대안의 추진이유나 목표를 확인합니다.

<도표 2.36> 전략대안 [전략포맷 3.1]

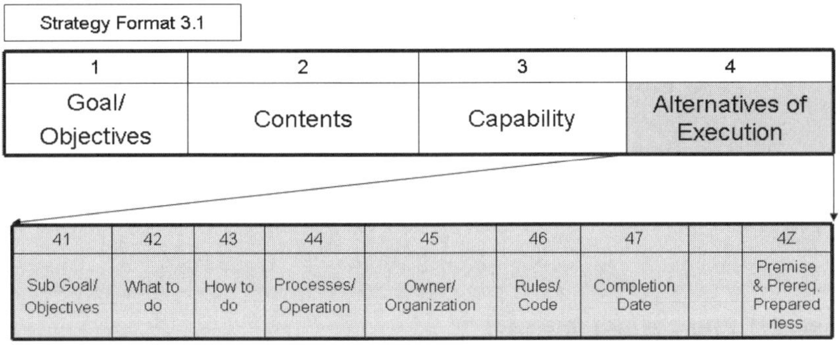

Strategy Format 3.1			
1	2	3	4
Goal/ Objectives	Contents	Capability	Alternatives of Execution

41	42	43	44	45	46	47		4Z
Sub Goal/ Objectives	What to do	How to do	Processes/ Operation	Owner/ Organization	Rules/ Code	Completion Date		Premise & Prereq. Prepared ness

(D. J. Park and P. H. Antoniou, 2007)

[42] 전략대안의 내용에서는 전략내용을 달성하기 위하여 추진해야 할 행동, 또는 대상을 정의합니다. 즉, 전략을 성공적으로 실천하기 위하여 무엇을 얼마나 해야 할 것인가에 대한 행동내용을 점검합니다. [43] 대응방법에서는 [42] 전략대안의 내용을 달성하기 위한 방법을 정의합니다. 즉, 전략행동실천내용을 어떻게 전개할 것인가를 점검합니다. [44] 실행과 운영에서는 [41~43]까지의 대응행동을 전개하기 위한 절차, 프로세스를 정의합니다. 즉, 전략행동실천내용의 행동 프로세스를 점검합니다.

[45] 실행주체에서는 각 프로세스를 책임지고 달성할 담당자와 책임자 및 조직부문을 정의합니다. 즉, 전략행동실천의 주체를 점검합니다. [46] 행동원칙과 기준에서는 해당 조직부문이 [41~45]에 대하여 수행해야 할 책무와 행동원칙을 정의합니다. 즉, 필요한 전략행동실천의 원칙이나 규칙을 점검합니다. [47] 완료시점에서는 해당과업의 완료목표, 또는 종료에 관한 시점을 정의합니다. 즉, 언제까지 실시해야 하는가에 대한 완료시점을 점검합니다.

전략을 수립하는 단계에서는 사전에 전략추진에 대한 성과측정을 위한 기준을 설정할 수도 있고, 또는 상황의 진전에 따라 성과기준을 재설정할 수도 있습니다. 따라서 [48]항목에는 성과측정기준이나 지표를 반영하도록 합니다.

마지막으로 [4Z]에는 현재 추구하고 있는 전략대안을 구성하고 있는 전제조건이나 가설, 사전준비로 필요한 사항들을 정의합니다.

■ 2차 전략으로써의 전략대안

전략대안은 전략내용을 성공적으로 실천하기 위한 제2차 전략이라고 할 수도 있습니다. 아무리 탁월한 전략내용을 편성한다고 할지라도 실천을 위한 전략대안을 모색하고 전개함에 있어서 정교함이나 치밀함, 그리고 신속성과 효과성이 떨어지게 되면, 전략성과는 보장될 수 없습니다.[19] 앞에서도 언급한 바와 같이 전략성과를 결정하는 제4원칙에서 원천적 전략성과와 후속적 전략성과를 높이는 방법으로 전략대안을 정교하게 검토하는 것이 필요합니다.

물론, 전략대안을 모색하는 과정에서 2차 전략의 전모가 결정되는 것은 아닙니다. 2차 전략에서 검토되는 것은 전략대안의 모색과 능력의 확보 및 전개를 포함하여 자원의 확보와 전개, 필요한 조직의 편성과 배치, 전략의 창조와 실행관리를 위한 시스템의 확보, 전략실행을 조직화하고 성과를 제고하기 위한 운영, 그리고 이를 보완하고 수정하며, 촉진하는 요소들이 반영됩니다.

그러나 [전략포맷 3.1]에서 검토되는 전략대안은 가장 간명하고 실천적인 전략실행의 내용을 정의함으로써 전략내용의 판단성과와 실천성과를 높이도록 합니다. [전략포맷 3.1]의 형태로 전

---

19) 이는 군사적 관점에서의 전략과 전술의 구분과 유사하다고 할 수 있습니다.

개하는 전략대안만으로는 실천성과가 불명확하다고 판단될 경우, 필요한 요소들을 추가적으로 검토할 필요가 있습니다.

■ 전략실천성과를 좌우하는 전략대안

전략의 내용이 아무리 탁월해도 전략대안이 부실하면, 전략성과를 제대로 거둘 수 없습니다. 전략대안은 전략을 완성하는 실천적 수단입니다. 종종 전략을 모색하는 전략주체가 한번에 멋지게 해결하는 전략을 모색하려는 유혹에 빠지게 될 수도 있습니다. 그러나 전략의 실행의 관점에서 볼 때, 전략은 결코 한방의 승부를 결정하는 멋진 것이라기보다는 땀과 노력이 어우러지고 현장의 실천행동을 통하여 전개된다는 점에 유의할 필요가 있습니다. 따라서 시장과 현장, 경쟁의 상황 속에 들어가서 상황을 분석하고 전략적 대안을 창조하는 지속적인 노력이 요구됩니다.

또한 전략대안은 상황과 가정의 변화에 따라, 수시로 수정하거나 조정하는 노력이 요구됩니다. 필요하다면, 전략의 변경도 병행할 수 있도록 하는 것이 요구됩니다.

전략대안은 전략실천을 위한 방법이므로 여러 가지의 대안들을 모색하여 최선의 결과를 도출하는 방안을 선택하도록 합니다. 만약, 상황이 불투명하고 전략의 수정이 불가피하게 될 경우에는 급변하는 상황에 대응하기 위하여 신속하게 기존의 전략대안을 수정할 수 있도록 할 필요가 있습니다. 따라서 전략대안의 모색과 실천에서 환경변화에 대처할 수 있도록 가변적인 대안들을 염두에 두고 대안을 모색하는 것이 중요합니다.

■ 전략대안모색의 기법과 방법론을 학습할 것

전략대안은 전략을 실천하기 위하여 전개되는 방안이지만, 전략이 불투명하거나 또는 환경상황이 변화할 경우 전략내용과 전략대안의 수정이 불가피하게 됩니다.

따라서 전략대안을 만들 때에는 전략의 타당성을 병행적으로 재점검하면서 전개할 필요가 있습니다.   이러한 방법을 가장 간명하게 전개할 수 있는 기법이 SWOT 분석기법입니다.

SWOT기법은 당면하고 있는 환경에서 기회(Opportunity)요인과 위협(Threat)요인을 파악하고 조직의 능력에서 강점(Strength)과 약점(Weakness)을 파악하여 대응해야 할 전략이나 전략대안들을 구성하는 매트릭스 기법입니다.[20]

전략대안을 구성할 때, SWOT기법이외에도 경쟁전략기법이나 혁신전략기법과 같은 다양한 전략기법들에 대한 절차와 내용을 학습할 필요가 있습니다.   단, 유의할 점은 어떠한 전략기법을 적용하건 간에, 조직의 외부적 대응과 내부적 대응에 대한 관점에 착안하여 어떤 전략이 어떠한 종류의 대응에 해당하며, 어떠한 성과를 거두게 될 것인가를 주목할 필요가 있습니다.

종종 산업현장에서는 전략대안의 창조와 전개를 성공적으로 수행하고도, 전략적 성과를 제대로 거두지 못하는 경우를 목격할 수 있습니다.   그것은 추진하고 있는 전략과 전략대안들이 부분적으로는 성공적으로 구도되고 전개되었지만, 기업환경의 대응에 있어서 전체적 관점에서 대응해야할 일들 중에 중요한 대응전략들이 간과되었을 때, 유발되는 현상입니다.

따라서 전략과 전략대안의 초점을 잘못 맞추게 되면, 엉뚱한 일들에 대하여 전략적 대응을 전개하는 일에 조직적 노력과 자원을 동원하여 투입하는 현상이 유발되며, 기업 또는 정부조직의 성과는 제약되게 됩니다.

---

[20] 이에 대한 구체적인 작업방법과 전개기법은 다음 문헌을 참조하세요.
박동준, 뉴스와트전략 2.0 실천기법, 소프트전략경영연구원, 2008.

■ 전략과 전략대안의 선택과정과 품질에 유의한다

따라서 종종 전략을 고려할 때 선택과 집중이라는 원칙이 강조됩니다. 선택과 집중은 서로 결합적으로 전개되지만, 서로 다른 주요한 특성을 지니고 있습니다. 선택에는 여러 가지를 골라서 늘어놓고 그중에 가장 좋은 것을 분별하여 택하는 행동입니다.

만약 현실적으로 여러 가지의 대안들을 골라서 늘어놓을 수 없다면, 선택은 불가능하게 됩니다. 따라서 여러 가지의 대안들을 골라서 늘어놓거나 또는 적합한 대안들이 없다면 새로운 대안들을 만들어서 늘어놓을 수 있는 능력이 첫째 성공요건이 됩니다.

만약, 새로운 대안들을 창조하여 선택대상으로 올려놓을 수 없다면, 여기저기에서 찾아보고 가져와서 선택대상으로 올려놓을 수 있는 능력이라도 있어야 합니다. 전자를 창조적 행동이라고 한다면, 후자를 검색적 행동이라고 할 수 있습니다.

창조적 행동이 제약되거나 그 추진에 대한 성과가 의심될 경우, 검색적 행동이 우세하게 전개됩니다. 소위 벤치마킹 또는 베스트 프랙티스(Best practice)에 관한 기법들은 검색적 행동을 성공적으로 전개하기 위한 기법이라고 할 수 있습니다.

그러나 검색적 행동을 통하여 선택할 수 있는 대안들은 모방행동의 한계를 내포하고 있습니다. 또한 경쟁자나 추종자들의 역모방도 가능하게 됩니다.

따라서 원천적으로 창조적 행동에 의한 전략내용과 전략대안들을 모색하고 조직 내에서 이를 원활하게 전개할 수 있는 방법을 강화하는 것이 우선 중요합니다. 이와 병행하여 창조적 행동에 따르는 리스크에 대응하기 위하여 검색적 행동에 의한 전략대응방법을 전개할 수 있도록 할 필요가 있습니다.

여기에서 주의할 점으로는 창조적 행동과 검색적 행동의 성질이 다르다는 점입니다.

창조적 행동은 기존의 방법론이나 기법에서 제시하는 논리와 가정, 관점을 부정하고 새로운 관점과 논리, 새로운 인식방법으로 전략대안을 모색하는 반면, 검색적 행동은 어떤 방법들이 유용성이 있으며 어디에서 활용되고 있는가에 대하여 주목하기 때문에 그 행동특성이 다르다고 할 수 있습니다.

최근에는 창조적 행동과 검색적 행동을 결합적으로 활용하는 방식도 전개되고 있습니다. 즉, 창조적 전개와 검색적 전개를 결합적으로 전개함으로써 전략의 효과성을 높이는 방법으로 결합적 창조, 창조적 검색을 전개하는 것입니다. 이러한 방법은 창조적 행동과 결합적 행동의 기본적 역량을 갖춘 후에 전개되는 응용적 대응이라고 할 수 있습니다.

■ 모방은 제2의 창조

독자적 창조행동이 한계에 이를 경우, 경우에 따라서는 모방을 통한 창조행동이 전개됩니다. 이러한 대응을 소위 창조적 모방 대응이라고 할 수도 있습니다. 모방행동은 다른 조직 또는 다른 사업에서 이미 입증된 성공논리나 기법 또는 방법을 채택하는 행동입니다. 다른 기업이나 조직에서 실패한 행동이나 방법들을 일부러 모방하는 경우는 찾아보기 힘들 것입니다. 물론 다른 기업이나 조직에서 실패했다면 어떻게, 그리고 왜 실패했는가를 살펴보고 그러한 경우를 참작하여 대응하는 것도 있습니다.

그러나 대체로 모방은 그동안 당면하고 있는 현실에서 시도하고 경험하는 과정에서 우리가 성공하지 못했지만, 다른 조직에서는 성공을 달성하였을 때, 그 방법을 채택하여 성공을 도모하려

고 시도됩니다. 여기에서 주목할 점은 대응해야 할 목표나 상황
이 다를 경우, 모방행동이 우리에게 성공을 가져올 수 있을 것인
가? 그리고 선두적 기업은 모방행동에 대하여 어떠한 행동을 전
개할 것인가에 대한 판단입니다.

따라서 모방이 제2의 창조, 즉 창조적 모방대응을 전개하려면,
상대방 또는 환경상황의 전개에 따라 새로운 대응방안을 모색하
는 것이 필요합니다. 여기에서 고려되는 것이 모방과 새로운 대
응내용의 추가에 대한 점입니다. 만약 새로운 내용을 추가해도
성과가 부진하게 된다면, 모방전략은 실패하게 됩니다.

선두기업의 전략을 A라고 한다면, 여기에 B를 추가하여 새로
운 내용과 형태의 전략 C가 만들어집니다. C라는 내용의 새로
운 전략(A+B)에서 고려해야 할 성과에는 A전략성과와 B전략성
과, 그리고 A와 B가 결합된 AB전략성과입니다.

■ 고유전략성과와 결합전략성과

만약 A전략을 그대로 모방하여 추진할 수 있고, 또한 A전략의
추진성과가 탁월하며 당면하고 있는 환경과 상황에 대하여 주효
하다면 A전략을 모방하여 활용하게 됩니다. 그러나 A전략을 주
도한 선두기업에서 조성한 시장, 제품, 이미지, 서비스, 조직대응
행동과 같은 A전략대응행동에 대응하고자 한다면, 가격이나 품
질, 서비스, 제품내용, 시장대응, 조직대응 등 무엇인가 내용을 변
경하여 대응하지 않을 수 없게 됩니다.

따라서 새로이 변화된 내용의 B를 반영하게 됩니다. 따라서
A와 B가 결합된 형태의 C전략을 수행하게 됩니다. 여기에서 만
약 변화시킨 새로운 내용 B가 성과가 부진하게 된다면, C전략의
성과는 기존의 A전략성과가 중심적 역할을 하게 됩니다. 그러나
B전략의 고유한 특성이 A전략에 반영되어 새로운 결합성과를 거

둘 수 있게 된다면, **AB**의 결합성과가 전체적 성과에 영향을 미치게 됩니다.

그렇다면, 경영관리자들은 어떻게 다양한 전략대안들을 결합하여 대응할 것인가에 대하여 주의를 기울일 필요가 있습니다. 따라서 전략성과는 각각의 고유한 전략에서 도출되는 전략성과와 고유한 전략들을 결합하여 실현하는 전략성과로 구분하여 볼 수 있습니다. 전자를 고유전략성과라고 하고 후자를 결합전략성과라고 부르겠습니다.

고유전략성과는 예를 들어 특정한 기술능력이나 시장능력과 같이 원천적 전략요소의 발휘와 전개에 따라 획득되는 성과를 말합니다. 결합전략성과는 원천적 전략요소들의 결합적 운용과 전개에 따라 획득되는 성과입니다.

고유전략과 결합전략에 대하여 생각할 때, 고유전략이 탁월한 기업이 결합전략이 탁월한 기업보다 우세해야 할 것처럼 생각되지만, 실제로는 고유전략과 결합전략에 대하여 어떠한 것에 더 치중해야 할 것인지에 대하여는 쉽게 단정할 수 없습니다.

예를 들면, 특정한 제품과 관련한 핵심적인 기술을 개발하여 기술중심적 고유전략능력을 확보하고 있는 유망한 선두적 기술기업이 중도에 추락하는 현상은 고유전략성과만으로는 전략적 성공을 보장할 수 없다는 견해를 뒷받침하게 됩니다. 오히려 선두적 기술능력은 부족하지만, 자금과 경영전개능력, 사업운영능력을 발휘하여 선두적 기술기업 보다 약간 뒤쳐지는 기술기업을 인수하여 선두기업을 제압하는 경우가 비일비재합니다.

이러한 경우, 중소기업과 대기업의 경쟁논리를 통하여 대기업의 행동을 비난하게 되는 현상을 종종 목격할 수 있습니다. 그러나 핵심은 기술중심적 고유전략능력을 보유하고 있는 기업에서 전략요소들을 결합적으로 운영하여 결합전략에 의하여 시장대응을 전개할 경우, 그것은 기업규모의 문제가 아니라 결합전략능력의 발휘와 결합전략능력의 성과에 의한다는 것을 알 수 있습니다.

■ 전략집중

전략내용과 전략대안들이 점검되어 선택되면, 해당 전략대안들을 전략을 중심으로 재구성하고 전략성과를 극대화하기 위하여 조직능력과 자원을 집중할 필요가 있습니다. 현실적으로는 전략의 편성과 전략대안의 개발과 더불어 전략실천을 수행할 때, 전략대안이 추진해야 할 여러 가지의 업무들과 혼재되어, 중점관리가 제대로 수행되지 못하는 현상이 등장합니다.

따라서 신속하고 효과적으로 전략대안을 실시하기 위하여 전략대안의 전개를 위한 특별조치들이 강구될 필요가 있습니다. 따라서 도표에서는 생략되었지만, 전략포맷에서는 [48]이후의 항목에 이와 같은 특별조치들을 점검하도록 합니다.

■ 돌발상황에 대응한다

전략내용과 전략대안을 편성하거나 추진할 때, 종종 당초에 예상했던 가정이나 내용들이 변화되거나 예상하지 못했던 상황들이 등장할 수 있습니다.

따라서 이에 대한 돌발상황은 누가 점검하고 어떠한 절차로 어떻게 대응할 것인지에 대하여 점검할 필요가 있습니다. 이에 대하여는 전략포맷 [49]에 돌발상황에 대응할 주체를 정의하고 [4A]에 돌발상황에 대응하는 절차와 내용을 정의하고, [4Z]에서는 전략대안의 선결요건이나 추진에 대한 가정, 사전에 대비할 내용들을 정의합니다.

위기대응에 대한 포맷내용은 [전략포맷 9]에서 살펴봅니다.

이상과 같은 논의를 토대로 전략대응의 원칙을 다음과 같이 수립할 수 있습니다.

전략대응의 제11원칙

전략 제11원칙: 2차 전략(실행전략, 전술)을 구체화하고 실천성과를 관리한다.

전략대응의 제12원칙

전략 제12원칙: 전략대안모색기법과 방법론을 학습한다.

전략대응의 제13원칙

전략 제13원칙: 전략과 전략대안의 선택과정과 품질에 유의한다.

전략대응의 제14원칙

전략 제14원칙: 고유전략성과와 결합전략성과를 관리한다.

전략대응의 제15원칙

전략 제15원칙: 돌발상황에 대응한다.

전략 마인드 12

전략대안의 구체화
Strategic Alternatives Segmentation

■ [전략포맷 3.1]의 전략대안을 좀더 구체화하면

이제부터는 [전략포맷 3.1]의 전략대안을 좀더 세부적으로 살펴보겠습니다. <도표 2.37>에서는 [전략포맷 3.1]의 전략대안 필드를 세분화시켜 구체적인 내용들을 설명하고 있습니다. 이 도표를 중심으로 전략 대안의 구성내용들을 살펴보도록 하겠습니다.

만약, [전략포맷 3]에서 [2] 전략 내용을 명확하게 정의하지 않거나 제대로 수립하지 않았을 경우, 또는 가장 간단한 형태로 전략내용을 정의하고 전략대안을 만들게 된다면, 현실적으로 전략대안의 작성이 혼란스러워질 수 있습니다.

그러나 전략 내용이 구체화 되면, 전략 대안을 만드는 일은 보다 용이해질 수 있습니다. 왜냐하면, 앞에서 전략 내용의 편성작업에서 이미 무엇을 해야 할 지에 대한 검토가 완료되었기 때문에, 그에 따라 필요한 행동이나 수단을 편성하거나 조합하여 대응행동방안을 구체화하는 일에 집중할 수 있기 때문입니다.

앞에서 살펴본 바와 같이 [4] 전략대안에는 8가지의 기본 필드로 구성되어 있습니다. 이제부터는 각 필드에 대하여 좀더 세분화하여 살펴보도록 하겠습니다.

[41] 세부(추진)목표와 목적

첫 번째 필드 [41]은 앞에서 살펴본 바와 같습니다. 그러나 실천목표의 전개에서 유의해야 할 점은 전략대안의 추진목표와 전체 전략입안 시점에서 당초에 계획한 추진목표간의 정렬과 조화입니다.

예를 들어, 의료복지의 실현을 위한 전략의 전개(당초의 전략입안시점)에서 내실있는 의료 서비스의 제공을 추구하고(전략 내용), 전략대안의 추진에서 종종 전략내용이 의료사업의 수익성 제고로 전환되기도 합니다. 이러한 과정에서 의료사고 발생률이 증가되는 현상이 유발된다면, 이러한 전략전개는 추구하지 않았더라면 오히려 좋았을 것이라는 평가를 받게 됩니다.

이와 마찬가지로 수익성의 추구가 결국은 매출의 감소로 이어지고, 기업의 성장과 수익을 악화시키는 형태의 전략전개가 된다면, 그것은 제대로 된 전략이 아니기 때문입니다. 따라서 전략대안들의 추진목표가 당초의 목표와 전략과 합당하게 전개되는지를 점검합니다.

[42] 전략대안의 내용

[42] 전략대안의 내용에서는 앞에서도 살펴본 바와 같이 전략내용을 성공적으로 달성하기 위하여 추진해야 할 행동, 또는 대상을 정의합니다.

여기에서는 7가지의 항목을 살펴봅니다. <도표 2.37>에서 보는 바와 같이 우선 첫 번째 필드에서는 [421] 전략대안의 실천목표를 살펴봅니다. [422]에서는 제품, 서비스, 사업, 시장, 기술(P, S, B, M, T) 영역에서 실천해야 할 새로운 과업이나 대응행동에 대한 대안들을 살펴봅니다. [423]에서는 기존의 제품, 서비스, 사업, 시장, 기술 영역에서 실천해야 할 과업이나 업무행동 또는 과업수행에 대한 대안들을 살펴봅니다.

[424]에서는 기존의 제품, 서비스, 사업, 시장, 기술 영역에서 수정하거나 보완해야 할 과업이나 업무행동에 대한 대안들을 살펴봅니다. [425]에서는 [422~424]까지의 전략대안들에 대하여 대체하거나 예비할 수 있는 후보적 대안들을 점검합니다. [426]에서는 전략적 대안들의 실천과정에서 중점 대안과 지원조치에 관하여 구분하고 그 실천에 관하여 점검합니다. 마지막으로 [427]에서는 이상의 전략대안들의 실천에 필요한 선결요건이나 사전 준비사항 또는 전략대안에 대한 상황의 가정, 전제조건과 같은 내용들을 점검합니다.

<도표 2.37> 전략대안의 내용의 구체화 [전략포맷 3.1]

Strategy Format 3.1

1	2	3	4
Goal/ Objectives	Contents	Capability	Alternatives of Execution

41	42	43	44	45	46	47		4Z
Sub Goal/ Objectives	What to do	How to do	Processes/ Operation	Owner/ Organization	Rules/ Code	Completion Date		Premise & Prereq. Preparedness

421	422	423	424	425	426	42Z
Sub Goal/ Objectives	New Tasks of PSBMT	Existing Tasks of PSBMT	Task Modification of PSBMT	Alternatives of Action	Main and Supportive Measures	Premise & Prereq. Preparedness

(D. J. Park and P. H. Antoniou, 2007)

[43] 전략대응방법

[43] 전략대응방법에 관한 전략대안의 모색과 점검에서는 <도표 2.38>에서 보는 바와 같이 7가지로 구분하여 볼 수 있습니다. 우선 첫 번째의 필드 [431]에서는 전략대응에 대한 목적이나 목

표를 정의합니다. 만약, 별도의 목적이나 목표를 정할 필요가 없다면, 앞의 [41]에서 정의한 목적이나 목표를 적용시킵니다.

<도표 2.38> 전략대응방법의 구체화 [전략포맷 3.1]

Strategy Format 3.1

1	2	3	4
Goal/ Objectives	Contents	Capability	Alternatives of Execution

41	42	43	44	45	46	47		4Z
Sub Goal/ Objectives	What to do	How to do	Processes/ Operation	Owner/ Organization	Rules/ Code	Completion Date		Premise & Prereq. Preparedness

431	432	433	434	435	436	43Z
Sub Goal/ Objectives	Maneuvers of PSBMT	Measures	Focus	Synergy	Contingent response	Premise & Prereq. Preparedness

(D. J. Park and P. H. Antoniou, 2007)

[432]에서는 제품, 서비스, 사업, 시장, 기술 영역에서 전개하고자 하는 수단을 정의합니다. 여기에서 추진되는 수단들은 [42] 전략대안의 내용을 성공적으로 실천하기 위한 수단들을 의미합니다. 예를 들면 가격을 낮추거나 제품이나 서비스 품질을 높이는 등의 수단들이 고려됩니다.

[433]에서는 그러한 수단을 전개하기 위한 조치들을 점검합니다. 예를 들면 원가를 낮추거나 또는 서비스의 제공방법이나 제품제조방법을 개선하는 등의 조치들이 검토됩니다.

[434]에서는 여러 가지의 조치와 수단들 중에 어떠한 것에 집중하여 추진할 것인지, 어떠한 우선순위에 따라서 전개할 것인지에 대하여 검토합니다. [435]에서는 여러 가지의 전략대안들의

추진에 있어서 결합적으로 전개하여 성과를 올릴 수 있는 조치들을 강구합니다.

[436]에서는 전략대안들의 전개에서 예상하지 못한 상황들이 전개될 경우에 어떻게 대응할 것인지에 대한 고려와 대응을 모색합니다.

마지막으로 [43Z]에서는 이러한 조치들을 수행하는데 필요한 요건이나 준비체제, 조건등에 대하여 점검합니다.

[44] 전략대응 실천 프로세스와 실행

[44] 전략대응 실천 프로세스와 실행, 운영에서는 이상의 전략대안의 실천을 조직적으로 전개하는 행동내용을 점검합니다.

여기에서는 해당 전략대안을 수행함에 있어서 어떠한 방식으로 전략대안을 전개해나갈 것인가에 관한 내용을 정의하고 그 운영에 필요한 시스템은 어떻게 전개할 것인가에 관하여 기입합니다.

예를 들어서 매출확대에 대한 판매촉진활동을 전개하기로 하고, 그에 대한 전략대안으로 사은품 지급 및 우수고객, 우수사원 포상제도를 실시한다고 할 때, 그러한 일을 어떤 조직에서 어떻게 운영할 것이며 관리는 어떻게 할 것인지를 명확히 하는 것입니다.

구체적으로는 전화상담은 누가 어떤 방식으로 안내를 하고, 사은품 지급기준에 맞는 고객을 어떻게 누가 선별하며, 그에 대한 업무전개에 대한 관리는 누가 어떻게 할 것인지에 대하여 정의합니다. 또한 경비집행에 대한 기존의 원칙과 부합되지 않는 사안들에 대하여는 어떻게 할 것인지에 대하여 필요한 조치는 무엇인지에 대하여 점검하여 기입합니다.

<도표 2.39>에서 보는 바와 같이, 이에 대하여 구체적으로 다음과 같은 7가지의 항목을 점검합니다.

<도표 2.39> 전략대응 프로세스와 운영 구체화 [전략포맷 3.1]

Strategy Format 3.1

1	2	3	4
Goal/ Objectives	Contents	Capability	Alternatives of Execution

41	42	43	44	45	46	47		4Z
Sub Goal/ Objectives	What to do	How to do	Processes/ Operation	Owner/ Organization	Rules/ Code	Completion Date		Premise & Prereq. Preparedness

441	442	443	444	445	446	44Z
Sub Goal/ Objectives	Task Processes	Operations	System supports	Principles of Control	Management of Exception	Premise & Prereq. Preparedness

(D. J. Park and P. H. Antoniou, 2007)

첫 번째 필드 [441]에서는 각 행동 프로세스 또는 운영 프로세스의 원칙이나 목적, 목표를 점검합니다.

[442]에서는 각 전략대응행동의 세부적인 프로세스와 과업 및 직무를 정의합니다. 즉, 전략대안을 실시함에 있어서 누가 구체적으로 어떤 일을 하며, 그 직무는 어떤 것인가를 기입합니다. [443]에서는 전략대응행동의 실천에 필요한 구체적인 실행과 운영의 내용을 정의합니다. 즉, 전략대응을 성공적으로 실천하기 위하여 해당 과업들의 업무수행과 처리는 어떤 내용이며, 어떻게 되어야 하는가를 기입합니다. [444]에서는 제도적, 시스템적으로 지원 또는 보완해야 할 내용들을 점검합니다. [445]에서는 전략대응행동의 관리에 필요한 통제원칙에 대하여 점검하고 정의합니다. [446]에서는 예외적 사항이 발생하였을 경우, 대응할 수 있

는 관리원칙과 행동원칙을 편성합니다. 마지막으로 [44Z]에서는 프로세스의 실천과 운영에 있어서 필요한 전제조건이나 준비사항, 선결요건들을 정의합니다.

[전략포맷 3.1]의 전략대안에서는 운영 시스템에 대한 검토는 생략하였지만, 전략대응을 위하여 새로운 운영시스템이 필요할 경우, 이에 대한 고려를 할 필요가 있습니다.

[전략포맷 3.1]을 활용함에 있어서 새로운 운영 시스템이 필요할 경우, 이에 대한 검토와 점검은 [443] 또는 [444]의 밑에 둘 수도 있고, 또는 [447]이하에 필요한 내용을 추가하여 활용할 수 있습니다. 또한 외부의 조직과 운영시스템을 결합하여 전략대응을 전개할 경우도 고려할 수 있습니다. 그럴 경우, 추가적으로 [448]이하에 필요한 항목을 배치하여 활용하도록 합니다.

[45] 조직

전략대안의 다섯 번째 필드 [45]는 조직입니다. 조직에서는 해당 전략대안을 실천하는 조직이 어느 부문의 어떤 사람들인가를 정의하고 추진해야 할 과업과 책무를 점검합니다. 그 구제적인 내용으로는 <도표 2.40>에서 보는 바와 같습니다.

기업조직의 현장을 살펴보면, 대체로 전략을 세울 때 해당 전략의 실행주체를 간과하는 경우가 종종 목격됩니다. 뒤에서 살펴보게 될 [전략포맷 4]에서는 조직을 별도로 구분하여 살펴보지만, [전략포맷 3.1]을 활용할 경우에는 전략대안의 구성에서 조직의 내용을 편성합니다.

물론 전략입안의 과정에서 조직과 조직구성원들의 특성이나 전략내용의 보안유지 등의 이유에 따라서 실행주체를 명시하지 않을 수도 있습니다. 그러나 추진 조직을 고려하지 않을 경우, 해당 전략의 추진활동에서 조직의 활동전개에 혼란이 유발될 수 있습니다. 더욱이 그 추진성과에 대한 관리도 어려우며, 추후 전략대안의 실천에 대한 책임과 피드백에 대한 전략관리가 곤란하게 됩니다.

<도표 2.40> 전략대응조직 [전략포맷 3.1]

Strategy Format 3.1

1	2	3	4
Goal/ Objectives	Contents	Capability	Alternatives of Execution

41	42	43	44	45	46	47		4Z
Sub Goal/ Objectives	What to do	How to do	Processes/ Operation	Owner/ Organization	Rules/ Code	Completion Date		Premise & Prereq. Preparedness

451	452	453	454	455	456	45Z
Sub Goal/ Objectives	Task owner	Responsibility & Measurable Objectives	Commitment and Cross functions	Principles of Control	Management of Exception	Premise & Prereq. Preparedness

(D. J. Park and P. H. Antoniou, 2007)

전략실행조직이 전략대안의 전개와 더불어 명확하게 정의되고, 사전에 그 참여에 대한 오리엔테이션이 잘 실행되면, 전략대안의 실천활동에 대한 참여정도가 높게 됩니다. 또한, 전략의 실행에 따른 성과가 가시화되고 그 성과가 참여자에게 배분된다면, 높은 참여성과를 기대할 수도 있습니다.

전략대안에 대한 전략포맷에서는 구체적으로 전략실행조직에 관하여 점검해야 할 내용을 7가지로 구분하고 있습니다.

[451]에서는 전략대응행동을 전개할 조직편성과 실행조직부문의 조직원칙을 정의합니다. 여기에서는 전략대안의 실천에 필요

한 조직이 추구해야 할 목표와 목적을 기입합니다. 따라서 조직의 세부(실천)목표와 목적을 정의합니다. 앞에서 살펴본 바와 같이 전략대안을 실천하기 위하여 운영하는 업무전개의 목표와 목적을 기입합니다.

만약 해당조직이 별도의 추진 목표를 설정할 필요가 없다면, 상위의 목표 또는 목적을 그대로 활용합니다. 그러나 전략대안을 실시하는 별도의 조직이 만들어진다면, 해당 신설조직에서는 전략대안의 추진과 관련하여 조직활동전개에 필요한 추진 목표와 목적을 새로이 확립할 필요가 있습니다.

[452]에서는 전략대응행동의 담당부문과 담당자, 책임자를 정의합니다. 즉, 추진 조직의 책임자와 실행에 참여하는 조직구성원들의 직무편성 및 임무부여에 관한 조직구조를 편성합니다. 전략포맷에서는 이러한 조직구조의 내용은 간략하게 기입할 수 없으므로 책임자 누구외 00명 A 프로젝트 수행과 같이 기입하고 별지에 조직구조와 역할에 대한 상세한 내용을 기입하여 첨부합니다.   [453]에서는 조직에서 수행해야 할 전략대안실행과 관련된 책무에 관하여 기술합니다. 즉, 조직구성원들의 조직대응행동에 대한 책무와 성과지표, 성과목표를 정의합니다. 예를 들면, 전략대안의 실행주체가 누구이며 그 책무는 무엇이고 각기 대응해야 할 일에 대하여 어느 수준까지 달성해야 할 것인가에 관한 것을 약술하는 것입니다.

[454]에서는 전략대응행동에 참여하고 완수하는데 필요한 조직적 노력과 의지, 전력투구할 수 있는 요건을 검토하고 상호지원부문의 역할과 책무를 정의합니다.

여기에서 상호지원에 관한 역할에서는 전략대안을 수행함에 있어서 타부문 또는 외부조직과 결합하여 수행해야 할 연관 과업 및 시스템 직무의 내용과 전개 프로세스를 점검하여 기입합니다.

[455]에서는 조직행동의 통제원칙을 정의합니다.   [456]에서는 조직행동의 관리에서 당면하게 되는 예외적 사항들에 대한 관리의 원칙과 대응조치에 대하여 검토합니다.

전략대응행동을 전개함에 있어서 기존의 조직구조 하에서 대응할 수 없을 경우, 새로운 조직구성을 전개하게 됩니다.   새로운 조직을 편성하거나 새로운 조직배치나 개편이 요구될 경우 [457]의 항목에 기입하고 그에 대한 책임자와 대상자들을 점검합니다.

그리고 마지막으로 [45Z]에서는 조직에 관한 선결요건이나 사전 준비사항에 대하여 점검합니다.

[46] 규칙, 원칙

전략대안의 여섯 번째 필드 [46]에서는 규칙, 원칙을 점검합니다.   규칙이라고 표현하였지만, [45]의 조직부문에 대한 업무수행방식이나 일처리를 수행하기 위하여 필요한 직무규정이나 규칙을 포함합니다.   여기에 기입되는 규칙은 전략대안을 추진함에 있어서 규정이나 규칙과 관련하여 적용해야 할 규정이나 규칙이 무엇이며, 또한 수정 또는 보완해야 할 것이 있는지에 관하여 기입합니다.

또한 전략대안을 실행에 옮길 때에 전략대안을 수행하는 각 조직구성원들이 특별히 준수해야 하는 행동원칙을 정의하고 기입합니다.

구체적으로 보면, 조직구성원에 대한 규칙과 원칙이므로 [45]의 세부항목과 대응하여 편성합니다.

[461]에서는 규칙이나 행동원칙설정의 목적과 목표를 설정합니다.   [462]에서는 전략대응행동을 성공적으로 수행하기 위한 조치와 수단의 전개에 있어서 실천행동전개의 규칙과 원칙, 행동규범, 프로젝트 수행원칙과 같은 내용들을 확정합니다.

[463]에서는 임원과 실무자를 포함하여 전략대응행동을 전개함에 있어서 완수해야 할 책무내용과 성과목표, 성과지표를 구체적으로 문서화하고 이를 확정합니다. [464]에서는 각자가 수행해야 할 직무내용과 상호지원행동에 대한 규칙과 원칙을 확정합니다.

<도표 2.41> 전략대응원칙 [전략포맷 3.1]

Strategy Format 3.1

1	2	3	4
Goal/ Objectives	Contents	Capability	Alternatives of Execution

41	42	43	44	45	46	47		4Z
Sub Goal/ Objectives	What to do	How to do	Processes/ Operation	Owner/ Organization	Rules/ Code	Completion Date		Premise & Prereq. Preparedness

461	462	463	464	465	466	46Z
Sub Goal/ Objectives	Rules, Codes of programs, Projects	Responsibility & Measurable Objectives	Commitment and Cross functions	Principles of Control	Management of Exception	Premise & Prereq. Preparedness

(D. J. Park and P. H. Antoniou, 2007)

[465]에서는 통제원칙에 대하여 규정화합니다. [466]에서는 예외적 조치에 대한 처리방식과 원칙을 규정화합니다. [46Z]에서는 이상의 규칙과 원칙의 규정화와 그 적용에 대한 선결요건 및 적용조건 등에 대하여 점검합니다.

■ 전략에 유효기간을 반영하라

[47]에서는 전략대안들의 추진에 대한 유효기간을 반영할 것을 권고하고 있습니다. 전략에서 무슨 유효기간 타령이라고 반문하는 분들이 있을 수 있습니다. 그러나 전략에는 명백히 유효기간이 존재합니다. 어제의 성공전략이 오늘도 성공한다면, 그것은

아주 행복한 상황이 될 것입니다. 그러나 오늘의 전략이 내일도 성공하게 될지는 아무도 장담할 수 없습니다.

그동안의 우리의 상황을 회고해 보면, 이러한 전략의 유효기간에 대한 필요성을 여실히 이해할 수 있을 것입니다. 예를 들어, 내년도 신제품 판매 전략을 10년 전의 방식으로 전개한다면 어떨까를 생각해봅시다. 10년 전이 기억이 잘 나지 않는다면, 5년 전이나 아니면 2년 전의 방식을 채택한다면 어떨까요?

이와 마찬가지의 논리로 지금 전개하는 전략이 2년 뒤나 5년 뒤에 적용될 것인가를 점검할 필요가 있습니다. 만약 지금 추진하고 있는 전략이 2년 전에 수립된 것이며, 그 성과가 의심스럽다면, 당장이라고 기존의 전략을 정비하고 새로운 전략을 검토하여 수정해야 할 것입니다.

즉, 현재 추진하고자 하는 전략의 유효기간을 미리 예상하고 기입하고 현재 고려하고 있는 전략을 언제 바꿔야 할지에 대하여 검토할 수 있도록, 대비하기 위하여 전략의 유효기간을 관리하도록 합니다.

전략은 당면하고 있는 환경에 대응하는 것이라는 고전적 정의를 따를 경우에도, 현재 당면하고 있는 환경이 언제쯤 변화하게 될지를 예상하여 미리 그 유효기간을 설정함으로써 전략수정 또는 신전략대응을 신속하게 전개할 수 있도록 합니다.

이상과 같은 논의를 토대로 전략대응의 원칙을 다음과 같이 수립할 수 있습니다.

전략대응의 제16원칙

전략 제16원칙: 다양한 전략대응방법과 전략수단들을 강구한다.

전략대응의 제17원칙

전략 제17원칙: 전략대응 실천 프로세스를 관리한다.

전략대응의 제18원칙

전략 제18원칙: 전략대응조직을 정비하고 지휘한다.

전략대응의 제19원칙

전략 제19원칙: 전략대응에 필요한 업무규칙, 조직원칙을 설정한다.

전략대응의 제20원칙

전략 제20원칙: 전략유효기간을 설정하고 관리하라.

전략대응의 제21원칙

전략 제21원칙: 전략철퇴(포기) 조건을 설정하라.

> **전략 마인드 13**
>
> # [전략포맷 3.1]의 요약
> **Strategy Format 3 : Summary**

■ [전략포맷 3.1]의 구조와 효용

이상으로 전략대안에 대하여 좀더 자세한 검토를 수행할 수 있는 전략포맷의 구체적 세분화에 대하여 살펴보았습니다. [전략포맷 3.1]의 2차 세분화까지 종합하여 전체적으로 살펴보면 다음 <도표 2.42>와 같이 살펴볼 수 있습니다.

<도표 2.42> [전략포맷 3.1]의 전체적 구성 (2차 세분화)

Strategy Format 3.1

1	2	3	4
Goal/ Objectives	Contents	Capability	Alternatives of Execution

21	22	23	24	2Z
Sub Goal/ Objectives	Domain (Vector)	Contents (P/S/B/T)	Course of Action	Premise & Prereq.

31	32	33	34	35	36	37	38	3Z
Sub Goal/ Objectives	General Management	Managers Staffs, Peoples	Organizational	Functional/ Operational	Capacities	Capability Resources	Capability Redesign	Premise & Prereq.

41	42	43	44	45	46	47		4Z
Sub Goal/ Objectives	What to do	How to do	Processes/ Operation	Owner/ Organization	Rules/ Code	Completion Date		Premise & Prereq. Preparedness

(D. J. Park and P. H. Antoniou, 2007)

도표의 상단에는 환경에 대응하는 [전략포맷 3.1]의 기본 구성 요소인 목표와 목적, 전략내용, 능력, 그리고 전략대안으로 편성되어있으며, 아래 쪽으로 각 항목들의 제2차 세분화의 내용이 정리되어 있습니다.

이와 같은 포맷으로 조직 내에서 전략논의를 전개하고 전략발상과 개발을 수행한다면, 막연하게 전략을 논의하는 것과는 상당한 차이가 있음을 알 수 있습니다.

전략포맷의 활용은 조직 내에서 전략을 논의할 때만 아니라, 전략을 검토하고 평가할 때에도 유용하게 활용될 수 있습니다. 그것은 그동안 막연하게 생각하고 활용하던 거품투성이의 전략개념을 보다 구체적인 형식과 구조로 편성하고 그에 따라 대응할 수 있게 되었기 때문입니다.

전략포맷의 개발과 이의 활용에 따라, 기업의 전략행동에서의 효과성과 효율성이 대폭 개선될 수 있습니다.

전략 마인드 14

[전략포맷 4]
Strategy Format 4

■ **전략은 조직에 의하여 실시된다.**

전략은 조직에 의하여 실시됩니다. 따라서 전략과 조직에 관한 연구가 다양하게 전개되고 있습니다. 전략과 조직에 관하여 가장 영향력을 발휘한 연구중에 주목할 만한 분들중에 챈들러[21] 교수님과 허버트 사이먼[22]교수님이 있습니다.

챈들러 교수님은 1962년에 전략과 조직이라는 연구서를 통하여 전략은 장기적 관점에서 기업의 목표를 설정하는 것이며, 조직은 그러한 전략에 입각하여 편성된다는 점을 밝히고 있습니다 (Structure follows strategy). 즉 조직과 전략과의 관계에서 전략이 선행하고 조직이 그에 따라 전개된다는 관점을 피력한 것입니다.

챈들러 교수님의 연구이전에 사이먼 교수님은 1947에 경영관리행동과 의사결정과정이라는 연구에서 조직과 관리, 행동의 합리성을 발표한 바 있습니다. 이 연구에서 합리성과 능률, 그리고

---

[21] Alfred D. Chandler, *Strategy and Structure: Chapters in the History of the American Industrial Enterprise.* Cambridge, MA: MIT Press, 1962

[22] Herbert Alexander Simon, *Administrative Behavior: A Study of Decision-Making Processes in Administrative Organizations,* The Free Press, 1947

조직과 목표지향적 관리행동에 관한 이론을 확립하였습니다.

이러한 연구는 드러커 교수님에 의하여 제시된 유명한 「목표에 의한 관리(Management by Objective)」의 이론적 토대가 되었습니다.

앤소프 교수님은 챈들러 교수님의 연구관점에 전략과 조직의 연계에 환경에 대한 접근을 추가하고 전략과 목표 간의 체계를 구축함으로써 전략경영의 기틀을 확립하였습니다.

전략과 조직과의 관계에 대하여 전략이 선행된다고 보는 관점에 대하여 의견을 달리하는 사람들도 있습니다. 조직과 전략에 관하여 컨설팅 하고 있는 업체 중에는 즉, 전략의 창조는 조직에 의하여 편성되며, 전략의 실행도 조직에 의하여 편성되므로 조직이 전략에 수반되는 것이 아니라, 조직의 편성 그 자체가 이미 전략(Structure is strategy)이라는 주장을 펴기도 합니다. 예를 들면, 유연한 조직에서 유연한 전략을 편성할 수 있으며, 조직의 특성이 전략을 결정한다는 주장입니다.

어떻게 보면 합당한 것처럼 보이기도 합니다. 이와 같은 주장은 환경과 전략, 그리고 조직의 관계를 구조적으로 이해해볼 때 앞에서도 살펴보았지만, 외부적 전략과 내부적 전략의 구분과 이해를 혼동할 때 유발됩니다.

어떠한 견해를 채택하건 간에 전략은 조직에 의하여 구도되고 실행되는 것이 분명합니다. 다만, 전략의 수립이나 의사결정은 조직의 전 부문에서 수행되는 것이 아니라 상층부에서 수행되고, 그 실행은 전 부문에 걸쳐서 실행된다는 점에 유의할 필요가 있습니다.

따라서 조직과 전략을 점검할 때에는 다음과 같은 3가지의 조직과 전략에 대한 역할 및 책임구분에 대하여 유의할 필요가 있습니다.

첫째는 전략설계와 입안에 관한 조직이며 둘째는 편성되는 전략에 대하여 판단하고 결정하는 조직이고, 셋째는 결정된 전략을 실천하는 조직입니다. 만약 이 세 조직 부문 또는 계층이 서로 다르지 않고 하나일 경우에는 전략의 모색과 실천에 대한 책임이 한 사람에게 집중됩니다. 모든 능력과 실행성과, 그리고 책임과 권한도 모두 한 사람이 맡게 됩니다.

그러나 이 세 조직 부문이 서로 다를 경우에는 능력과 목표의 실행 및 성과, 그리고 책임과 권한에 대한 구분과 균형, 그리고 관리에 관한 문제가 유발될 소지가 있습니다. 따라서 경영관리자는 전략과 조직에 대하여 가장 현실적인 문제로 이와 같은 역할과 실행, 성과와 책임(권한)간의 균형을 유지해야 한다는 점에 유의해야 합니다.

<도표 2.43> [전략포맷 4]

Strategy Format 4

1	2	3	4	5
Goal/ Objectives	Contents	Capability	Alternatives of execution	Organization

51	52	53	54	55	56	57	58	59
Sub Goal/ Objectives	General Management	Business Management	Functional/ Operational Management	Main Unit	Support Unit	Backup Unit	Control Unit	Staffs

(D.J. Park and P. II. Antoniou, 2007)

최근 널리 소개되고 있는 균형성과관리(BSC)기법은 이러한 실천적 관점에서의 목표와 역할, 실행, 성과의 균형을 도모하기 위한 기법을 제시하고 있습니다.

■ [전략포맷 4]

[전략포맷 4]는 <도표 2.43>에서 보는 바와 같이 [전략포맷 3]에 전략대응에 필요한 조직을 추가한 형태입니다. [52]에서는 전략대응을 실시하는 데 책임을 담당하는 경영진을 점검합니다. [53]에서는 전략대응을 실천하는 사업부문의 경영관리진을 점검합니다. [54]에서는 전략대응을 실천하는 실행부문의 경영관리진을 점검합니다. [55]에서는 전략대응조직의 핵심실천부문을 정의합니다. [56]에서는 전략대응조직의 지원부문을 점검합니다. [57]에서는 전략대응핵심조직의 예비조직을 점검합니다. [58]에서는 전략대응조직의 행동을 통제하고 조정하는 조직을 점검합니다. [59]에서는 전략대응활동을 기획하고 관리하는 조직부문을 점검합니다.

조직의 점검작업에서 필요하다면, [5A] 항목을 추가하여 새로운 조직을 신설하거나 조직의 구조를 변경하고 조직구성원의 배치를 수정하거나 보완합니다. 기존의 조직으로 전략적 대응이 곤란할 경우, 앞에서 살펴본 능력의 변혁을 통하여 대응할 수 있도록 대책을 강구합니다.

이상과 같은 논의를 토대로 전략대응의 원칙을 다음과 같이 수립할 수 있습니다.

전략대응의 제22원칙

전략 제22원칙: 전략실행 핵심조직과 책임자, 지원조직, 예비조직, 통제조직을 편성하고 배치한다.

전략 마인드 15

[전략포맷 5]
Strategy Format 5

■ 경영관리와 사업운영을 추가적으로 고려한다

앞에서 살펴본 [전략포맷 4]까지는 특정한 전략적 과제에 일시적으로 대응할 때 유용성을 발휘합니다. 그러나 조직과 사업의 규모가 상대적으로 큰 경영조직체에서 지속적이고 체계적으로 대응할 경우, 전략대응행동의 경영관리요소가 반영되지 못하고 있기 때문에, 앞에서 다룬 전략포맷으로는 전략성과의 관리에 한계를 보일 수 있습니다.

따라서 성공적인 전략대응을 위하여 전략포맷의 기본 구조에 경영관리항목과 사업운영과 관련된 항목을 추가할 필요가 있습니다.

<도표 2.44>에서는 경영관리항목이 추가된 [전략포맷 5]와 사업운영항목이 추가된 [전략포맷 6]의 기본 구조를 보여주고 있습니다. 이와 같은 전략포맷에서는 환경에 대응하는 전략과 능력, 그리고 조직을 포함하여 경영과 운영의 관점이 추가됨으로써 전략의 관리와 전략성과의 지속적 향상을 도모합니다.

따라서 전략경영의 실천적 관점을 추가할 수 있게 되며, 전략적 환경대응에 있어서의 경영관리부문에서의 역할과 사업부문에서의 역할을 점검할 수 있습니다.

<도표 2.44> 전략포맷의 구조(전략포맷 5와 6)

Format Structure of the Strategy

Strategy Formats		1 Goal/ Objectives	2 Contents	3 Alternatives of execution	5 Management	6 Operation
3	Capability	Strategy Format 1				
		Strategy Format 2				
		Strategy Format 3				
4	Organization	Strategy Format 4				
		Strategy Format 5				
		Strategy Format 6				

(D.J. Park and P. H. Antoniou, 2007)

■ [전략포맷 5]의 내용

[전략포맷 5]에서는 성공적인 전략대응을 위하여 필요한 경영 관리요소들을 점검합니다.

구체적으로 살펴보면, <도표 2.45>에서 보는 바와 같이 [61]에 서는 전략대응을 전개하기 위하여 필요한 경영관리부문의 과업 목표와 목적을 확인하고 정의합니다. [62]에서는 기업조직이 전 략대응을 성공적으로 수행하기 위하여 경영진이 해야 할 경영관 리활동의 내용을 확인합니다. [63]에서는 전략대응을 성공적으로 추진하기 위하여 사업부문의 경영자, 관리자들이 수행해야 할 사 업관리활동의 내용을 점검합니다.

[64]에서는 전략대응을 성공적으로 추진하기 위하여 각 기능별 부문에서 수행해야 할 사업관리활동의 내용을 점검합니다.

[65]에서는 전략대응을 성공적으로 추진하기 위하여 각 조직부 문에서 수행해야할 경영관리행동을 점검합니다.

[66]에서는 전략대응을 성공적으로 추진하기 위하여 재무관리

의 부문에서 수행해야 할 경영관리행동을 점검합니다.

[67]에서는 전략대응을 성공적으로 추진하기 위하여 필요한 제도적, 시스템적 관리에 대한 내용을 점검합니다.

[68]에서는 전략대응을 성공적으로 추진하기 위하여 물류와 자원에 관한 경영관리내용을 점검합니다.

[69]에서는 전략대응을 성공적으로 추진하기 위하여 필요한 경영관리의 행동원칙과 규칙을 정의하고 점검합니다.

<도표 2.45> [전략포맷 5]

Strategy Format 5

1	2	3	4	5	6
Goal/ Objectives	Contents	Capability	Alternatives of execution	Org.	Management

61	62	63	64	65	66	67	68	69
Sub Goal/ Objectives	General Management	Business Management	Functional/ Operational Management	Organizations	Financial	Systems	Logistics and Resources	Rules Codes Principles

(D.J. Park and P. H. Antoniou, 2007)

[전략포맷 5]는 앞에서 다른 전략포맷들에 관리적 요소가 추가되는 형태로 구성되어 전략이나 전략대안의 창조활동의 관리항목들은 앞에서 다루고 있기 때문에, 추가적으로 검토하지 않고 있습니다.

그러나 조직 내에서 지속적으로 전략의 경험과 전략지능의 관리를 전개하고자 할 필요가 있다고 판단될 경우에는 [6A]항목에서 전략대응행동의 관리와 같은 항목을 추가할 수 있습니다.

또한 전략의 수정과 보완에 대한 체계적인 관리가 필요한 조직의 경우에는 [6A]의 세부항목 내에 그 관리항목들을 추가할 수 있습니다.

[전략포맷 5]에서 유의할 점은 당면하고 있는 환경에 대응하기 위한 전략을 개발하거나 전략대안을 창조하는 과정에서 경영관리의 관점은 배제되거나 또는 완성되지 않은 채로 전개될 수 있습니다. 즉, [전략포맷 3]과 같은 형태나 또는 더욱 단순한 [전략포맷 2]의 형태로 전개하는 것이 신속하고 편하다고 생각될 경우, [전략포맷 5]를 통하여 작업을 전개하는 일이 힘겹게 느껴질 수도 있습니다.

만약 환경에 대응하기 위하여 전략을 세밀하게 개발할 시간적 여유가 없다면, [전략포맷 5]를 고집하거나 [전략포맷 5]의 각 항목을 채우기 위하여 시간과 노력을 들일 필요는 없습니다. 따라서 전략포맷에 대하여 채울 수 있는 만큼만 채우고 검토를 전개한다는 원칙을 세울 필요가 있습니다. 그리고 난 뒤에 첫 번째의 검토대안을 중심으로 단계적으로 전략검토를 통하여 후속작업을 수행함으로써 전략을 정교화 시켜가도록 합니다.

한번도 경험해보지 못한 전략대응을 전개해야 할 경우에는 간략한 형태의 전략포맷을 중심으로 우선 대응해야 할 내용들을 파악한 다음에 추가적인 전략포맷을 활용하는 것이 실용적이라고 할 수 있습니다.

그러나 기본적인 전략대응의 방향과 방법이 구성된다면, 그와 같은 전략대안의 실천을 체계적으로 관리할 필요가 있습니다. 따라서 경영관리자들은 [전략포맷 5]를 2차 전략이나 내부적 대응전략의 일환으로 체계화하고 대응할 수 있도록 지휘하고 전개함으로써 전략성과를 높일 수 있도록 경영노력을 기울이는 것이 중요합니다.

이상과 같은 논의를 토대로 전략대응의 원칙을 다음과 같이 수립할 수 있습니다.

전략대응의 제23원칙

전략 제23원칙: 전략을 수립하고 전략실행을 관리하며, 집행하는 책임부문을 확립한다.

전략대응의 제24원칙

전략 제24원칙: 성공적 전략대응을 위하여 필요한 경영관리요소들을 기능별로 구체적으로 점검한다.

전략대응의 제25원칙

전략 제25원칙: 전략대응에 필요한 제도적, 시스템적 관리실태를 점검하고 보완해야 할 내용들을 충족한다.

전략 마인드 16

[전략포맷 6]
Strategy Format 6

■ [전략포맷 6]으로 사업운영내용을 구체화한다

[전략포맷 6]에서는 당면하고 있는 환경에 전략적으로 대응하기 위한 사업운영(operations)의 내용을 추가적으로 점검합니다.

<도표 2.46> [전략포맷 6]

Strategy Format 6						
1	2	3	4	5	6	7
Goal/ Objectives	Contents	Capability	Alternatives of Execution	Org	Management	Operation

71	72	73	74	75	76	77	78	79	7A
Sub Goal/ Objectives	Tasks	Processes	Process Owners	Responsibility	Requirements	Financial	Systems	Logistics and Resources	Rules Codes Principles

(D. J. Park and P. H. Antoniou, 2007)

<도표 2.47>에서는 [전략포맷 6]의 사업운영에 관한 내용을 살펴보고 있습니다.

사업운영에서는 10가지 항목을 점검하고 있습니다. [71]에서는 전략적 대응을 성공적으로 전개하기 위하여 수행하는 사업운

영의 목표와 목적을 정의합니다.

[72]에서는 전략적 대응을 성공적으로 전개하기 위하여 수행하는 사업운영의 업무내용을 정의합니다.   [73]에서는 전략적 대응을 성공적으로 전개하기 위하여 수행하는 업무 프로세스를 정의합니다.   [74]에서는 전략적 대응을 성공적으로 전개하기 위하여 수행하는 사업운영의 각 업무내용의 책임자와 실무자를 정의합니다.

[75]에서는 전략적 대응을 성공적으로 전개하기 위하여 수행하는 사업운영업무의 책무를 정의합니다.   [76]에서는 전략적 대응을 성공적으로 전개하기 위하여 수행하는 사업운영에 필요한 요건들을 정의합니다.

[77]에서는 전략적 대응을 성공적으로 전개하기 위하여 수행하는 사업운영의 재무적 통제와 관리에 관한 기준과 내용을 정의합니다.

[78]에서는 전략적 대응을 성공적으로 전개하기 위하여 수행하는 사업운영에 필요한 시스템이나 제도의 내용을 정의합니다.

[79]에서는 전략적 대응을 성공적으로 전개하기 위하여 수행하는 사업운영에 필요한 물류와 자원에 관한 내용을 정의합니다.

[7A]에서는 전략적 대응을 성공적으로 전개하기 위하여 사업수행에 필요한 선결요건과 전제조건을 점검합니다.

[전략포맷 5]의 경우와 마찬가지로 [전략포맷 6]에서 유의할 점은 전략창조 또는 전략모색의 시점에서는 세부적인 내용에 대하여 초기에 확정하지 못할 수 있습니다.   그러나 전략실행성과를 높이고자 한다면, 이러한 점검항목들을 미리 파악해둘 필요가 있습니다.

이상과 같은 논의를 토대로 전략대응의 원칙을 다음과 같이 수립할 수 있습니다.

전략대응의 제26원칙

전략 제26원칙: 전략실행을 위한 담당부문과 업무 프로세스를 확립한다.

전략대응의 제27원칙

전략 제26원칙: 전략대응을 성공적으로 전개하기 위하여 필요한 선결요건, 전제조건을 점검한다.

전략 마인드 17

[전략포맷 7]
Strategy Format 7

■ 전략은 세웠는데 활용자원은 추후 검토한다?

경영관리자들과 전략경영 워크샵을 실시할 때, 종종 「자원무시증(資源無視症)」에 걸린 분들을 목격하게 됩니다. 「자원무시증」은 여러 가지의 멋진 전략을 이야기는 하지만 그 실행에 필요한 자원에 대한 고려는 하지 않는 경우를 빗대어 붙인 이름입니다.

머릿속으로는 무제한적인 전략 발상이 얼마든지 가능하지만, 전략의 실천에는 동원되어야 하는 자원이 반드시 전제되어야 합니다. 만약 전략실행에 옮길 수 있는 자원이 없다면, 병력도 무기도 실탄도 없이 전선에 나가는 경우와 다를 바가 없다고 할 것입니다.

만약, 특별한 자원이 동원될 필요 없이, 협상이나 담판을 통하여 말로만 대응을 할 수 있는 경우라면 상황은 다르겠지만, 기업조직이나 정부조직에서 현실상황에 대하여 무엇인가 대응을 하고자 한다면, 반드시 필수적으로 전제되는 것은 전략을 실행에 옮길 수 있는 자원이 구비되어야 하는 것입니다.

그런데 종종 그러한 자원에 대한 고려가 없이, 환상적인 대안들을 제시하는 조직구성원들이 많이 있습니다. 실천을 하게 될 경우, 필요한 자원에 대한 현실적 고려는 빼고, 「이것을 해보자, 그것은 별로다, 저걸 하면 좋을 텐데…」와 같은 식입니다.[23]

그러다 보니, 그림의 떡 신드롬으로 끝나게 되는 전략계획안들이 늘어나게 되고, 경영관리자의 전략적 판단과 초점이 흐려지게 되어 성과가 부진하게 됩니다.

따라서 <도표 2.47>의 [전략포맷 7]에서 제시하는 바와 같이 필요한 자원 또는 동원되어야 하는 자원을 별도로 산정하여 병기하게 될 경우, 해당 전략의 내용과 전략대안들의 추진가능성에 대한 검토가 한결 수월해집니다.

<도표 2.47> [전략포맷 7]

Strategy Format 7

1	2	3	4	5	6	7	8
Goal/ Objectives	Contents	Capability	Alternatives of execution	Org.	Management	Operation	Resources

81	82	83	84	85	86	87	88	8Z
Sub Goal/ Objectives	Human	Material/ Facilities/ Hardware	Logistics and Networks	Financial	R&D Technology	System Requirements/ Tools/Software	Knowledge and intelligence	Premise & Prereq. Preparedness

(D.J. Park and P. H. Antoniou, 2007)

<도표 2.47>에서 알 수 있는 바와 같이, 그동안 살펴본 전략포맷을 비교해보면 [전략포맷 7]에서는 실행에 필요한 자원들을 정의함으로써 이전의 전략포맷으로 논의하던 내용과는 달리 실천의지가 더욱 강하게 반영되고 있음을 알 수 있습니다.

여기에 기입되는 전략적 자원들은 인적자원, 물적 자원, 자금과 같은 기본적인 경영자원들을 포함하여, 특정한 기술이나 영업

---

23) 이러한 「자원무시증」 현상의 배경으로는 전략의 실제에 대하여 잘 이해하지 못하고 있기 때문에 그러한 경우도 있을 수 있지만, 고의적으로 전략의 방향과 초점을 흔드는 사람들도 있다는 점에 유의할 필요가 있습니다.

망, 정보, 전략추진에 필요한 외부지원 조직이나 세력과 같은 용도별 자원들과 필요한 투입요소들도 포함됩니다.

[전략포맷 7]의 형태로 전략을 지휘할 경우, 특정한 전략의 수행에서 「자원실패에 따라 곤란을 경험하는 일」을 예방할 수 있을 뿐만 아니라, 이전의 전략포맷과 대비하여 볼 때, 그 실행의 성공 가능성을 높일 수 있습니다. [전략포맷 7]을 중심으로 조직구성원들이 전략을 논의하는 조직과 [전략포맷 1]을 중심으로 전략을 논의하는 조직과는 전략의 심도와 내용, 그리고 수준의 차이가 크다는 것은 두말 할 나위가 없습니다.

따라서 어떠한 전략포맷을 사용하는가에 따라 전략의 실질적 내용(contents)과 현실적이고 논리적 타당성을 고려한 관점(contexts), 즉 전략의 수준이 달라집니다. 따라서 전략포맷은 조직구성원들을 위한 전략 작성법의 기본틀(grammar)로 활용될 수 있습니다. 전략내용(contents)과 논리적 관점(contexts)에 대하여는 제3장 27절에서 살펴보도록 하겠습니다.

■ 전략자원의 구체적 내용

<도표 2.47>에서는 「전략실행을 위한 자원」을 살펴보고 있습니다. 이를 전략자원이라고 하겠습니다. 전략자원이라고 하면, 자원자체가 전략적 활용가치가 있는 자원을 말하기도 하지만, 여기에서는 전략을 실행에 옮기기 위하여 필요한 자원을 포함하여 전략자원이라고 정의하겠습니다.

도표에서 보는 바와 같이 [81]에는 동원되는 또는 확보할 자원의 세부(실천)목표와 목적을 기입합니다. [82]에는 전략적 대응을 성공적으로 실현하기 위하여 필요한 인적자원을 기술합니다. [83]에는 전략적 대응을 성공적으로 실현하기 위하여 필요한 물

적 자원, 설비, 자재 등을 기술합니다. [84]에는 전략적 대응을 성공적으로 실현하기 위하여 필요한 물적 자원이나 인적 자원, 기술 자원 등의 외부적 활용이나 도입, 활용에 관한 사항을 점검합니다. [85]에서는 전략적 대응을 성공적으로 실현하기 위하여 필요한 재무적 자원에 대하여 기술합니다.

[86]에서는 전략적 대응을 성공적으로 실현하기 위하여 연구개발에 필요한 자원을 기술합니다. [87]에서는 전략적 대응을 성공적으로 실현하기 위하여 필요한 소프트웨어나 시스템적 자원을 기술합니다. [88]에서는 전략적 대응을 성공적으로 실현하기 위하여 필요한 지식 및 기술자원을 기술합니다. [89]에서는 전략적 대응을 성공적으로 실현하기 위하여 조치해야 하는 선결요건과 준비조치, 전제에 관한 항목을 점검하고 기술합니다.

이와 같이 전략포맷을 편성하여 전략을 수립할 경우, 전략에 대한 실현가능성에 대한 검토가 가능할 뿐만 아니라, 그 실행에 대한 판단과 추진의 관리가 명확하고 용이해집니다. 물론 전략포맷을 편성하는 방식이나 내용을 좀더 간결한 형태로 만들 수도 있으며, 또는 이상에서 제시한 각 필드들을 별도의 양식이나 페이지로 만들어 전개할 수도 있습니다.

이 책에서는 경영관리자와 전략부문의 전략수립 및 관리행동에서 실무를 담당해야 할 분들을 위하여 기본적으로 점검하고 검토해야 하는 전략적 관점에서 필요한 항목들을 중심으로 전략포맷을 소개하고 있습니다만, 필요에 따라서 조직의 실정과 당면하고 이는 환경에 따라 전략포맷을 좀더 구체화시켜 활용할 필요가 있습니다.

<도표 1.22>는 이상에서 살펴본 [전략포맷 7]의 각 필드들을 이해하기 쉽게 하나의 표로 제시한 요약표입니다.

<도표 2.48> [전략포맷 7]의 전체상
Strategy Format 7 : Segments and Fields

전략포맷 7	1. 목표/목적	2. 전략내용	3	4. 전략대안	...	8. 전략자원
	매출 15% 성장	시장점유율 확대	...	판촉증대	...	영업대리점 및 전문판매조직 판촉예산

2. 전략내용	21 세부 실천목표/목적	22 전략영역	23 사업내용 (제품/서비스/사업/기술)	24 전략행동의 주요방향과 골격	2Z 사전요건
	A 제품 시장점유율 1.5% 확대	서울 및 중부지역	A제품 및 개량 신제품	선도적 전개 경쟁사보다 먼저 추진	개량신제품의 패키징 및 협력관계정비

24 행동	241 세부 실천목표/목적	242 시기	243 대응방법	244 업무 처리
	언론 및 방송에 판촉 신광고 및 개량 신제품 홍보	3개월(90일) 후 첫 월요일	판촉행사 (7주간)	판촉행사 경진대회 외부 아웃소싱 관리 판촉물 기획 및 관리
			생산품질 및 상품재고유지	품질관리, 공정관리 생산관리 신제품 품질, 안전성확보
			영업 인센티브	실적 관리 시스템

4. 전략대안	41 세부 실천목표/목적	...	44 전략대안 운영 및 시스템	45 조직	46 규칙 행동원칙		4Z사전요건, 전제
	매출 40% 증대	...	30%할인판매 A 대형점 체인 특판전개 신영업관리	영업1부, 영업기획	고객만족	정품 판매	제품 검수 및 선품
	영업인센티브		5% 월말지급		반품제외	포상, 성과반영	상품공급 원활
	생산품질확보		생산품질관리 강화	제2공장	불량제거	품질성과 반영	전수검사 요원확보

44 운영시스템	441 세부 실천목표/목적	442 과업/직무 프로세스	443 운영주체	444 외부 시스템 연계	445 원칙/규칙 대응책임
	할인판매 및 정상판매의 품질유지	특판, 판매요원 영업지원 및 성과관리	영업 1부 제2공장	협력사 원자재관리 납품관리	기업이미지 유지 제품홍보 피드백 매출목표 달성 전사원 참여

45 조직	451 세부 실천목표/목적	452 구조	453		
			책무	과업/직무	업무 프로세스
	기간내 전략 목표달성 기존사업활동의 유지	김상무외 26명 영업기획지원 8명	매출 40% 증대 신제품 홍보	전국 할인판매 대형점 체인 특판 신제품 경험 이벤트	신제품 판촉 및 기존제품의 전시 특판, 할인판매 제품시연 이벤트

8. 자원	81 세부 실천목표/목적	82 인적자원	83 물적자원	85 자금	86 연구개발	8Z 사전요건
	매출 40% 달성을 위한 자원활용	영업인력 42명 투입 외주활용	신원료활용/ 물류공급망의 보완	긴급자금 2억 투입	신제품 특허확보, 품질안전확보	외주인력의 점검과 교육

(D. J. Park, 2007)

도식의 편의상 일부 필드들에 대한 기술은 생략하였습니다. 도표의 맨 위에 [전략포맷 7]에서는 4개의 필드를 정의하고 있습니다.

다음 줄[21~2Z]에는 「전략내용[2]」에 대한 세부 필드가 제시되어 있습니다. 세 번째 줄[241~244]에는 「전략내용에서의 전략행동」에 대한 필드에 대한 세부적 내용이 제시되어 있고, 네 번째 줄[41~4Z]에는 첫 번째 줄의 「전략실천 대안」에 대한 세부적 내용이 제시되어 있습니다. 다섯 번째 줄[441~444]에는 [4] 전략실천대안에 대한 [44] 필드의 운영시스템에 대한 세부적 내용이 편성되어 있으며 여섯 번째 줄[451~453]에는 [45] 「조직」에 대한 세부적 필드를 제시하고 있습니다.

마지막으로 일곱 번째 줄[81~8Z]에는 맨 위의 [8] 전략자원에 대한 항목을 세부적으로 편성한 필드들에 대한 설명이 제시되어 있습니다.

<도표 2.48>에서는 앞에서 논의된 전략포맷의 일부내용을 중심으로 정리하여 작성한 전략의 예시입니다. <도표 2.48>의 [전략포맷 7]과 같은 형대로 전략을 논의할 경우, 무엇을 이렇게 왜, 그리고 누가 언제, 얼마나 해야 할 것인지에 대하여 명확하게 파악할 수 있습니다.

전략포맷을 작성하고 활용함에 있어서 유의해야 할 중요한 요령 중의 하나는 얼마나 구체적으로 작성하고 어떻게 활용할 것인가에 대한 사용자의 의식과 기량입니다. 만약, 전략적으로 대응해야 할 일의 내용이 명확한 것이라면, 최대한 구체적으로 작성하여 활용하는 것이 필요합니다.

그러나 당면하고 있는 현실과 파악되고 있는 현상이 불분명하고 그에 대응해야 할 일들이 불투명할 경우에는 전략포맷의 작성내용 또한 융통성을 발휘하여 편성할 필요가 있습니다.

이상과 같은 논의를 토대로 전략대응의 원칙을 다음과 같이 수립할 수 있습니다.

전략대응의 제28원칙

전략 제28원칙: 전략자원을 지속적으로 확보, 개발하고 자원성과를 관리한다.

전략대응의 제29원칙

전략 제29원칙: 전략자원을 확보수단 및 대안을 확대한다.

전략 마인드 18

[전략포맷 8]
Strategy Format 8

■ 혁신 필드를 추가하여 전략의 성과를 높인다

　현대적 전략을 구상하거나 전개할 경우에 반드시 고려해야 할 요소들에는 혁신과 리스크, 그리고 자원과 전략지능입니다.　이제 부터는 이러한 항목들을 중심으로 보다 성공적인 전략포맷을 어떻게 구성할 것인가에 대하여 살펴보겠습니다.

　<도표 2.49>에서 보는 바와 같이 [전략포맷 8]에서는 맨 뒤의 필드에 혁신항목이 추가되어 있습니다.　여기에서는 전략내용과 전략행동대안의 전개에 있어서 과거의 전략과 무엇이 다른가에 대한 혁신적 내용을 기입합니다.　또한 전략자원이나 경영관리, 실행에 대하여 혁신적 요소가 개입되고 있다면 그 혁신의 내용을 기입합니다.

　예를 들어 경쟁전략의 경우라면, 보다 혁신적인 경쟁의 요소가 무엇이며 그에 대한 충족내용에 관하여 기입합니다.

　혁신의 관점에서 앞에서 작성된 전략내용이나 전략대안, 또는 전략자원의 재편성이 필요하다면, 전략의 전반적 사항을 재구성해야 할 경우도 있습니다.

　따라서 전략의 성공요인으로써의 혁신을 점검하고 보완하여 전략성과를 높이기 위하여 혁신의 필드를 점검하고 판단합니다.

혁신의 내용은 대상과 방법, 그리고 주제에 따라 다르지만, 전략적 혁신의 관점에서 살펴보면 도표에서 보는 바와 같이 10가지로 살펴볼 수 있습니다.

우선 [91]에는 전략적 대응을 성공적으로 실현하기 위하여 추진해야 할 혁신의 목표나 목적을 정의합니다.

[92]에서는 전략적 대응을 성공적으로 실현하기 위하여 전개해야 할 기술혁신의 내용을 기술합니다.

[93]에서는 전략적 대응을 성공적으로 실현하기 위하여 추진해야 할 설비나 자재에 대한 혁신을 정의합니다.

<도표 2.49> [전략포맷 8]

Strategy Format 8

1	2	3	4	5	6	7	8	9
Goal/ Objectives	Contents	Capability	Alternatives of Execution	Org.	Management	Operation	Resources	Innovation

91	92	93	94	95	96	97	98	99	9A	9B	9Z
Sub Goal/ Objectives	Technology	Material/ Facilities	Processes/ System	Product./ Services/ Markets/ Business	Management/ Operations	Financial	Societal/ Political/ Governance	Relations/ Logistics/ Sourcing	R&D /Resources	Paradigm / People	Premise & Prereq. Preparedness

(D. J. Park and P. H. Antoniou, 2007)

[94]에서는 전략적 대응을 성공적으로 실현하기 위하여 추진해야 할 프로세스나 시스템의 혁신을 정의합니다.

[95]에서는 기술분야를 제외하고 전략영역에서 대응해야 할 제품, 서비스, 시장, 사업에 대한 혁신의 내용을 정의합니다.

[96]에서는 전략적 대응을 성공적으로 실현하기 위하여 추진해

야 할 경영관리와 사업운영에서의 혁신내용을 정의합니다.

[97]에서는 전략적 대응을 성공적으로 실현하기 위하여 추진해야 할 재무적 혁신의 내용을 정의합니다.

[98]에서는 전략적 대응을 성공적으로 실현하기 위하여 추진해야 할 조직의 대외적, 사회적, 정치적 대응에 있어서의 혁신의 내용을 정의합니다.

[99]에서는 전략적 대응을 성공적으로 실현하기 위하여 추진해야 할 외부적, 내부적 관계의 혁신이나 물류, 도입과 관련한 혁신의 내용을 정의합니다.

[9A]에서는 전략적 대응을 성공적으로 실현하기 위하여 추진해야 할 연구개발과 자원에 관한 혁신의 내용을 정의합니다.

[9B]에서는 전략적 대응을 성공적으로 실현하기 위하여 추진해야 할 조직구성원의 패러다임과 의식, 능력의 혁신에 관한 내용을 정의합니다.

[9Z]에서는 전략적 대응을 성공적으로 실현하기 위하여 추진해야 할 혁신을 제대로 실천하기 위하여 필요한 선결요건이나 사전준비체제의 확립과 같은 내용을 정의합니다.

이상과 같은 논의를 토대로 전략대응의 원칙을 다음과 같이 수립할 수 있습니다.

전략대응의 제30원칙

전략 제30원칙: 전략적 혁신요소를 관리한다.

전략 마인드 19

[전략포맷 9]
Strategy Format 9

■ 전략 리스크 필드를 점검한다

<도표 2.50> [전략포맷 9]에서는 맨 뒤의 필드 [A]에 리스크 (risk)의 항목이 추가되어 있습니다.   여기에서 살펴볼 리스크는 주로 전략의 실행과 관련하여 고려해야 하는 전략 리스크가 중심 이 되지만 필요에 따라서는 사업이나 재무, 운영, 제품, 시장 리 스크를 포함하여 조직, 기술, 경영관리 리스크를 포함하여 이러한 각 리스크들이 결합적으로 영향을 미치는 기업 리스크를 전반적 으로 검토합니다.[24]

<도표 2.50> [전략포맷 9]

Strategy Format 9

1	2	3	4	5	6	7	8	9	A
Goal/ Objectives	Contents	Capability	Alternatives of Execution	Org.	Management	Operation	Resources	Innovation	Risk

A1	A2	A3	A4	A5	A6	A7	A8	A9	AZ
Sub Goal/ Objectives	Product./ Services/ Markets/ Business	Technology/ R&D	Processes/ System	Material/ Facility/ Hardware	Management/ Operations/ Organizations	Relations/ Logistics/ Sourcing	Financial	Societal/ Political/ Governance	Premise & Prereq. Preparedness

(D. J. Park and P. H. Antoniou, 2007)

---

[24] 리스크 대응에 관한 자세한 논의는 이 책의 자매서 「전략적 위기경영-실천 기법」을 참조하시기 바랍니다.

새로이 전개할 전략 대응방안의 추진과 전개가 그동안 추진해 오던 일상적인 조직적 대응행동들과 크게 다르지 않고, 우리에게 익숙한 일들이라면, 전략수행과 관련된 리스크는 상대적으로 적을 수 있습니다.

그러나 새로운 전략의 수행에 있어서 외부환경의 변화나 전략영역의 수정 또는 확대축소, 대응방식의 변경, 새로운 시스템의 적용, 신제품, 신시장, 신기술의 전개와 같이 전략내용과 결합요소들이 변화하게 되면서 그동안 익숙해 보이던 상황도 실제로는 다른 종류의 경험을 하게 될 수 있습니다.

가장 잘 알고 있는 상대방과 가장 유리한 홈그라운드에서의 시합에서 조차도 승부경쟁을 하게 되는 경우, 패배할 수 있는 것과 같이 우리가 가장 익숙하고 가장 유리한 사업에서도 사업과 관련된 리스크가 존재합니다. 더욱이 변화하고 있는 환경 하에서 새로운 전략을 전개할 경우 다양한 리스크를 미리 고려하지 않는다면, 전략실천의 성과를 기대할 수 없게 됩니다.

기업조직에서 대응해야 하는 리스크 대응에 대한 고려에는 다양한 방법과 형태가 제시되고 있으며 아직도 이에 대한 실용적 연구가 세계각지에서 계속 되고 있습니다.

■ 리스크도 사람 차별한다

세균이 득실거리는 곳에 간다고 누구나 다 병에 걸리는 것은 아닌 것처럼, 리스크도 그 대응성 여부에 따라 다르게 영향을 미칩니다. 따라서 동일한 리스크 요인을 갖고 있을 경우에도, 리스크 대응방식이나 대응주체의 노력에 따라서 다른 결과가 나타나는 것입니다.

따라서 우리 조직의 리스크 대응방식이 어떠한가, 그리고 우리 조직구성원들의 리스크 대응노력이 어떠한가를 점검하는 것은 당연히 필요한 관리조치가 아닐 수 없습니다.

물론, 아무리 대비해도 감당할 수 없는 리스크들도 있습니다. 외환위기나 자원위기와 같이 수월하게 대응하지 못하는 경우도 있지만, 리스크 요인들에 대하여 미리 대비하는 것은 경영관리자로서는 당연히 대응해야 할 명백한 경영관리활동이며, 본인과 조직 그리고 사회 전체를 위해서도 바람직한 일이 아닐 수 없습니다.

■ 리스크의 양면성

리스크는 위험, 또는 위기와 같은 관점으로 이해하고 있습니다. 따라서 리스크라고 하면 겁부터 먹게 되거나, 위험한 상태가 바로 닥칠 것처럼 생각하는 사람들도 있습니다. 그러나 리스크를 좀더 자세히 들여다보면, 리스크 자체는 겁을 먹거나 위험한 것이 아니라는 것을 알 수 있습니다. 리스크는 근본적으로 불확실성과 영향을 미치는 정도와 그 대응성으로 파악할 수 있습니다.

불확실성은 명확하지 않다는 것을 의미합니다. 언제 어떠한 형태로 등장할지 모르며, 그것이 미치는 영향도 아직 잘 모른다면, 누구나 불안해지지 않을 수 없습니다. 그러나 반대로 언제, 어떠한 형태로 등장할지 알고, 그것이 미치는 영향도 충분히 잘 알고 있다면, 이제부터는 그에 대하여 대비하고 대응을 잘하면 되는 것입니다.

리스크가 유발하는 현상은 위협적 내용만 포함하고 있는 것이 아니라, 관점에 따라서는 무엇인가를 변혁하거나 또는 새로운 가능성을 탐구할 수 있는 기회를 제공하기도 합니다. 따라서 리스크도 대응하기 나름이라는 판단이 가능해집니다. 바로 이와 같은 리스크가 제공하는 위협과 기회의 가능성이 전략적 대응을 촉구하는 요인이 됩니다.

어떠한 리스크에 대하여 미리 그 전모를 파악하고 있다면 이 제부터는 전략적 대응을 통하여, 효과적으로 대응할 수 있게 됩니다.   그래서 리스크를 잘 파악할수록 전략적 대응능력은 더욱 높아집니다.[25]   또한 상대적으로 우리 기업의 전략적 대응능력이 높으면 경쟁상대기업보다 리스크 대응성과 또한 높아질 수 있습니다.   그것은 리스크에 대응하는 전략적 지능의 발휘가 상대기업보다 높은 성과를 발휘할 수 있기 때문입니다.

따라서 경쟁상황에서는 각 경쟁주체들이 리스크에 대하여 어떻게 대응하는가에 대한 방식에 따라, 전략적 우위성을 판별할 수 있습니다.

■ **[전략포맷 9]의 구체적 내용**

[전략포맷 9]의 세부 필드의 구성은 <도표 2.50>에서 보는 바와 같이 10가지로 세분화하고 있습니다.

[A1]에서는 전략적 대응을 성공적으로 전개하기 위하여 추진하는 리스크 대응의 추진목적과 목표를 정의합니다.

[A2]에서는 제품, 서비스, 시장, 사업과 관련하여 대비해야 하는 리스크의 내용과 대응해야 하는 리스크의 대응방안을 정의합니다.

[A3]에서는 기술 및 연구개발에 관련하여 대비해야 하는 리스크의 내용과 대응해야 하는 리스크의 대응방안을 정의합니다.

[A4]에서는 업무 및 과업의 프로세스, 시스템에서 대비해야 하는 리스크의 내용과 대응해야 하는 리스크의 대응방안을 정의합

---

[25] 조직구성원들이 간편하게 전개할 수 있는 리스크 현실의 파악과 대응방법으로 필자가 개발한 리스크 클러스터링 기법을 활용할 수 있습니다.   이에 대하여는 「전략적 위기경영-실천기법」을 참조하시기 바랍니다.

니다.

[A5]에서는 원료나 재료, 시설과 설비에서 대비해야 하는 리스크의 내용과 대응해야 하는 리스크의 대응방안을 정의합니다.

[A6]에서는 경영관리와 사업운영, 조직관리에서 대비해야 하는 리스크의 내용과 대응해야 하는 리스크의 대응방안을 정의합니다.

[A7]에서는 조직 외부 및 내부의 관계에서 유발되는 리스크, 도는 도입, 물류, 저장, 출하활동에서 대비해야 하는 리스크의 내용과 대응해야 하는 리스크의 대응방안을 정의합니다.

[A8]에서는 재무적 관점에서 대비해야 하는 리스크의 내용과 대응해야 하는 리스크의 대응방안을 정의합니다.

[A9]에서는 사회적, 대외적, 정치적 관계에서 대비해야 하는 리스크의 내용과 대응해야 하는 리스크의 대응방안을 정의합니다.

[AZ]에서는 리스크 대응에 필요한 선결요건이나 사전 준비체제와 같은 요건 및 내용에 대하여 기술합니다.

■ 전략 리스크와 자원을 결합적으로 검토한다

전략대응행동을 전개할 때, [4]전략대안과 관련된 전략적 리스크 뿐만 아니라 [8]자원이나 [3]능력과 관련된 리스크도 고려할 필요가 있습니다.

예를 들면, 전략의 전개를 위하여 새로운 투입자원을 편성할 때, 그 자원의 활용과 관련하여 발생할 수 있는 리스크를 들 수 있습니다. 새로운 원료나 새로운 인력, 또는 새로운 기술이나 새로운 협력 파트너와 함께 일을 추진할 경우, 예상하지 못한 일들이 발생하거나 경험해보지 못한 다양한 현상들이 유발될 수 있습니다.

따라서 추진하고자 하는 전략대안의 실천과정에서 새로이 투입한 전략적 요소나 자원들이 전략적 성과에 미치는 영향을 고려하여 그에 대비하기 위하여 추진해야 할 내용을 검토합니다.

최근 인력감축과 더불어 다양한 형태의 인력 아웃소싱을 전개하거나 또는 생산, 판매와 같은 주요기능을 전략적 제휴를 통하여 외부 조직과 협력하여 전개할 경우, 발생할 수 있는 리스크와 그에 대응하기 위하여 필요한 점검항목들을 [전략포맷 9]에서 보는 바와 같이 점검합니다.

전략 추진을 위하여 신규자금의 조달에서도 그 자금의 원천이나 용도, 또는 자금의 보상 등과 관련하여 검토되어야 하는 리스크도 여기에서 검토합니다.

[전략포맷 9]의 [8]자원과 [A]리스크의 결합검토를 통하여 추진하고자 하는 전략의 대상이나 규모, 범위 및 전략행동의 내용을 축소 또는 확대에 관한 조정을 가능하게 합니다.

만약, 자원과 리스크의 결합검토를 통하여 전략을 변경해야 한다면, 전략내용과 전략대안들에 대한 전면적인 검토를 전개합니다.

이와 관련하여 리스크 대응은 전략 리스크가 중심이 되지만 필요에 따라서는 사업이나 재무, 운영, 제품, 시장 리스크를 포함하여 조직, 기술, 관리 리스크를 포함하여 이러한 각 리스크들이 결합적으로 영향을 미치는 기업 리스크를 전반적으로 검토합니다. 따라서 [전략포맷 9]의 [2]에서 [A]에 이르는 각 항목별로 대응해야 할 리스크를 점검하고 대비하여 대응할 수 있도록 하는 것이 중요합니다.

■ 전략내용에 혁신과 리스크를 반영한다

[전략포맷 9]는 앞에서 논의한 리스크와 자원, 그리고 혁신을 모두 추가하여 전략과 전략대안을 점검하는 포맷입니다. 필요에 따라서는 [전략포맷 3]이나 [전략포맷 4] 또는 그 밖의 다른 전략 포맷들에 대하여 혁신항목이나 리스크 항목만을 추가하여 활용할 수도 있습니다.

이와 같은 전개에서 혁신과 전략, 리스크를 감안하여 전략포맷을 활용할 때, 두 가지 형태의 검토와 전개를 고려할 필요가 있습니다. 첫째는 혁신적 전략과 전략대안을 실천하기 위하여 「자원과 리스크에 혁신적 대응이 필요한 내용에 관한 점검」과 「행동전개」에 대한 검토입니다. 두 번째의 검토는 혁신을 추진하고 전개하는 과정에서 유발되는 「리스크와 자원에 대한 검토」입니다.

혁신의 추구에는 리스크가 따르기 마련입니다. 필자는 이를 혁신 리스크라고 부르고 있습니다만, 새롭게 변화와 변혁을 전개하는 과정에서 다양한 형태의 리스크가 등장합니다. 우선 혁신을 하지 않을 경우 당면하는 「혁신추진거부 리스크」와 혁신추진에 따라 경험하는 「혁신추진 리스크」입니다. 혁신추진거부 리스크는 다른 경쟁자들이 혁신적으로 대응을 전개하고 있을 때, 그에 제대로 대응하지 못하기 때문에 발생합니다. 반면에 「혁신추진 리스크」는 새로운 혁신적 방법의 실천에서 당면하게 되는 혁신 리스크들입니다.

이러한 리스크는 혁신적 방법의 실천적용과정에서 「시험적 적용」을 통하여 체계적으로 전개하고 다양한 상황전개와 실천응용능력을 높임으로써 최소화시킬 수 있습니다. 그러나 이와 같은 혁신 리스크 대응활동을 무시하게 될 경우, 전략추진은 시행착오를 경험할 수 있습니다.

　　최근의 노동문제 대응하기 위하여 고민하던 정부에서 혁신적 대안을 마련하여 비정규직에 관한 법률제정과 시행을 통하여 노동시장의 혁신적인 대안을 제시한 바 있습니다.　그러나 현실적으로 그 실천과정과 결과를 보면 오히려 비정규직의 노동현실을 더욱 힘들게 하는 상황을 만들어내고 말았습니다.　이와 같은 종류의 혁신에 따른 시행착오를 예비하고자 한다면, 혁신 리스크에 대한 대응을 사전에 충분히 숙고할 필요가 있습니다.

　　이상과 같은 논의를 토대로 전략대응의 원칙을 다음과 같이 수립할 수 있습니다.

전략대응의 제31원칙

전략 제31원칙: 전략적 리스크를 관리하라.

전략 마인드 20

[전략포맷 10]
Strategy Format 10

■ 필요한 전략 지능을 반영하여 전략성과를 높인다

<도표 2.51> [전략포맷 10]에서는 앞에서 살펴본 [전략포맷 7]에 전략자원과 혁신, 전략 리스크를 포함하여 마지막 필드에 전략지능을 결합적으로 파악하여 전략의 성과를 높이기 위한 포맷입니다.

<도표 2.51> [전략포맷 10]
Strategy Format 10

Strategy Format 10

1	2	3	4	5	6	7	8	9	A	B
Goal/ Objectives	Contents	Capability	Alternatives of execution	Org.	Management	Operation	Resources	Innovation	Risk	Intelligence

B1	B2	B3	B4	B5	B6	B7	B8	B9	BA	BB	BC
Sub Goal/ Objectives	Business	Management	Corporate	Strategic	Operational	Organizational	Financial	Market	Technology Information	System	Risk

(D.J. Park and P. H. Antoniou, 2007)

전략지능은 당면하고 있는 환경과 상황에 대응하여 전략의 주체가 전략을 수행하기 위하여 필요한 경험적 지식과 행동능력을 의미합니다. 따라서 [전략포맷 10]의 마지막 필드에는 추구하고자 하는 전략내용과 전략대안을 전개함에 있어서 필요한 전략지능의 내용을 점검하고 그 내용을 기입합니다.

예를 들어 전략의 모색과 보완, 실천행동의 전개와 관련하여 필요한 전략지능이 단순한 업무수행능력만으로는 곤란하고 추가적으로 시장분석이나 혁신의 전개능력과 같은 지능적 대응이 필요하다면, 그와 관련된 내용을 기입합니다.

만약 새로운 외국 현지의 시장에 진출하는 전략과 행동전개에 있어서 전략의 추진주체들이 현지의 문화적, 사회적 지능이 필요하다면, 그러한 능력을 점검하여 기입합니다.

이와 같이 필요한 전략지능은 사전에 파악하기 힘들 수도 있습니다. 즉, 미지의 외국시장에서 시장경험을 해보지 못한 상황에서 이와 같은 내용까지 사전에 파악하는 것이 무리라고 판단되면, [전략포맷 9] 이하의 형태로 전개할 수 있습니다. 그러나 사전에 여러 차례에 걸쳐 조사단이나 시찰단을 파견하여 필요한 정보와 내용들을 점검한다면, [전략포맷 10]의 형태로 전략을 구상하고 전개할 수 있습니다.

또한 기존의 익숙한 업무활동의 전개를 중심으로 전략을 구성할 경우에도 필요한 전략지능을 정의하게 되면, 동일한 영업활동의 전개라고 할지라도 고객의 선별이나 주요 고객에 대응하는 지능적 방법을 찾아내고 동원함으로써 그 성과를 높일 수 있습니다.

■ 전략 지능의 구체적인 점검항목

<도표 2.51>에서 제시하고 있는 형식을 중심으로 전략지능의 세부적인 점검항목을 살펴보겠습니다.26)

---

26) 기업조직의 환경대응에 필요한 전략적 지능에 대한 기본적 이해는 다음 문헌을 참조. 박동준, 뉴스와트전략, 제7장~8장, 환경지능경영론, 소프트전략경영연구원, 2005

[B1]에서는 전략지능의 발휘의 목적, 또는 목표에 대하여 기술합니다.

[B2]에서는 전략적 대응을 성공적으로 실천하기 위하여 필요한 사업지능을 정의합니다.

[B3]에서는 전략적 대응을 성공적으로 실천하기 위하여 필요한 경영지능을 정의합니다.

[B4]에서는 전략적 대응을 성공적으로 실천하기 위하여 필요한 기업지능을 정의합니다.

[B5]에서는 전략적 대응을 성공적으로 실천하기 위하여 필요한 전략지능을 정의합니다.

[B6]에서는 전략적 대응을 성공적으로 실천하기 위하여 필요한 사업운영지능을 정의합니다.

[B7]에서는 전략적 대응을 성공적으로 실천하기 위하여 필요한 조직지능을 정의합니다.

[B8]에서는 전략적 대응을 성공적으로 실천하기 위하여 필요한 재무지능을 정의합니다.

[B9]에서는 전략적 대응을 성공적으로 실천하기 위하여 필요한 시장지능을 정의합니다.

[BA]에서는 전략적 대응을 성공적으로 실천하기 위하여 필요한 기술지능, 정보지능을 정의합니다.

[BB]에서는 전략적 대응을 성공적으로 실천하기 위하여 필요한 시스템 지능, 프로세스 지능을 정의합니다.

[BC]에서는 전략적 대응을 성공적으로 실천하기 위하여 필요한 리스크 지능을 정의합니다.

전략 지능은 제대로 관리할 경우, 지속적으로 향상됩니다. 또한 조직적으로 관리하는 방법을 터득한다면, 조직의 전략적 지능은 크게 개선될 수 있습니다.

이상과 같은 논의를 토대로 전략대응의 원칙을 다음과 같이 수립할 수 있습니다.

전략대응의 제32원칙

전략 제32원칙: 조직과 개인의 전략지능을 향상시킨다.

전략 마인드 21

전략포맷의 활용
Use of the Strategy Format

■ 전략포맷을 활용하여 전략성과를 높인다

이상으로 전략포맷에 관한 구조와 작성 및 그 활용에 관하여 살펴보았습니다.

경영관리자가 조직에서 전략포맷을 잘 구사하게 되면, 애매하고 막연하게 생각되었던 전략을 구체적이고 명확한 형태의 전략으로 변화시킬 수 있습니다. 전략포맷의 활용을 통하여 경영관리자의 전략적 리더십이 크게 개선되기 때문입니다. 또한 전략수립활동이나 수정 및 전개활동에 있어서, 그 지휘와 관리가 용이하므로 전략성과를 높일 수 있습니다.

나아가 전략포맷의 사용을 일상화시킬 경우, 그 작성요령이 향상되고, 조직적 전략성과를 높일 수 있습니다. 그것은 전략포맷이 전략 문법을 활용할 수 있는 기본적인 틀로 활용될 수 있기 때문입니다.

조직 내에서 기발한 전략을 창조하는 것도 중요하지만 실천이 가능한 효과적인 전략을 창조하는 것은 더욱 중요합니다. 따라서 경영관리자들이 솔선하여 조직내에서 전략 마인드를 서로 공유할 수 있는 전략포맷을 확립하는 것이 중요합니다.

■ 전략포맷 활용의 장점

대부분의 기업조직에서 아직도 전략포맷을 애매하게 정의하고 명확하게 정의되지 못한 내용과 방식으로 조직 내에서 전략을 수립하고 서로 의견을 교환하고, 실천을 관리하고 있습니다. 이러한 경우, 전략포맷을 활용할 경우, 조직의 전략적 발상과 실천과정에서 지능적 성장을 경험할 수 있습니다.

전략포맷 활용의 장점

1. 전략 커뮤니케이션의 정확성, 효율성을 높일 수 있다.
2. 전략발상이 용이하다.
3. 전략실천의 관리가 용이하다.
4. 전략지능을 강화한다.
5. 전략수립과 실천의 관리에 있어서 시간을 단축한다.
6. 전략의 초점을 명확하게 할 수 있다.
7. 전략회의를 신속하게 전개할 수 있다.
8. 전략논의, 협의를 간소화 할 수 있다.
9. 전략내용의 이해가 쉽다.
10. 전략행동의 책무를 파악하기 쉽다.

더욱이 전략포맷을 활용할 경우, 전략수립과정이나 전략추진활동에 있어서 불필요한 논쟁이나 설명, 납득과 같은 낭비적 활동이 줄어들 뿐만 아니라 전략모색과 의사결정과정에서 소비되는 시간을 대폭 단축할 수 있습니다.

전략포맷을 활용할 경우, 종종 아이디어 발상의 차원에서 머물고 구체적인 전략으로 발전되지 못하던 현상도 대폭 단축될 수 있습니다. 조직 내에서 전략적 발상과 관리의 초점을 명확하고 구체적으로 만들 수 있는 포맷이 확립되기 때문에 얻을 수 있는 장점은 여기에서 그치지 않습니다.

우선 부문간, 계층간 전략 회의를 간소화할 수 있습니다. 누가 봐도 명쾌하고 구체적으로 전략이 묘사되어 있고, 설명되어 있기 때문에, 서로 전략추진의 필요성이나 전개의 내용에 대하여 확실하게 이해할 수 있습니다.

또한 대응에 필요한 요건이나 책임소재, 추진해야할 일, 대비해야 할 일에 대한 사전 검토가 가능하므로, 전략의 품질이 향상될 뿐만 아니라 전략 커뮤니케이션의 내용과 속도를 향상시킵니다.

뿐만 아니라 전략설계와 관리, 피드백, 수정에 이르는 활동과 프로세스의 전개에서 전략포맷을 활용할 경우, 신속하고 효과적인 대응이 가능해집니다.

■ 전략포맷 활용시 유의사항

이상과 같은 장점에도 불구하고 전략포맷의 활용시에 유의해야 할 점들이 있습니다. 그것은 전략포맷의 활용에 대한 취지나 방법을 잘 모를 경우, 전략포맷을 형식적으로 사용하게 되거나 또는 내용을 부실하게 편성할 수 있다는 점입니다.

1. 작성취지와 작성방법을 교육하라

경영관리자가 조직구성원들에게 전략포맷을 사용을 장려할 경우에도, 그것이 강제적 성격을 지니게 될 경우, 그 작성내용이 소극적으로 편성되거나 왜곡될 수도 있으며, 경우에 따라서는 시간만 지연시키는 경우도 발생합니다.

따라서 전략포맷을 통하여 전략수립 및 전략전개활동을 전개하고자 할 경우에는 전략포맷의 작성취지와 필요성, 작성방법, 작성사례와 작성원칙을 교육하고, 솔선하여 리드할 수 있도록 마음과 행동의 준비를 할 필요가 있습니다.

2. 전략포맷의 작성내용을 너무 엄격하게 하지 않는다

전략포맷은 문서작성용 장표가 아닙니다. 전략포맷은 작성하고 검토해야 할 항목을 이해하기 쉽게 설명한 형식입니다. 따라서 형식을 통일하는 것은 좋지만, 전략수립주체들이나 전략행동주체들이 전략포맷에서 표현된 내용을 멋지게 만드는데 시간을 낭비하게 하거나 또는 보고서를 멋지게 작성하는데 조직구성원들의 시간과 노력을 낭비하게 해서는 곤란합니다.

따라서 전략포맷의 각 필드별로 한 장의 종이에 기입을 하건, 아니면 여러 장에 여러 개의 필드를 나누어 기술하건, 자유롭게 기입하고 의견을 나눌 수 있도록 포맷작성의 재량을 부여할 필요가 있습니다.

물론 전체 내용을 취합하여 정리할 때에는 상당한 부담이 따를 수 있습니다. 최종적으로 전략을 정리할 때, 해당 부문이나 부서에 특정한 형식에 내용을 정리해줄 것을 요구할 수 있습니다. 그러나 검토하고 분석하며, 대안을 모색하는 과정에서는 작성내용의 형식에 너무 억매이지 않도록 합니다.

3. 작성내용의 불확실성에 대하여 고려한다

특정한 사안의 경우에는 전략포맷의 각 필드들이 제대로 검토되고 작성되지 못할 수도 있습니다. 그것은 환경의 난기류가 높고, 급속한 환경변화, 관련된 정보부족 현상에 기인할 수도 있고, 불확실성이 높기 때문에 그 결과를 예측할 수 없게 되고, 따라서 전략포맷의 각 필드들이 완성된 형태로 작성되지 못할 수도 있습니다.

그와 같을 경우, 포기하지 않도록 권고하고 단계별로 구체화할 수 있도록 합니다. 즉, 첫 번째 작업에서는 전략포맷에서 몇 몇 필드들은 미확정으로 하고, 두 번째 작업에서부터 좀더 사실파악을 전개하여 구체적으로 검토하도록 합니다. 또한 세 번째 작업에서는 조건별 대안들을 작성하도록 하고 그에 따라 대안을 점검하고 검토하도록 합니다.

이와 같이 작업을 한번에 종료하지 않고, 단계별로 작업을 전개하면서 구체화할 수 있도록 지휘할 경우, 작업의 성과가 높아집니다.

4. 전략포맷의 특성상 기밀유지에 특히 주의를 기울인다

그동안 조직에서는 전략포맷과 같이 구체적인 전략내용의 구성을 하지 않았기 때문에, 전략문서나 문건들도 그 수가 많지 않았고, 따라서 전략의 유출도 제한되어왔습니다. 그러나 전략포맷을 일반화하여 활용할 경우, 이에 대한 기밀유지와 관리가 중요하게 됩니다.

따라서 전략포맷과 관련된 문건들은 제한적으로 출력하고 그 자료의 보존이나 전달도 허락된 사람들에게만 한정하고 제한과 통제활동을 수행하며 그 회람이나 열람의 대상도 제한할 필요가 있습니다. 만약에 정보 시스템의 보안이 염려된다면, 파일의 암호화 뿐만 아니라 기입하는 내용자체를 암호화, 기호화 하여 작성하도록 하는 것도 고려해야 합니다.

그리고 관계자 전원에게 정보 및 기밀유지 책무를 부여하고 필요하다면 「기밀책임」 각서를 징구합니다.

5. 필드의 세부항목간의 연계, 주요 필드는 주목해서 관리한다

예를 들면, 목표와 세부 실천목표들의 정렬관계나 전제조건이나 사전요건, 전략 내용과 전략대안의 타당성, 유효기간의 점검 등, 조직에서 특히 유의해야 할 필드들을 중심으로 전체 전략을 점검하고 검토하는 안목을 키웁니다.

특정한 공공 서비스를 실천하는 조직의 경우, 새로운 전략대안의 추진에 대한 자율성이 제한되어 있고 또한 새로운 사업활동의 전개에는 새로운 관계법령의 정비가 선행되어야만 가능할 수 있습니다.   이와 같은 경우에는 대부분의 조직구성원들이 새로운 전략영역이나 신제품의 개발과 신시장전개와 같은 전략전개는 사실상 곤란하다고 생각하고 있을 경우가 많습니다.

상황이 그렇다면, 다음과 같은 두 가지의 전개방법을 고려해볼 수 있습니다.   첫 번째의 전개방법은 기존의 사업활동을 중심으로 기존사업성과를 좀더 높이기 위하여, 추진해야 할 전략을 점검하고 대응하는 논리입니다.   이러한 전략전개의 경우, 내부적 조직 혁신이나 주요 사업기능 또는 관련 기술의 혁신과 같은 대안들을 중심으로 편성되지만, 더욱 중요하게 고려되는 것은 기존의 사업을 혁신적으로 전개하는 것입니다.   그러나 새로운 혁신적 전개과정에서 공공의 편익을 제한하거나 또는 사업과 관련하여 직간접적으로 영향을 미치게 되는 사고나 위법적 행동, 또는 사회적 불편을 유발시키는 행동들을 발생한다면 그 부정적 영향과 여파가 크므로 이를 억제하고 관리하는 것이 최중요과제로 부각됩니다.

따라서 그러한 중점관리요소를 중심으로 전략포맷의 주요 항목들을 관리할 필요가 있습니다.

두 번째의 방법은 소속 조직구성원들이 아닌, 정책결정자나 감독자와 같은 상위의 이해관계인들을 중심으로 전략포맷의 각 필드들을 점검해볼 수 있도록 하는 방법입니다.

이와 같은 조직의 상위에 있는 이해관계인들의 관점은 다른 시각에서 보다 창의적이고 혁신적인 공공 서비스를 원하고 있을 수 있습니다.   이와 같은 이해관계인들을 중심으로 전략포맷의 각 항목들을 점검하고 그 작업에서 도출된 내용을 중심으로 조직구성원들과 함께 필요한 전략대응의 내용을 편성하고 대응하도록 하는 것입니다.

이상과 같은 논의를 토대로 전략대응의 원칙을 다음과 같이 수립할 수 있습니다.

전략대응의 제33원칙

전략 제33원칙: 전략포맷을 활용하여 전략품질을 향상시킨다.

제3장

전략성공모델
Strategic Success Model

전략 마인드 22

최악의 상황에서 전략을 수립한다
Strategic Response in the worst case

전략은 당면하고 있는 환경과제와 환경과제를 제시하고 있는 환경, 그리고 능력간의 관계에서 출발하고 있습니다. 그렇다면, 환경에서 환경과제가 도출되며, 그에 대응하는 전략은 능력에서 도출된다고 볼 수 있습니다.

■ 과거의 전략에 의존하는 조직

앞에서도 살펴본 바와 같이 전략벡터는 나아가려는 힘과 방향을 지니고 있습니다. 이를 전략의 원심력이라고 정의합니다. 전략의 원심력은 조직의 능력을 도대로 전략영역에 대하여 추진력을 발휘합니다. 따라서 조직에서 전략을 상실하게 될 경우, 해당 조직은 당면하고 있는 전략영역에 대하여 추진력을 상실하게 됩니다.

기업조직 또는 정부조직에서 당면하고 있는 현실의 환경상황에서 유발되고 있는 새로운 전략과제들에 대하여 새로운 전략대응을 전개하지 못하거나, 새로운 전략 추진력을 발휘하지 못한 채로 기존의 전략, 즉 과거에 수립한 전략내용에 의존하여 환경대응을 추진하게 될 경우를 종종 목격하게 됩니다. 새로운 환경에 대응하는 전략을 당면하고 있는 환경상황에 합당하게 새로운 내용과 형태로 편성하는 것이 아니라 과거의 환경대응의 내용으로 대응하기 때문에, 대응해야 할 상황을 더욱 악화시킬 소지가 있습니다.

미리 적절한 전략으로 대응할 경우에는 상황을 호전시킬 수 있음에도 불구하고, 부적절한 전략의 전개와 대응으로 상황을 오히려 악화시키고 있는 것입니다.

<도표 3.1> 전략능력을 상실한 조직의 주요특징의 예시

1. 주요 사업추진과 관련하여 고려해야 할 환경요소들에 대한 인식거부
2. 새로운 전략을 모색할 수 있는 전략의지의 결여
3. 새로운 전략시도를 수행할 수 있는 조직, 역량, 여력의 부족
4. 전략적 변혁과 능력변혁을 전개하기 어려움
5. 전략적 비전의 상실에 따른 경영관리층에 대한 신뢰감의 저하
6. 전략모색능력 및 전략적 판단능력의 저하
7. 전략적 방향전환의 실천능력 상실
8. 기존 사업의 전환, 변혁능력의 부재
9. 새로운 전략의 실천은 거부하면서 현재상황의 개선을 희망
10. 상황의 개선과 대응에 대한 책임을 서로 미룸

(D. J. Park, 2007)

■ 상황을 악화시키는 사고방식과 행동양식

이와 같은 불합리한 현상이 등장하는 요인으로는 기존의 전략에 대한 맹신, 익숙한 것 또는 기존의 행동관성에 편승하거나 기존의 사고방식에 의존하려는 경향, 새로운 전략모색과 대응에 대한 시도의 거부, 자신감의 결여와 같은 요인들이 작용합니다.

전략의 수립과 대응에는 그에 필요한 사고와 행동이 수반되기 때문에 기존의 사고방식이나 행동양식이 지배적으로 작용하려는 경향이 있습니다. 이와 같이 환경상황에 대응하는 방식을 기존

의 전략관성에 의한 환경대응이라고 할 수 있습니다.

기존의 전략관성에 의한 환경대응의 경우에는 기존의 전략전개에 따라 진행하던 힘, 즉 관성에 의한 전략추진력을 발휘하게 되며, 사업의 관성에 의하여 업무진행을 유지하게 됩니다. 만약, 과거의 전략을 계속 수행해오면서 그동안의 관성에 의한 전략전개가 현실상황에서 표류하게 되거나 또는 관성에 의한 전략 추진력을 상실하게 된다면, 전략성과는 급속히 떨어지게 됩니다.

■ 가장 최악의 상황에 이르러서야 상황을 해결하려고 하는 조직

참으로 유감스러운 일은 사전에 전략적으로 대응하는 기업들은 나름대로의 전략적 추진력을 발휘하면서 방향과 추진의 세력을 조정하면, 전략적 성과를 도모할 수 있지만, 전략적 추진력을 거의 상실해버리고 전략적 성과도 형편없는 상황이 되어서야 전략을 정비하려고 하는 경우입니다.

그러나 이와 같은 기업들의 경우에는 전략만 새롭게 만들어서 추진한다고 해서 전략적 성과를 거둘 수 있게 되는 것은 아니라는 점에 유의할 필요가 있습니다. 그것은 전략추진력을 구성하는 것은 전략적 발상이나 전략계획서가 아니라 전략행동을 가능하게 하는 다양한 전략실행능력과 전략의지, 전략지능이 동원되어야 하며, 전략을 창출할 수 있고, 전략이 기능할 수 있는 시스템과 구조가 확립되어야 하기 때문입니다.

그런데, 그동안 과거의 전략실천에 의존해오던 관성이 고질적으로 체질화되어 다양한 문제점을 내포하고 있기 때문에 새로운 획기적인 전략을 수립하게 된다고 할지라도 기존의 사업을 효율적으로 전개하는 일에 집중해왔던 조직에서는 <도표 3.1>에서 보는 바와 같은 현상들이 만연하게 됩니다.

이와 같은 조직에서는 전략의 수립이나 보완의 작업에서 대응해야 할 일들이나 전략적 대응의 범위가 대대적으로 확대됩니다. 평소에 전략적 대응을 원만하게 전개해오던 조직에서는 이미 전략적으로 추진해오던 추진력이 있으므로, 방향을 부분적으로 조정하거나, 또는 추진의 강도, 추진세력의 정도를 미세조정하면 되지만, 과거의 관성에 의존하면서 전략의 방향과 전략추진력을 전면적으로 새롭게 하는 전략을 수립해야 하는 조직에서는 전략대응의 부담이 지대하여 조직저항이나 시스템 저항과 같은 전략대응행동의 과부하 현상이 등장하게 됩니다.

■ 최악의 상황에서 전략을 수립해야 할 경우

조직에서 사전에 당면하고 있는 환경에 대하여 여유롭게 전략대응을 전개한다면, 대응해야 할 과제가 확대되기 이전에 여유롭게 대응을 전개할 수 있습니다.

그러나 여러 가지의 사정에 의하여 대응의 시기를 놓치게 될 경우, 지연된 상황 하에서도 전략적 대응을 전개하지 않을 수 없게 됩니다. 물론, 의도적으로 대응시기를 지연하게 되는 경우도 있지만, 부득이하게 대응시기를 놓치게 되었을 경우라면, 대응의 원칙과 방법을 새로이 점검할 필요가 있습니다.

이와 같은 경우, 우선적으로 경영관리자가 유의해야 할 점은 상황의 진단입니다.

만약 경영관리자가 상황의 진단작업을 통하여 피해현상이나 또는 위협요인의 증대가 급속히 확산되고 있다는 사실을 깨닫게 되었다면, 조직에 미치는 피해를 최소화하는 것을 대응원칙으로 삼고 신속한 대응방안을 모색하여 전개해야 할 것입니다.

이와 같이 피해가 확산되고 있거나 위협요인이 증대되고 있는 경우, 경영관리자들이 우왕좌왕하면서 대응원칙조차 마련하지 못한다면, 조직은 더욱 더 심각한 위기상황에 처하게 될 뿐만 아니라 조직에 미치는 악영향은 더욱 증대됩니다.

위기상황이나 긴급상황 하에서 피해를 최소화하기 위한 대책이나 절차는 기민한 대응을 신속히 전개해야 하기 때문에, 절차와 방법이 확립되지 못한 조직에서는 부대적인 시행착오를 경험할 수 있습니다. 이 점은 경영관리자가 특히 유의해야 할 점입니다. 즉, 피해를 줄이기 위한 노력에서 또 다른 피해가 유발되는 악순환이 반복되어 최악의 사태가 점증되는 현상에 대비해야 합니다. 특히 피해상황 하에서도 전략지휘와 대응을 전개할 수 있는 대비체제를 가동할 수 있는 사전대응준비태세가 요구됩니다.

따라서 경영관리자들의 피해대응 또는 위협대응에 대한 지휘능력과 철저한 통솔활동이 요구됩니다.

이와 같은 경우, 전략적 대응에서 유의해야 할 점은 피해를 최소화하면서 또는 위협에 대응하면서 성공기회를 꾸준히 창조하는 방향으로 기업행동의 방향을 이끌어가야 한다는 점입니다.

최악의 상황에서 전략을 수립하는 경우, 전략수립활동은 전략대응활동으로 바로 일체화됩니다. 계획을 세우고 검토하고 실행하는 것이 아니라, 대응계획이 여과 없이 바로 실행으로 이어지게 되고, 또는 실행을 하면서 대응계획을 세우는 형태의 전략을 전개하게 됩니다.

이와 같은 전략전개에서 유의할 점은 다양한 형태의 리얼타임 전략수립조직과 실행조직의 유기적인 전개가 선행되어야 한다는 점입니다. 이는 마치 전시작전과 수행의 상황과 유사하다고 할 수 있습니다.

전략수립조직과 실행조직이 유기적으로 전략을 실행할 수 있도록 하기 위해서는 신속한 전략적 자원전개와 실행이 필요합니다. 만약 경쟁상황에서 상대방도 같은 상황에 처해있다면, 자원전개와 실행능력이 새로운 전략적 성공요인으로 작용합니다.

■ 최악의 상황에서 선택할 수 있는 세 가지

보다 여유로운 상황에서 선택할 수 있는 경우와는 달리 최악의 상황에서 선택할 수 있는 선택방안들은 그다지 많지 않습니다.

만약 최악의 상황에 처해서도 여유로운 상황에서 선택하는 방식의 의사결정을 내리게 된다면, 그것은 의사결정방법의 선택이 잘못된 것이라고 할 수 있습니다.

최악의 상황에서 선택할 수 있는 것은 첫째가 실패입니다. 실패는 선택이 아니라 결과라고 주장할 수도 있습니다만, 사실상 실패의 경로로 이르게 되기까지의 경영행동을 반추해보면, 명확히 실패도 선택된 것이라는 것을 알 수 있습니다.

실패의 내용 또는 결과를 어떠한 것으로 정의할 것인지에 따라 성공에 대한 정의도 결정됩니다. 그러나 여기에서의 실패는 최종적인 대응결과가 바람직하지 못하다면, 실패로 정의됩니다.

두 번째 선택지는 성공입니다. 최악의 상황에서 성공이란 개념이 혼란스러울 수 있습니다. 따라서 성공의 내용과 정도에 따라서 다르다고 볼 수 있습니다.

가장 바람직한 성공은 피해규모를 제로(0)의 수준으로 대응하는 것입니다. 물론 피해가 없으며 오히려 기회를 발굴하여 플러스 성과를 유발하였다면, 더욱 바람직할 것입니다.

이와는 다르지만 피해수준을 최소화시켰다면 그 역시 성공적 대응이라고 할 수 있습니다.

세 번째의 선택지는 회피 또는 철수가 있습니다. 이는 회피, 또는 철수가 가능한 경우에만 해당합니다만, 상황으로부터의 철수, 또는 회피를 통하여 어려운 상황을 모면하는 경우라고 할 수 있습니다.

회피 또는 철수는 성공 또는 실패의 한 국면으로 정의하기 어렵습니다. 예를 들어 적극적 회피의 경우는 실패라고 보기 어려우며, 소극적 철수의 경우에도 성공이라고 보기 어렵습니다. 따라서 회피나 철수의 경우에는 회피 또는 철수 이전부터 이후까지의 기회손실과 실제손실에 대하여 종합적으로 판단하여 성패에 대하여 판단합니다.

최악의 상황에서 선택하는 전략은 아무래도 방법과 대응성과에 한계가 있기 마련입니다.

따라서 최악의 상황에 이르기 전에, 그리고 평소에 전략적 대응행동이 원만하게 기능하도록 하는 일이 중요합니다. 이는 마치, 오랫동안 운행을 정지했던 기계설비나 차량이 모처럼 운행을 재개하고자 할 때, 여러 가지의 가동준비행동이나 부수적 행동이 필요한 바와 같다고 할 수 있습니다.

■ 전략만 잘 세운다고 전략성과를 달성할 수 있는 것은 아니다

제때에 상황에 대응하지 못하고 급속하게 상황대응을 전개할 수 밖에 없는 조직에서는 그동안 새로운 형태의 전략의 창조역량을 구축하는 일을 게을리 해왔을 뿐만 아니라, 신전략의 실천역량을 확립하는 일을 스스로 거부해왔기 때문에, 새로운 전략을 수립하여 실천하려고 해도 좀처럼 상황이 원만하게 해결되지 못하는 현상을 경험하게 됩니다.

그러할 경우, 새로운 수퍼 경영자를 희구하는 현상이 등장하기도 합니다.   그러나 진정한 능력을 지닌 수퍼 경영자를 새로이 영입한다고 해도, 조직내에서 전략기능이 제대로 수행될 수 있는 여건을 조성하고, 시스템과 조직, 전략행동의 실현을 수퍼 경영자가 제대로 전개할 수 있는 조건을 충족하지 못할 경우, 수퍼 경영자의 역량이 제대로 발휘되고 전략기능에 제대로 수행될 것인지는 보장할 수 없습니다.

이와 같은 경우, 수퍼 경영자는 자신에 대한 업적 평가에 관심을 기울이게 되고, 단기적 성과를 높이는 방안에 치중하게 되어 전략대응행동은 제한적으로 전개됩니다.

다행스럽게도 조직 내에서 새로운 경영층, 또는 기존의 경영층을 중심으로 전략대응행동이 본격화되어 새로운 전략모색활동에 조직구성원들의 전략적 의지가 발현되고, 조직적 노력이 경주되어 전략을 제대로 구성할 수 있게 된다면, 이제부터는 조직이 희망적으로 변화될 수 있으며, 또한 전략적 행동의 전개도 가능하게 될 수 있습니다.

그러나 이와 같은 경우에도, 멋진 전략의 청사진이나 전략적 비전과 목표를 구성하는 것만으로 전략성과를 달성할 수 있는 것은 아닙니다.   전략을 수립하는 것만으로는 전략성과를 보장할 수 없기 때문입니다.   그것은 전략성과의 달성에는 전략행동의 실천이 필요하다는 것 이외에도, 전략의 내용이 제대로 편성되어 있는지에 대한 점검이 참으로 중요하기 때문입니다.

성공적인 전략의 실천을 위하여 전략의 모색단계에서부터 무엇을 해야 할 것인가에 대하여는 전략포맷에서 다양한 형태로 검토하였습니다.

■ 선행대응과 후행대응

여기에서 추가적으로 성공적인 경영관리자가 고려해야 할 점으로 전략대응의 시점과 방법에 대하여 주목할 필요가 있습니다.

당면하고 있는 환경에 대하여 전략적 대응행동을 전개할 때, 그 대응 내용을 어떻게 편성할 것인가도 중요하지만, 언제 대응할 것인가에 대한 검토가 중요합니다. 동일한 전략대응의 내용을 전개할 경우에도, 미리 대응하는 경우와 지연시켜 대응하는 경우에는 대응성과에 있어서 큰 차이를 보이기 때문입니다.

화재발생의 경우에도, 불길이 아직 크게 번지지 않은 상태에서 대응하는 것과 이미 불길이 크게 번진 상황에서 진화를 하는 경우, 그 대응내용과 성과는 다르기 마련입니다. 이와 마찬가지로 사전에 대응하여 상황을 통제할 수 있을 경우에는 대응에 필요한 자원과 방법을 최소화할 수 있게 됩니다.

만약 대응에 대한 효과성을 고려한다면, 사전대응의 효과성이 사후대응의 효과성보다 더욱 높게 됩니다.

대체로 사전대응 또는 선행대응은 의도적으로 대비하고 주의를 기울이지 않을 경우, 방임되거나 또는 지연되는 현상을 보입니다. 종종 이와 같은 지연대응이 전략적 대응성과를 크게 억제하게 됩니다.

따라서 경영관리자는 전략적 상황인식과 전략대응의 타이밍에 대하여 각별한 주의를 기울일 필요가 있습니다.

■ 전략대응의 방법을 재고하여야 한다

다음으로 전략대응의 방법과 절차를 고려할 필요가 있습니다. 대체로 기업현장에서는 전략만 잘 수립하면 전략대응도 무난하게 전개될 것으로 생각하는 경향을 보입니다.

그러나 전략만 잘 수립한다고 해서 그것이 그대로 실행된다는 보장은 거의 없습니다. 전략의 수립과 전략의 실천은 별개의 활동이기 때문입니다.

더욱이 제2장의 전략포맷에서 살펴본 바와 같이 전략의 편성과 수립에서 전략의 실천에 대하여 충분히 고려하지 못하고 있다면, 전략의 실천행동에서 다양한 난제들을 경험하게 됩니다.

설령, 전략의 편성과 수립에서 전략의 실천행동에 대하여 충분히 고려하고 있다고 할 경우에도, 현실적으로 전략을 전개하는 과정에서 다양한 전략적 노력과 자원이 투입되어야 하며, 그 과정이 적절히 관리되지 못할 경우, 전략성과는 보장되지 못합니다.

이러한 연유에서 기업현장에서는 현실적으로 전략의 유용성에 대한 회의감을 보이기도 합니다.

제3장의 후반에서는 보다 개선된 형태의 전략성공모델을 정비하고, 경영관리자가 전략적 성과를 제고하기 위하여 필요한 관점들을 살펴보도록 하겠습니다. 또한 전략내용의 점검을 구조적으로 살펴볼 수 있는 통찰력을 높이기 위하여 전략벡터 재구성의 논리와 전략경영의 SMCO 모델을 살펴보도록 하겠습니다.

이상과 같은 논의를 토대로 전략대응의 원칙을 다음과 같이 수립할 수 있습니다.

전략대응의 제34원칙

전략 제34원칙: 사전대응(선행대응)으로 전략적 대응 타이밍을 확보한다.

전략대응의 제35원칙

전략 제35원칙: 전략대응방법과 절차를 체계화한다.

전략 마인드 23

전략벡터의 수정모델
New Strategic Vector

■ 세 가지 형태의 전략벡터

그동안 앞에서 살펴본 전략벡터에는 3가지 형태의 벡터를 살펴보았습니다.

첫 번째는 제2장 <도표 2.22>에서 살펴본 바와 같이 앤소프 교수님의 고전적인 2차원의 성장전략벡터로 전략영역의 지리적 영역인 시장축과 제품영역 또는 사명영역인 제품·서비스축의 결합으로 구성된 벡터입니다. 이를 편의상 BM(Business×Market)벡터 또는 MM(Mission×Market)벡터라고 부르겠습니다.

두 번째는 <도표 2.23> 앤소프 교수님의 입체적 성장전략벡터로 기존의 성장전략벡터에 니즈를 새로이 반영한 형태의 벡터입니다. 이를 편의상 BMN(Business×Market×Needs)벡터라고 부르겠습니다.[27]

세 번째의 벡터는 <도표 2.24> 나까무라 교수님의 전략큐브로 기술축, 사업(제품, 서비스)축, 시장축으로 구성된 전략벡터입니다. 이를 편의상 BMT(Business×Market×Technology)벡터라고 부르겠습니다.

---

[27] 공공부문의 경우에는 MMN(Mission×Market×Needs)벡터라고 할 수 있습니다.

그동안 이 책에서는 성장전략벡터를 세 번째의 BMT벡터로 전략내용을 살펴보았습니다.

그 이유는 두 번째의 전략벡터에서 활용하고 있는 니즈의 축에 대한 현실적 구성이 용이하지 않은 반면, 세 번째의 전략큐브에서는 니즈를 기술로 치환함으로써, 작성이 용이할 뿐만 아니라 전략의 내용을 쉽게 가시화할 수 있고, 실전에서도 전략내용에 대한 이해를 높일 수 있기 때문이었습니다.

■ 전략큐브의 특징

전략큐브는 BMT벡터로 기술, 사업, 시장축으로 구성되어 있기 때문에 벡터를 중심으로 추구하고자 하는 전략영역을 손쉽게 식별하고, 이해할 수 있습니다. 그러나 전략큐브를 활용할 때, 현실적으로 이 세 가지의 기축을 엄밀하게 살펴보면, 기술축은 해석상의 여지가 있음을 알 수 있습니다.

그것은 전략큐브에서의 제품·서비스·사업축과 시장축은 외부적 전략영역에 해당하지만, 기술축에 제시되는 내용이 만약 내부에서 대응해야 할 기술요소들을 언급하게 될 경우, 기술축은 외부의 환경에 대응하는 전략요소라기 보다는 내부적으로 확보하고 대응해야 할 능력요소로 취급하는 것이 개념적 정리가 명확하게 될 수 있기 때문입니다.

물론, 기술축에 반영하는 기술요소들을 내부적으로 충족해야 할 기술로 반영하지 않고, 외부환경에서 요구하고 있는 기술대응의 외부적 기술변화의 동향이나 대응해야 할 필수기술수준을 반영함으로써 전략벡터를 구성할 수도 있습니다. 이와 같이 외부적 대응에서 요구되는 기술의 내용이나 수준을 중심으로 기술축을 구성한다면, BMT 벡터에서 작성되는 기술의 내용은 소속 산업에서 요구되는 표준적 기술이나 기술변화의 동향에 따라 대응해야 하는 기술수준이 작성될 수 있습니다.

그러나 현실적으로 기술요소들을 정의할 때, 우리 조직에서 환경에서 요구하는 내용의 기술을 갖추어야 하는 기술내용으로 정의될 경우, 그 기술들은 전략내용에 해당하기 보다는 전략을 실행하기 위한 전략능력의 범주로 포함하여 고려하는 것이 전략과 전략실천을 위한 능력간의 구분을 명확하게 할 수 있습니다.

즉, 전략큐브에서는 능력측면에서 고려해야 할 기술요소를 두 가지의 기본적인 사업과 시장의 전략축과 결합함으로서 전략과 능력의 결합적 사고를 전개하고 있다고 볼 수 있습니다. 그러나 이와 같은 결합적 사고가 현장에서 경영관리자들이 전략벡터를 이해하고 활용하는 데에 유용성을 증가시켰다고 볼 수도 있습니다. 이와 같은 맥락에서 전략축과 능력축을 결합할 경우, 다양한 형태의 전략벡터가 도출될 수 있습니다.

예를 들면, 사업축, 시장축과 함께 환경변화에서 요구되는 경영축이나 조직축, 또는 자원축이나 시스템 축과 같은 능력요소들을 결합하는 형태입니다.

현실적으로 전략을 도출하기 위하여 어떠한 형태의 전략벡터를 구성하여 활용하여도 무방하지만, 전략과 능력을 균형적으로 판단하고자 한다면, 기본적으로 전략은 전략벡터, 능력은 능력벡터로 명확하게 구분할 필요가 있습니다.

그것은 전략벡터를 원심력, 능력벡터를 구심력으로 구분하고 이 양자간의 균형을 관리함으로써 전략성과와 능력성과를 높일 수 있기 때문입니다. 따라서 전략큐브에서의 기술축을 새로운 형태의 기축으로 변경하여 네 번째 형태의 전략벡터를 구성할 필요가 있습니다.

■ 네 번째 전략벡터의 구성

따라서 필자는 네 번째 형태의 전략벡터로 <도표 3.2>에서 보는 바와 같이 사업축과 시장축, 그리고 니즈축을 품질축으로 전환하여 구성하였습니다.

이를 편의상 BMQ(Business×Market×Quality)벡터라고 부르겠습니다.[28]

<도표 3.2> BMQ 전략벡터

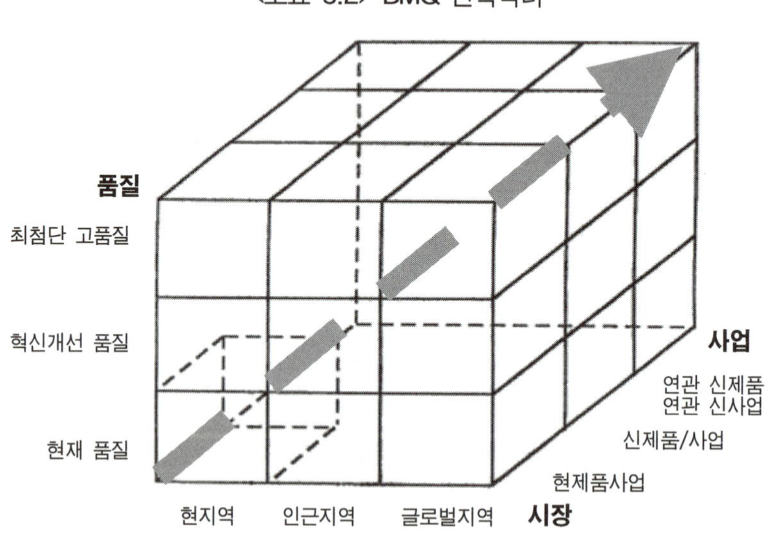

(D. J. Park, P. H. Antoniou, 2007)

이와 같이 니즈 대신 품질을 선정한 이유는 다음과 같습니다. 즉, 니즈와 품질은 공히 가시적인 것은 아니지만, 그러나 품질은 내부적으로 좀더 관리가능한 요소라고 판단되기 때문입니다. 또한 당면하고 있는 환경에서 요구되고 제공되고 있는 품질의 수준

---

[28] 공공부문의 경우에는 MMQ(Mission×Market×Quality)벡터라고 할 수 있습니다.

을 반영함으로써 현재 제공하고 있는 사업 및 제품서비스의 수준을 관련된 전략영역에서 어떻게 전개할 것인가에 대한 관점과 이해를 높일 수 있습니다.

기술을 품질로 변환하면 전략벡터는 <도표 3.2>에서 보는 바와 같은 형태로 구성됩니다.

전략 마인드 24

BMQ 전략벡터와 품질
Quality and the New Strategic Vector

■ BMQ 전략벡터에서의 품질

앞에서 살펴본 BMT 전략벡터와 마찬가지로 BMQ 전략벡터에서도 시장이나 사업과 관련된 전략요인들은 동일한 논리에 의하여 전개합니다.

BMQ 전략벡터는 기존의 BMN 전략벡터에서의 니즈와 BMT 전략벡터에서의 기술요인을 통합하고, 품질요인을 추가하여 결합한 전략벡터입니다. 즉, 품질요소에 기술요소를 반영하고, 또한 시장요인과 고객요인의 니즈를 반영하여 품질을 재정의하여 전략벡터를 구성합니다.

BMQ 전략벡터에서 새로 소개되고 있는 품질과 관련된 전략요인에서는 품질을 중심으로 '어떠한 내용 또는 어떠한 품질 수준의 사업, 제품 또는 서비스를 제공할 것인가'를 정의합니다.

예를 들어 현재를 중심으로 지금 우리가 제공하고 있는 제품이나 서비스를 중심으로 살펴본다면, 시장에서 요구하고 있는 제품 서비스의 품질수준을 고려하여, ①현재의 수준과 ②보다 개선되고 혁신된 품질의 수준, 그리고 ③대상영역에서 최첨단 수준의 품질로 구분하여 검토하고 작성합니다. 전략벡터의 음미와 활용에 대하여는 앞에서 살펴본 바와 같습니다.

전략벡터를 작성하는 시점과 작성자의 관점, 그리고 시장 및 환경 변화에 대한 이해의 정도에 따라 최첨단의 기준도 달라질 수 있습니다.

■ 경쟁적 관점에서의 품질

경우에 따라서는 당면하고 있는 시장영역이나 사업영역에 따라 경쟁적 관점에서의 품질을 고려할 수도 있습니다.

만약 다양한 경쟁기업이나 조직들과 경쟁을 하는 상황에서의 고품질과 거의 독점적 상황에서 사업을 전개하는 조직에서의 고품질은 그 내용과 수준이 다를 수 있습니다. 그러나 독점적 상황하에서 사업을 전개하는 조직의 경우에도 시장영역을 확대하거나 사업영역을 확대하게 되면, 이업종과의 경쟁이나 글로벌 조직과의 경쟁이 수반됩니다.

<도표 3.3> 경쟁품질결정의 3가지 표준

(D. J. Park, P. H. Antoniou, 2007)

이와 같은 경우, 전략벡터의 하단의 시장영역의 확대, 또는 오른 쪽 아래에서 비스듬히 올라가는 제품(서비스) 사업영역의 확대와 더불어 고려해야 할 경쟁적 관점에서 요구되는 품질수준이나 내용을 반영할 필요가 있습니다.

경쟁적 관점에서 요구되는 품질수준이나 품질내용을 편의상 경쟁품질수준 또는 경쟁품질내용이라고 정의하겠습니다. 경쟁품질수준이나 경쟁품질내용은 현재 당면하고 있는 시장과 제품과 연계하여 검토됩니다. 만약, 전략영역을 확대하여 새로운 시장영역으로의 진출이나 기존의 시장에서의 철퇴와 같이 지리적 전략영역에서의 변화가 유발될 경우, 경쟁품질의 내용이나 수준은 변화됩니다.

이와 마찬가지로 새로운 사업이나 제품서비스를 제공하게 되거나 기존의 사업이나 제품서비스의 제공을 그만두게 될 경우, 그와 관련된 경쟁품질의 내용이나 수준이 변화됩니다. 경쟁적 관점에서 경쟁품질을 결정하는 3가지 표준은 <도표 3.3>에서 보는 바와 같습니다.

<도표 3.4> 3가지의 전략적 품질요인

(D. J. Park, P. H. Antoniou, 2007)

따라서 새로운 전략영역의 확대나 축소를 고려할 경우, 그와 관련하여 새로운 경쟁관계 하에서 요구되는 경쟁품질을 고려합니다. 경쟁품질을 고려할 때에는 「산업표준과 기술표준 그리고 시장의 표준」을 중심으로 판단합니다. 이를 경쟁품질을 결정하는 3가지의 표준이라고 할 수 있습니다.

경쟁품질을 결정하는 3가지의 품질표준과 더불어 품질의 전략적 검토에서 고려해야 하는 3가지의 품질요인이 있습니다.

■ 전략벡터의 품질과 관련하여 고려해야할 품질요인들

니즈와 마찬가지로 품질 또한 추상적 개념이지만 구체화시켜보면, <도표 3.4>에서 보는 바와 같이 세 가지의 기본적 특성요인을 중심으로 파악할 수 있습니다. 첫째 품질요인은 「기능 및 용도」입니다. 두 번째의 품질요인은 「경제성」입니다. 세 번째의 품질요인은 「사용자 또는 고객만족도」입니다.

세 번째의 품질요인을 좀더 광의의 범위로 확대시켜보면, 「사회 만족도」와 같이 기업 또는 정부조직의 대외적 행동범위의 확대와 병행하여 확대됩니다.

<도표 3.5> 전략적 품질분석 매트릭스

경쟁품질기준 품질요인	산업표준	기술표준	시장표준
기능/용도	1 고, 중, 저	2 고, 중, 저	3 고, 중, 저
경제성	4 고, 중, 저	5 고, 중, 저	6 고, 중, 저
고객/사용자 만족	7 고, 중, 저	8 고, 중, 저	9 고, 중, 저

(D. J. Park, P. H. Antoniou, 2007)

<도표 3.6> 전략적 품질분석 매트릭스(내용기준 예시)

경쟁품질기준 품질요인	산업표준	기술표준	시장표준
기능/용도	1 유통 서비스산업 표준	2 POS + 원산지 이력관리 + 상품/고객관리	3 판매 및 유통 서비스 표준
경제성	4 동일 상품 최저 가격	5 판매단위 조정	6 고품질 증가 브랜드 유지
고객/사용자 만족	7 반품율 5% 이하 유통마진 15% 유지	8 전시판매 만족도 90% 통신판매, 인터넷 판매 만족도 90% 서비스 품질 90% 청과/채소 신선도 90% 유지	9 고객만족 90% 클레임대응 95%

(D. J. Park, P. H. Antoniou, 2007)

이와 같은 전략적 품질요인과 경쟁적 품질기준을 점검해보면, <도표 3.5>와 같은 「전략적 품질 분석 매트릭스」를 구성할 수 있습니다.

■ 전략적 품질 분석 매트릭스

전략적 품질 분석 매트릭스는 「우리 조직의 사업, 제품, 서비스, 시장과 관련하여 어떠한 수준과 내용의 품질을 구성할 것인가에 대한 전략적 판단의 기준을 제시」합니다. 도표에서는 품질

의 수준을 중심으로 고, 중, 저 수준의 예시를 하고 있습니다.[29]

그러나 실무작업에서는 구체적인 품질내용을 열거할 수도 있습니다. 독자 여러분의 이해를 돕기 위하여 유통업체의 가상의 예를 들면, <도표 3.6>과 같이 살펴볼 수 있습니다.

이와 같은 전략적 품질의 창조는 추구하고자 하는 품질의 내용을 충실히 완수하지 않을 경우, 품질의 불량을 유발하게 되며 제품, 서비스 또는 사업의 위기와 전략적 실패를 수반하게 됩니다. 따라서 전략적 품질의 추구를 성공적으로 전개하기 위하여 다음과 같은 품질충족원칙을 준수할 필요가 있습니다.

■ 품질충족의 9원칙

품질의 완성에는 「품질충족요건」의 충실한 이행이 요구됩니다. 제품, 서비스 또는 기업행동의 최종 품질은 「내부적 업무수행과정의 품질」에 의하여 완성됩니다. 이와 같은 업무수행과정의 품질을 줄여서 「과정품질」이라고 정의하겠습니다. 따라서 외부적으로 나타나는 최종의 「결과품질은 과정품질, 즉 내부적 품질조건을 충족하여야민 성립」됩니다.

기업조직의 업무수행을 통하여 완성하는 과정품질의 충족과 더불어 고려해야 하는 두 가지의 품질충족요소들이 있습니다.

그것은 「최종적으로 고객에게 제시되는 재화, 또는 서비스의 형태로 결집된 형태의 실질 품질의 내용」과 「고객, 이해관계인의 기대충족의 내용」입니다.

아무리 내부적으로 좋은 품질의 제품이나 서비스를 제공한다고 해도, 고객이나 이해관계인의 기대를 충족하지 못하는 재화나

---

[29] 필요에 따라서는 최상, 상급, 중급, 보통, 열위와 같은 5등급 분류를 사용하거나 또는 주요 경쟁그룹과 대비하여, 높다 또는 낮다의 2분법 분류를 사용할 수도 있습니다.

서비스의 품질은 인정받지 못하기 때문입니다.

<도표 3.7>에서는 앞에서 살펴본 「3가지의 품질기준」과 「3가지의 품질요인」, 그리고 「품질창조의 충족원칙」에 대하여 성공적으로 대응하는 구조적 개념도를 제시하고 있습니다.

<도표 3.7> 품질충족의 원칙의 전개

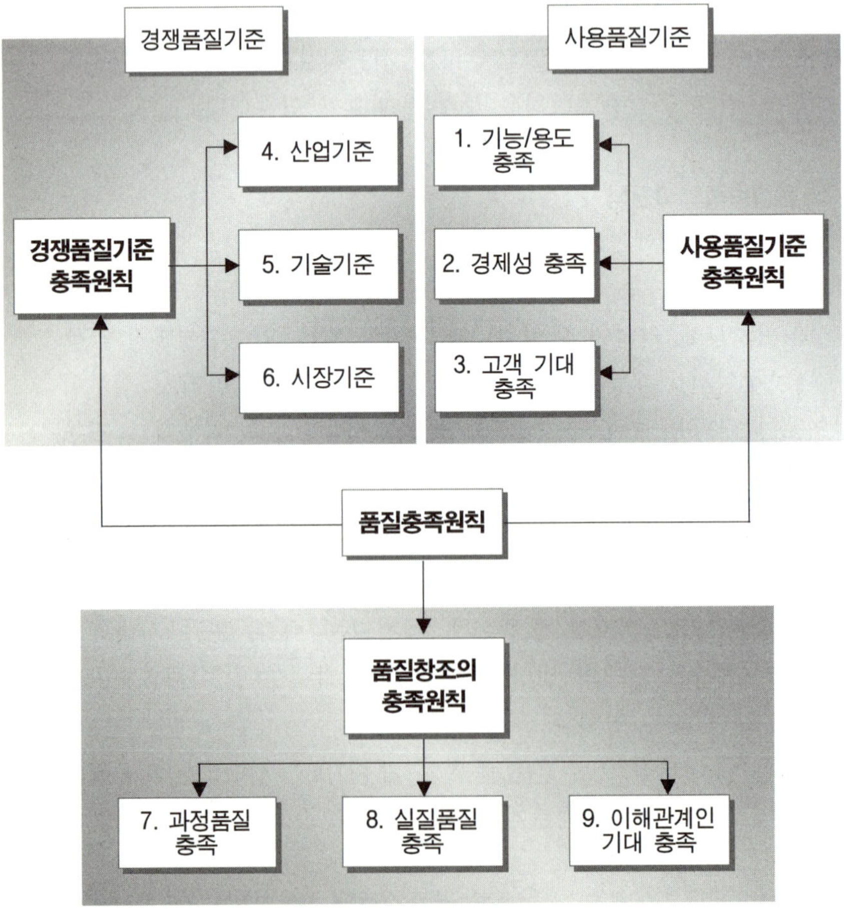

(D. J. Park, 2007)

　도표의 왼쪽에는 품질기준의 충족에 관한 전개를 설명하고 있으며, 도표의 오른쪽에는 품질요인에 대한 대응을 설명하고 있습니다.　도표에서 제시하고 내용을 중심으로「품질충족의 원칙」을 살펴보도록 하겠습니다.

■ 사용품질기준 충족원칙

　「사용품질요인 충족원칙」에는「기능 및 용도충족원칙」과「경제성 충족원칙」,「고객기대 충족원칙」이 있습니다.　기능 및 용도충족원칙은「제품, 또는 서비스의 용도나 기능의 실현에 대하여 사회에서 요구되는 수준이나 내용의 품질을 충족하여야 한다」는 원칙입니다.　이것이「품질충족의 제1원칙」입니다.

　다음으로는「경제성 충족원칙」입니다.　경제성 충족원칙은「비경제적 판매가격이나 생산가격을 허용하지 않는 원칙」입니다. 즉,「사회에서 제공할 수 있는 가장 바람직한 수준의 경제성원칙을 충족하여야 하는 원칙」이라고 할 수 있습니다.　이것이「품질충족의 제2원칙」입니다.

　세 번째로는「고객기대 충족원칙」입니다.　고객기대의 충족원칙은「고객이 요구하고 기대하는 내용이나 수준의 제품, 서비스를 제공하는 품질원칙」을 의미합니다.　이것이「품질충족의 제3원칙」입니다.

　이 세 가지를 일컬어「품질요인충족의 3원칙」이라고 할 수 있습니다.

■ 경쟁품질기준 충족원칙

　다음으로「품질기준요인의 충족원칙」이 있습니다.　여기에는 산업기준, 기술기준, 시장기준의 세 가지 범주의 충족원칙을 고려합니다.

산업기준은 「해당업계에서 요구되는 산업표준이나 수준, 원칙과 같은 기준」을 의미합니다.   산업기준에 미달하는 품질을 제공할 경우, 해당기업에서는 다양한 형태의 품질 역효과를 경험하게 됩니다.

따라서 품질충족활동에서는 산업기준의 품질충족을 완수하여야 합니다.   여기에는 산업기준의 선도적 품질충족과 표준적 품질충족의 선택이 가능합니다.   어떠한 선택을 내릴 것인지는 전략적 의사결정에 따라 결정됩니다.

이와 같은 「산업기준의 준수와 충족」을 「품질충족의 제4원칙」이라고 하겠습니다.

「기술기준」은 「산업내 기술, 또는 이업종의 기술을 포함하여 해당 제품, 또는 서비스와 관련된 필수적 기준의 충족」을 의미합니다.   이와 같은 기술기준의 확보와 충족을 「품질충족의 제5원칙」이라고 하겠습니다.

마지막으로 「시장기준」의 충족이 있습니다.   시장기준은 「시장에서 요구되고 있는 품질 기준」을 의미합니다.   이러한 시장기준은 산업기준이나 기술기준 뿐만 아니라 품질요인의 3원칙이 결합적으로 반영됩니다.   그러나 시장에서 고유하게 요구되고 있는 독특한 품질기준도 작용합니다.   시장기준은 관점에 따라서 광범위하게 검토될 수도 있습니다.   예를 들면, 제한적이고 단기간의 시장동향에서 요구되는 기준에 초점을 맞출 수도 있으며, 장기적이고 글로벌 시장에 초점에 두어 편성할 수도 있습니다.

이와 같은 기준은 기업이 당면하고 있는 시장과 향후 전개하고자 하는 시장활동의 대상에 따라서 결정됩니다.

시장기준에 대한 품질충족을 「품질충족의 제6원칙」이라고 하겠습니다.

■ 품질창조의 충족원칙

품질창조의 충족원칙에는 「과정품질충족, 실질품질충족, 이해관계인 충족」의 세 가지가 있습니다.

「과정품질」은 「제품, 또는 서비스의 생산 및 제공과정에서 완성되고 충족되는 품질」을 의미합니다. 즉, 생산과정이나 업무과정, 또는 서비스 제공과정에서 확립되고 제공되어야 하는 품질을 의미합니다.

과정품질이 열악하다면, 아무리 좋은 브랜드의 제품이라도 품질을 확립할 수 없게 됩니다. 따라서 과정품질의 충족을 「품질충족의 제7원칙」이라고 하겠습니다.

과정품질과 더불어 고려해야 하는 품질은 「실질품질」입니다. 여기에서의 실질 품질은 완성된 제품이나 서비스에 대한 가격, 또는 사용의 관점에서 판단되는 품질입니다. 아무리 잘 만들어 낸 제품이라고 해도, 가격 또는 사용의 관점에서 불합리하거나 불편하다면, 실질품질은 격하됩니다.

실질품질은 시장기준의 충족과 경제성 요인, 기능 및 용도, 고객의 기대충족과 같은 요인과 결합적으로 판단됩니다. 소위 고객의 총체적 만족도를 결정하는 품질이라고 할 수 있습니다. 이와 같은 「실질품질의 충족」을 「품질충족의 제8원칙」이라고 하겠습니다.

마지막으로 「이해관계인의 기대충족원칙」이 있습니다. 종종 품질에 대하여 고려할 때, 생산 또는 제조품질만을 생각하여 투자자나 연구소, 디자인 조직, 금융, 협력회사, 또는 원부자재 하청기업 등과의 관계품질을 간과하는 경향이 많습니다만, 품질을 제

대로 관리하고 전략적으로 전개하려면, 이해관계인과의 관계의 품질을 주목할 필요가 있습니다.[30]

즉, 이해관계인의 기대충족이 지속적인 품질의 향상과 확립을 유지하고 새로운 품질창조를 가능하게 합니다. 이와 같은 이해관계인의 기대충족을 「품질충족의 제9원칙」이라고 하겠습니다.

이상으로 품질을 중심으로 전략적 경영의 전개에서 요구되는 「품질충족의 9원칙」을 살펴보았습니다.

품질은 제조 또는 제품의 품질 뿐만 아니라, 행동의 품질, 경영의 품질, 기업의 품질에 이르기까지 폭넓게 적용됩니다.

■ 기업의 경쟁력을 결정하는 품질전략 5원칙

경영의 실질적 성과는 품질과 물량(또는 사업량)에 의하여 결정된다고 볼 수 있습니다. 소위 기업의 경쟁력이라고 하는 개념도 품질과 물량(또는 사업량)으로 판별됩니다. 따라서 품질경영이나 생산성 향상의 전략들의 초점은 바로 품질과 물량의 결합적 전개와 운영에 맞춰지고 있습니다.

동일한 품질의 경우 물량에 대한 전략은 주로 생산전략과 시장전략에 의하여 전개됩니다. 그러나 생산전략과 시장전략에서 차별화를 도모할 수 없을 경우, 품질에서 승부하는 방안이 강구됩니다.

품질은 기술과 니즈, 시장의 요소를 포함하여, 제조나 제공, 그리고 창조의 요소들을 어떻게 결합하는가에 따라 달라집니다. 품질을 반영한 전략벡터를 통하여, 우리 기업이 어떠한 방향으로 나아갈 것인지, 그리고 전략을 어떻게 전개할 것인지에 대하여 판단해보고 구체적인 전략을 모색하는 일은 경영관리자의 전략대

---

[30] 여기에는 기존의 이해관계인을 포함하여 장래의 이해관계인으로 확대하여 고려할 필요가 있습니다.

응성과를 더욱 강화할 수 있습니다.

품질을 중심으로 전략을 구사하고자 할 때, 경영관리자가 유의해야 할 「품질전략의 원칙」을 살펴보면 다음과 같습니다.

품질전략 제1원칙

우선, 첫 번째 품질요인에서 「기능 또는 용도 품질」은 내부적으로 「기능개발 및 용도충족의 능력」이 확보되고 발휘되어야 가능합니다.

특정한 시장에서 아무리 좋은 품질의 제품이나 서비스를 제공하려고 해도, 내부적으로 기능 및 용도창조 및 제공을 위한 능력의 확보와 발휘, 그리고 「과정품질」을 제대로 충족하지 못할 경우, 「결과품질」을 확보하거나 유지하는 일은 불가능합니다.

즉, 품질을 창출하는 과정을 중심으로 보면, 「결과품질」이란 제품, 서비스 또는 기업행동의 「최종 산출물에 대한 품질」을 의미합니다. 한편 「과정품질」이란 「제품, 서비스의 기능 및 용도를 창출하기 위하여 동원되고 충족되어야 하는 능력과 자원, 방법, 기술, 노력, 제조 또는 제공의 과정에서 발휘되는 품질」을 의미합니다.

종종 제품에 대한 홍보 또는 설명에서 주장되고 있는 기능이나 용도가 제대로 실행되지 못하는 경우에 유발되는 소비자 불만이나 거래중단, 반품, 리콜과 같은 사례들은 「내부적 품질이 제대로 충족되지 못한 채로 제품 또는 서비스가 제공될 경우, 등장합니다.

품질관리의 핵심은 「최종적인 결과품질」을 창조하기 위한 「과정품질」의 방법을 어떻게 효과적이고 효율적으로 전개할 것인가에 초점을 맞추게 됩니다.

따라서 과정품질은 결과품질에 지대한 영향을 미치게 된다는 점에 유의할 필요가 있습니다.

> 품질전략 제1원칙 : 과정품질이 결과품질에 영향을 미친다.

품질전략 제2원칙

과정품질과 결과품질과 관련하여 유의해야할 점은 「제시되고 있는 품질」의 내용입니다. 이를 편의상 「표현품질」이라고 정의하겠습니다. 표현품질은 제품 또는 서비스의 내용에 대하여 외부적으로 광고되고 설명되는 품질을 의미합니다.

「표현품질」은 「과정품질과 결과품질을 결집한 실질품질」과 대립됩니다. 실질품질이 표현품질보다 낮을 경우, 종종 과대광고나 과대포장 또는 부실고발과 같은 문제를 유발하게 됩니다.

따라서 실질품질은 표현품질보다 같거나 높아야 합니다.

> 품질전략 제2원칙 : 실질품질이 표현품질 보다 같거나 높아야 한다

품질전략 제3원칙

두 번째의 품질요인인 경제성에 관하여 살펴보면, 내부적으로 조달, 생산, 창조, 제공의 과정에서 요구되는 「조직 내부적 경제성 품질」과 유통과 판매의 과정에서 교환되고 사용되는 「가격과 사용의 경제성 품질」이 충족되어야 합니다.

「내부적 경제성 품질」이란 「원가, 비용의 통제를 통하여 제품 서비스의 기능과 용도를 창조하기 위하여 충족되어야 하는 경제적 품질」 수준을 의미합니다.

유통과 판매의 과정에서 교환되고 사용되는 가격과 사용의 경

제성 품질이 충족되는 경제적 품질 수준을 편의상 「외부적 경제성 품질」이라고 정의하겠습니다.[31]

「외부적 경제적 품질수준」을 충족하더라도, 「내부적 경제적 품질 수준」을 충족하는데 실패하게 된다면, 조직의 경제적 성과를 충족하지 못하게 되므로 지속적인 품질유지활동이 불가능하게 됩니다.

반면에 내부적 경제적 품질수준을 충족하더라도 외부적 경제적 품질수준을 충족하지 못하게 된다면, 매출 또는 고객의 만족도가 떨어지기 때문에, 사업의 성과가 부진하게 됩니다.

따라서 외부적 경제적 품질수준(가격)과 내부적 경제적 품질수준(비용+수익)의 균형을 유지하여야 합니다.

> 품질전략 제3원칙 : 내부적 경제적 품질수준과 외부적 경제적 품질수준의 균형을 유지하여야 한다

품질전략 제4원칙

세 번째의 「기대품질 충족원칙」에서는 「고객이나 사용자 또는 이해관계인의 만족품질조건을 충족해야 한다」는 원칙입니다.

여기에서는 「내부적 이해관계인의 만족품질과 외부적 이해관계인의 만족품질조건」을 충족해야 합니다. 내부적 이해관계인의 만족수준은 높이지만, 외부적 이해관계인의 만족수준이 낮게 된다면, 조직의 외부적 활동전개는 부진하게 됩니다.

반면에 외부적 이해관계인에 대한 만족수준은 높이지만, 내부적 이해관계인에 대한 만족수준이 떨어지게 된다면, 내부적 활동의 품질이 서서히 잠식되게 됩니다.

---

[31] 조직의 관점에서 외부적 경제적 품질수준이라고 정의하였습니다만, 고객 또는 는 외부 이해관계인의 경제적 품질수준이라고 부를 수도 있습니다.

따라서 「내부적 만족품질」과 「외부적 만족품질」을 균형적으로 전개하는 것이 필요합니다.

> 품질전략 제4원칙 : 내부적 이해관계인의 만족 품질수준과 외부적 이해관계인의 만족 품질수준의 균형을 유지하여야 한다

품질전략 제5원칙

앞에서 살펴본 「품질충족의 9원칙」을 통하여 파악할 수 있는 주요한 요점은 현재보다 탁월한 수준의 품질을 창조하고자 할 경우, 목표품질을 달성하기 위한 「내적 충족조건의 충족과 실현」을 지속적으로 전개할 수 있어야 한다는 점입니다.

> 품질전략 제5원칙 : 품질창조의 충족 9원칙을 준수하여야 한다.

따라서 품질충족 9원칙을 준수하기 위하여 필요한 경영방식과 제도, 자원, 방법들을 재구성하고, 보다 높은 품질을 창조하기 위한 품질혁명을 전략적으로 도모할 필요가 있습니다. 이제 품질은 제품, 또는 서비스의 생명력이라고까지 할 수 있기 때문입니다.

이상과 같은 논의를 토대로 전략대응의 원칙을 다음과 같이 수립할 수 있습니다.

> **전략대응의 제36원칙**
>
> 전략 제36원칙: 품질충족의 9원칙과 품질전략 5원칙을 준수한다.

전략 마인드 25

성공전략모델의 점검
Strategic Success SECRETS Model

제2장의 4절에서 <도표 2.12>를 중심으로 전략요인의 기본구도를 살펴보았습니다. 전략포맷은 이와 같은 전략요인의 기본구도를 충실하게 전개하고, 전략성과를 높이기 위한 수단으로 활용하기 위하여 개발된 선진의 기본적 분석용구입니다.

전략기본구도를 어설프게 편성할 경우, 전략을 세우거나 조직 내에서 전략을 논의할 때, 또는 전략에 대한 판단이나 실행에 있어서 현실적으로 전략내용을 잘못 편성하거나 성공적 전략실천을 그르칠 소지가 있습니다. 따라서 전략기본구도에 대하여 충실하게 이해하고, 그에 따라 전략을 세우거나 결정하여 실행에 만전을 기하는 노력을 강구할 필요가 있습니다.

본절에서는 전략포맷의 활용능력을 높이기 위하여 우선 전략성공을 위한 기본모델을 설계하고, 후속되는 절에서 경영관리자가 유의해야할 전략포맷에의 적용에 관하여 살펴보도록 하겠습니다.

■ SECS 모델

앞에서 살펴본 <도표 2.12>에서 제시한 전략성공요인의 구도는 두 가지 형태의 모델을 결합시킨 결합모델입니다. 첫 번째의 모델은 <도표 3.8>에서 보는 바와 같은 섹스(SECS)모델입니다.[32)] SECS모델은 환경-전략-능력을 결합한 성공모델입니다.

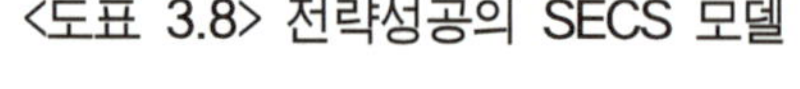

<도표 3.8> 전략성공의 SECS 모델

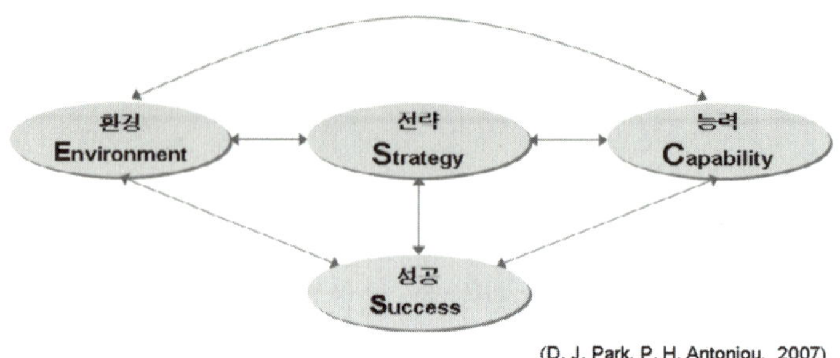

(D. J. Park, P. H. Antoniou, 2007)

이 모델은 당면하고 있는 환경과 조직의 능력, 그리고 그에 합당한 전략을 통하여 성공을 실현하는 구도를 설명하고 있습니다. 이 모델은 전략경영의 이론적 토대가 된 전략성공모델이라고 할 수 있습니다. 이 모델의 4가지 구성요소의 머리글자를 따서 편의상 SECS 모델이라고 이름을 붙였습니다.

이 모델의 장점은 당면하고 있는 환경과 자신의 능력을 중심으로 대응해야 할 전략을 도출함으로써 당면하는 환경에 적합한 전략을 편성하고 그에 따라 대응할 수 있다는 점입니다.

그러나 전략의 내용이 환경의 적합성이나 능력의 적합성을 충족할 경우에도 현실적으로 실천하기 어려운 것으로 구성될 경우, 실천과정에서 난항을 거듭하거나 경영자와 관리자를 비롯한 조직 구성원들의 지대한 노력의 투입을 요구하게 되어, 전략의 좌절을 경험하게 될 수 있습니다.

---

32) 기존의 전략경영에서 이러한 논리모델을 섹스(SECS) 모델이라고 부르지는 않습니다. 그러나 독자 및 학생 여러분의 기억과 인지가 쉽도록 하기 위하여 임의로 저자가 붙인 모델명이므로, 본 책자를 학습하지 않은 다른 분들과 논의할 때에는 발음에 유의하여 에스이씨에스 모델이라고 함

기존의 전략경영의 패러다임이 그 취지나 용도가 참으로 바람직하다고 생각될 경우에도 종종 현장에서 배척되거나 유리되는 현상이 등장하게 되는 근본적 이유는 전략경영의 전개가 환경대응에 대한 당위성은 충족될지언정 종종 전략의 실현성에 대한 고려와 대응이 부족했기 때문입니다.

흥미로운 사실은 기존의 전략경영의 논리를 채택하지 않았으면서도 나름대로 성공을 실현하는 조직들이 존재한다는 사실입니다. 이러한 현실에서 일부 경영자나 관리자들은 복잡한 내용과 논리구조를 설명하는 형태의 전략경영의 전개를 비웃기라도 하듯이 나름대로의 성과실현을 통하여 냉소적 반응을 보이기도 합니다. 그러한 기업조직은 SECS 모델보다는 좀더 현실적인 성공모델을 활용하고 있습니다.

■ RETS 모델

SECS 모델과 가장 대립적인 형태의 모델은 환경이건, 능력이건 고려하지 않고, 당장에 눈앞에 당면하고 있는 일들을 가장 성공적으로 전개하는 형태의 모델이라고 할 수 있습니다. 예를 들면, 국수나 설렁탕집 주인이 현장에서 직접 대하고 있는 손님에게 잘 대응하여 사업의 성공을 이루게 되고 빌딩을 짓고 사업을 확대합니다. 대중교통분야에서 택시사업이나 의류사업에서 크게 성공한 기업들도 마찬가지로 그동안 전략경영을 공부해서 전략적으로 성공했다고 하기 보다는 당면하고 있는 일들과 업무를 최선을 다해 잘 수행하면서 기업성공을 실현해온 경우라고 할 수 있습니다.

흥미로운 사실은 이와 같은 성공적 사업의 경영자들과 전략경영을 논의해보면, 처음 5분간은 잘 경청하다가 발상의 내용과 방법이 크게 다르다는 점을 깨닫고 대화의 주제를 바꾸려고 다른 이야기를 꺼내기 시작합니다.

　이와 같은 반응은 전략경영의 논리나 방법적 체계가 자신이 경험하고 실현해온 현실적 성공모델과 다르다고 인식하기 때문에 비롯되는 반응이라고 할 수 있습니다.　즉, 그동안 본인이 성공을 위하여 깨닫고 직접 실천해온 성공적 전략모델은 전략경영의 논리와 같이 복잡한 것이라기보다는 특정한 전략적 요소나 전술적 방법전개에 집중하여 실천에 성공해온 방법적 논리모델이라고 할 수 있습니다.

<도표 3.9> 전략성공의 RETS 모델

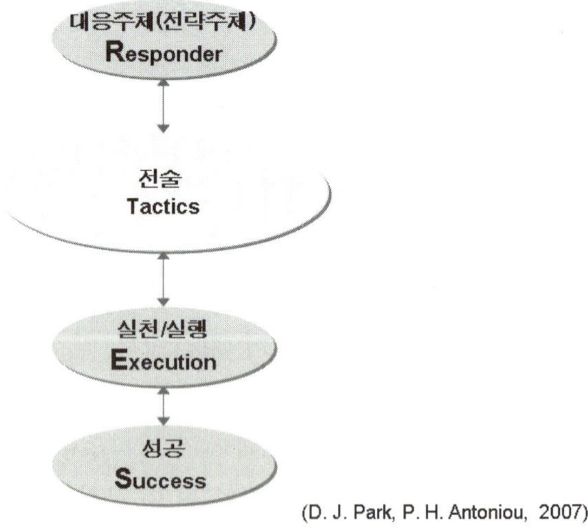

　이와 같은 성공논리모델에는 <도표 3.9>에서 보는 바와 같이 성공적으로 수행해야 할 일에 대하여 대응주체가 수행해야 할 일의 내용과 목표 및 역할을 정의하고, 성공적 결과를 실현하기 위하여 필요한 전술적 방법과 논리, 그리고 성공적 실천을 위한 방법과 실행을 기본적인 성공요소와 절차라는 논리모델을 채택하고

있습니다.

이와 같은 전략성공모델을 대응주체(Responder), 실행(Execution), 전술(Tactics) 및 성공적 결과(Success)의 머리글자를 따서 RETS 전략성공모델이라고 하겠습니다.

■ RETS 모델의 3가지 주요한 핵심질문

RETS 모델에서는 대체로 다음과 같은 세 가지의 주요한 핵심적 질문을 요구합니다.

즉, 첫 번째 핵심질문은 "당면하고 있는 사업과 일에 대하여 행동주체가 무엇을 해야 성공할 것인가?"입니다. 여기에서는 성공적 목표의 설정이나 문제해결, 또는 전략적 과제에 대응하는 주체의 역할과 내용뿐만 아니라, 성공적 결과를 도출하기 위하여 필요한 행동주체의 역량이나 자질, 의식, 사고방식, 습관적 행동과 같은 내용이 추가됩니다.

두 번째의 핵심질문은 "현재, 당면하고 있는 과제나 업무, 사업, 또는 현상에 대하여 어떠한 전략, 또는 전술적 대응을 통하여 성과를 높이고 성공적 결과를 창출해낼 수 있는가?"에 대한 질문입니다.

세 번째의 핵심질문은 "전략주체는 전략대응, 또는 전술적 대응을 성공적으로 실천하기 위하여 어떠한 현실대응행동을 전개할 것인가?"에 관한 질문입니다.

RETS 모델의 가장 현저한 특징은 현재의 문제해결, 또는 현재 당면한 전략적 과제의 해결에 초점을 맞추고 있으며 성공적 결과를 창출하기 위한 방법의 강구와 현재 또는 단기적 실행성과의 제고에 집중합니다. 대응행동의 특성에서도 전략적 대응보다는 전술적 대응이 중심이 됩니다. 이러한 특징은 RETS 모델이 당면하고 있는 상황의 해결에 대한 행동실천과 성과에 주안점을 두기 때문에 유발되는 특징이라고 할 수 있습니다.

그러나 상황의 해결성과 만을 주목하게 될 경우, 오히려 중요한 전략적 대응성과를 간과할 수 있다는 단점이 있습니다. 즉, 전술적 성과는 달성하였지만, 전략적 성과를 달성하지 못하게 되는 경우가 대표적인 예라고 할 것입니다.

■ RETS 모델에서의 전술적 성과

전략적 성과에서는 앞에서 살펴본 바와 같이 외부적 전략성과와 내부적 전략성과 그리고 이 두 가지를 결합한 결합성과라고 정의하였습니다. 전술적 성과는 주어진 목표, 또는 전략을 실천하기 위하여 대응행동의 주체와 대응방법과 자원의 결합관계를 통하여 실현되는 성과라고 정의할 수 있습니다.

예를 들면, 당면하고 있는 가전제품 시장의 성숙화에 대응하기 위하여 경제논리에 의한 전략대응으로 저가격, 또는 원가우위의 전략전개와 품질수준향상의 전략을 도모할 수 있습니다. 그러한 전략을 실천하기 위하여 저비용생산지역으로 이동하고, 최저비용 생산방식을 실현합니다.

그러나 품질조건을 충족하고 가격을 낮추어 마침내 가격경쟁력과 품질 경쟁력을 확보하여 제품을 출시하여도 시장에서의 제품의 판매가 좀처럼 늘지 않는 현상을 경험하게 됩니다. 어느 가정에서도 대부분 쓸만한 가전제품들을 이미 보유하고 있기 때문에, 더 이상의 추가적인 소비가 늘지 않는, 소위 시장의 성숙화에 직면하게 되었기 때문입니다. 그러나 해당 기업은 이에 대응하는 전략에서 추진하고 있는 저가격, 품질향상의 대안을 선택하고 그 실천적 전술 또한 제대로 완수되었지만, 안타깝게도 그 성과가 제대로 실현되지 못하는 현상에 직면하게 됩니다.

　소규모의 기업조직의 경우, 예를 들면 슈퍼마켓을 생각해보겠습니다.　최근의 슈퍼마켓은 과거와는 달리 다양한 상품구성을 전개하여 고객밀착형 판매전략을 전개하고 있습니다.　예를 들면, 가장 신선한 야채를 제공한다거나, 유통기한이 얼마 남지 않은 상품은 판매하지 않는다는 식으로, 같은 품질이라도 고객이 원하는 신선한 상품이나 산품을 제공한다는 신선도 충족 전략을 추구합니다.

　그러나 상품을 판매하다 보면, 당일 재고가 모두 소진될 수도 있지만, 당일 재고가 쌓이게 될 수도 있습니다.　이와 같이 하루하루를 보내다 보면, 서서히 유통기한이 가까워지는 상품들이 늘어나게 되기 때문에, 먼저 들어온 상품 즉, 유통기한이 가까워지는 상품을 진열대의 맨 앞쪽으로 배치하는 현상이 늘게 됩니다.

　따라서 선입선출(FIFO)법[33)]에 의한 상품유통과 진열을 전술적으로 채택하여 상품배치의 원칙으로 설정합니다.

■ LIFO 전술로 전략을 실현

　그러나 상품의 유통에 있어서 구매 및 판매 그리고 재고의 관리를 위하여 선입선출법을 전개하는 것은 당초에 전개하고자 하는 신선도 충족전략과 어긋나게 됩니다.　이러한 사실을 인지하는 지능적인 고객들은 점포의 매장에 들를 때마다 상품의 유통기한을 일일이 확인하고, 진열대의 맨 뒤에 있는 상품을 꺼내려고 단정하게 정돈된 진열상품들을 흐트러뜨리면서 결국에는 유통기한이 가장 많이 남은 상품을 꺼내갑니다.

　이와 같은 일들이 번거로워지면, 슈퍼마켓의 경영방침이나 상품정보, 가격정보에 대하여 의심의 눈초리로 바라보게 되고, 모처

---

33) FIFO: First in first out의 머리글자를 딴 약어로 먼저 들어온 것을 먼저 내보내는 순서원칙을 의미함.　이의 반대는 LIFO(Last in first out)으로 가장 최근에 들어온 것부터 먼저 내보내는 식의 후입선출법이 있음.

럼 특별세일을 하게 될 경우에도, 액면 그대로 받아들이지 않고, 일단은 의심을 먼저 하면서 대응하게 됩니다.

결과적으로는 유통업체의 경영자와 조직구성원들이 한결같이 고객들에게 보다 좋은 상품을 제공하고자 한다는 취지에 대하여 참으로 이율배반적이고 모순적으로 행동하게 되고 장사꾼이란 원래 그런 것이라는 불신의 현상이 만연되게 됩니다.

이와 같은 현상의 발단은 바로 매출과 재고, 그리고 수익의 극대화를 추구하기 위한 선입선출이라는 전술적 전개에서 시작됩니다.

만약 신선도 추구를 전개하는 수퍼마켓에서 후입선출원칙을 전개하면 어떻게 될까?

후입선출이라면, 진열대에서 가장 뒤에 놓여진 상품이 유통기한이 가장 짧고, 가장 최근에 입고되어 배치된 제품이 가장 앞에 배치되는 것을 의미합니다.

고객의 입장에서 본다면, 어떠한 상황이 될 것인가? 물론, 이 수퍼마켓에서는 가장 앞에서 상품을 꺼내는 것이 가장 좋은 선택이라는 것을 알게 되고, 매장의 진열대에 진열되어 있는 순서나 내용에 대하여 확신을 하게 됩니다. 또한, 매장에 늦게 가게 되거나 또는 해당 진열대에 늦게 도착하게 될 경우에는 가장 오래된 상품을 선택하게 될 가능성이 있기 때문에, 매장에서 신속한 행동을 취하게 될 뿐만 아니라 고객의 시간을 줄여주게 되어 또 다른 상품을 관찰하고 구매의향점검을 할 수 있는 시간이 늘게 됩니다.

더욱이 이 수퍼에서는 늘 현재시점에서 가장 신선한 제품을 진열대의 맨 앞에서 선택할 수 있다는 확신을 갖도록 합니다. 그러나 선입선출법을 전개하는 수퍼에서는 이와 같은 것은 거의 기대할 수 없으며, 진열대에서 맨앞에 진열된 상품의 선택은 가장 오래된 상품을 선택하게 된다는 불쾌함을 늘 간직하게 됩니다.

후입선출법을 추진함에 따라 얻게 되는 이와 같은 고객의 확신은 단골의 확보와 홍보에 엄청난 성과가 아닐 수 없습니다. 바로 이와 같은 전술적 변화를 통하여 얻게 되는 직접적인 성과는 최소 30%에서 100% 이상의 매출증대의 성과를 거둘 수 있을 뿐만 아니라, 확고하고 신뢰할 수 있는 지대한 점포의 브랜드 성과를 구축할 수 있게 됩니다.

이와 같이 신뢰할 수 있는 수퍼에서 그동안 매장의 진열대의 뒤쪽에서 판매되지 못하고 있던 상품에 대하여 특가 서비스를 실시하면, 고객은 그 이유를 명확히 알게 될 뿐만 아니라, 특가 서비스 행동을 신뢰하게 됩니다.

이상으로 유통업체에서 전개하는 선입선출에 의한 전술적 행동들이 탁월한 성과를 보일 듯 하면서도 전략적 성과를 크게 올리지 못하는 예를 살펴보았습니다.

■ 전략의 점검과 강화를 통하여 전술적 성과를 높여야 한다

따라서 RETS 모델에서는 단기적, 실천적 성과는 중족할 수 있지만, 전략적 검토와 전략모색, 그리고 전술과의 연계를 보강하여 전략적 성과를 높이기 위한 노력을 강화할 필요가 있습니다. 오랫동안 소기업이나 중소기업의 형태로 성공을 구현해온 기업들이 벤처기업의 형태로 상장하게 되거나, 중견기업으로 성장하고자 할 때, 비로소 전략경영에 대하여 관심을 갖게 되는 이유가 여기에 있습니다.

전술적 행동전개 만으로는 기업행동의 방향을 새로이 구도하거나 전략적 환경대응과 같은 조직논리를 전개할 수 없기 때문입니다.

　　따라서 RETS 모델에서는 기존의 성공모델에 앞에서 논의한 SECS 모델을 추가하여 결합적으로 전개할 필요가 있으며, SECS 모델에서는 RETS 모델의 실천적 장점을 활용하기 위하여 RETS 모델과 결합적으로 전개할 필요가 있습니다.

　　이와 같이 SECS 모델과 RETS 모델을 결합한 형태를 필자는 7가지의 단어로 구성된 SECRETS 모델이라고 정의하겠습니다.

■ 실천적 성공전략 모델 : SECRETS 모델

　　<도표 3.10>에서 제시하고 있는 SECRETS 모델은 SECS 모델과 RETS 모델의 단점들을 극복하고 실천적 성과를 높이기 위하여 제시한 새로운 형태의 실천적 전략경영 기본모델이라고 할 수 있습니다.

<도표 3.10> 전략성공의 SECRETS 모델

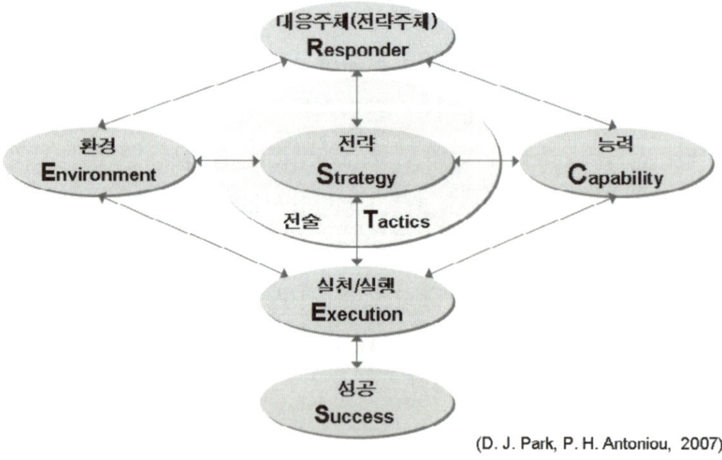

(D. J. Park, P. H. Antoniou, 2007)

■ 5+1가지의 전략성공요인

제2장의 <도표 2.12>에서 살펴본 조직의 전략적 성공을 위한 전략패러다임과 대응논리를 염두에 두고, 환경-전략-능력-성공의 SECS 모델과 RETS 모델에서 언급된 대응주체와 실천, 그리고 전술적 대응을 통합하면, 전략성공의 핵심요인은 ①대응주체, ②환경, ③전략과 전술, ④능력, ⑤실천의 5가지 요인으로 압축됩니다. 이 5가지의 요인들을 전략성공을 위한 핵심요인이라고 하겠습니다.

이와 같은 기본적인 전략요인들을 관리하는 근본적인 이유는 기업 또는 정부조직에서 현재 당면하고 있는 또는 당면하게 되는 환경이나 상황에 대하여 보다 높은 전략적 성과를 높이기 위한 것입니다.

따라서 최종적으로 얻고자 하는 성공적 결과, 소위 성과를 거두고자 한다면 다섯 가지의 핵심적 성공요인을 충실히 관리해야 함을 알 수 있습니다.

여기에 경영관리자가 전략성공을 위하여 현실적으로 필요한 성공요인을 한 가지 더 추가할 필요가 있습니다. 그것은 [전략포맷 3]에서 살펴본 바와 같이 2차 전략의 성과를 높이는 일입니다. 따라서 전략을 목표와 전략내용, 그리고 전략대안으로 구분한 바와 같이 현실적 활용성과를 높이기 위하여 1차 전략과 2차 전략으로 나누어 성공모델을 구성할 필요가 있습니다.

6가지 전략성공 요인

①대응주체 + ②환경 + ③전략
+ ④전술 또는 실천전략(2차전략) + ⑤능력 + ⑥실행

이와 같이 새로 추가하는 6번째의 성공요인을 편의상 전략실행, 또는 실천전략이라고 부를 수도 있으며 2차 전략이라고 불러도 무방합니다.   또는 일반적으로 사용되는 전술(Tactics)이라고 할 수도 있습니다.   편의상 RETS 모델에서 언급된 핵심요소인 전술이라는 용어로 활용하고 독자의 이해를 돕기 위하여 필요에 따라서는 2차 전략 또는 실행 전략이나 후속전략, 실천대안 등과 같은 표현으로 살펴보겠습니다.

2차 전략 또는 전술의 핵심은 본원적 전략에 있습니다.   본원적 전략이 아무리 잘 구도된다고 할지라도, 그 실행의 차원에서 전략대안들이 효과가 없을 경우, 전략성공은 제약됩니다.   그러나 2차 전략, 또는 전술이 아무리 탁월해도 본원적 전략의 목적이나 내용을 달성하지 못한다면, 그것은 전략적 성과를 달성하였다고 볼 수 없게 됩니다.   따라서 전략은 2차 전략, 즉 전술에 대한 가이드라인의 역할을 수행하며, 전술 또는 2차 전략은 전략의 실천수단으로 전개됩니다.   그러므로 전략과 전술은 결합적 성과를 거두어야 비로소 바람직한 성공을 실현할 수 있습니다.

■ 성공적인 전략기본구도의 설계

SECRETS 전략모델은 거시적, 환경적 관점에서의 전략을 강화하고, 전술적 관점에서의 성공적 실천을 도모하기 위한 전략모델입니다.   따라서 장기와 단기, 전략과 전술의 통합적 전개를 구조적으로 모색합니다.

만약, 단기적 생존 또는 성공은 확실하지만, 장기적 관점에서의 전략성과가 불확실하다면, 이에 대하여 보완하고 대응합니다. 이와는 반대로 장기적, 거시적 관점에서 환경대응전략이 명확하지만, 단기적 성과가 불확실하다면, 이에 대하여 보완하고 대응할 수 있도록 합니다.   만약, 이 두 가지 중 어느 한 가지도 제대로 편성되어 있지 않거나, 모두 불확실하다면, 전략과 전술적 모색과 대응을 모두 재점검하고 필요한 조치를 강구합니다.

따라서 현재의 전략과 전술이 어떠한가에 대하여 점검하는 일로부터 출발합니다. 현재의 전략과 전술의 성과가 바람직한 결과를 가져다주게 된다면, 현재의 전략과 전술을 유지합니다.

<도표 3.11> 전략성공 SECRETS 모델의 연관관계

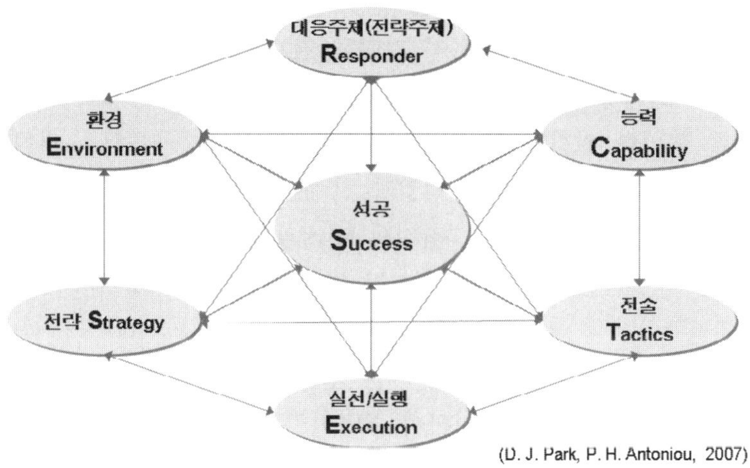

그러나 현재의 전략과 전술의 전개에서 바람직하지 못한 결과가 예상되거나 또는 내용의 수정이 요구될 경우에는 필요한 검토와 분석을 통하여 수정대응을 전개합니다.

여기에서 유의해야 할 점은 바람직한 결과에 대한 판단입니다. 만약, 바람직한 결과에 대한 판단이 잘못되어 있다면, 전략이나 전술이 제대로 전개되고 있는지에 대한 판단도 제대로 할 수 없게 됩니다.

따라서 당면하고 있는 환경에서 기업조직 또는 정부조직에게 요구하고 있는 기본적인 요건들을 확실하게 인식하는 일이 필요합니다.   여기에서 유의해야 할 요건들에는 환경에서 부여하고 있는 명령, 즉 환경명령(environmental imperatives)과 환경상황 속에서 등장하고 있는 전략적 과제들, 그리고 주요한 변화의 추세 속에서 기업조직 또는 정부조직이 대응해야 할 환경요인들입니다.

■ SECRETS 모델의 요소별 진단

SECRETS 모델을 활용하여 전략을 전개하고자 할 경우, 다음과 같은 절차를 수행할 필요가 있습니다.   우선 당면하고 있는 환경에 어떠한 전략을 모색하여 대응할 것인가를 신속히 파악하고 결정하기 위하여 전략의 점검과 전략적 대안을 전개하는 일을 수행합니다.   물론, 이러한 작업의 전개과정에서 실천적 성과를 제고하기 위한 전술적 대응을 고려하여 성공적 대안을 점검합니다.

이와 같은 절차를 수행하는 한편, 전체적인 조직의 전략대응을 점검하고 성과를 높이기 위하여, SECRETS 모델의 각 전략성공의 기본요소들을 점검합니다.

전략성공의 기본요소들을 점검하는 방식에는 여러 가지의 방법이 가능하지만, 경영관리자가 현실적으로 유의하고 착안해야 할 점은 각 요소별 현재수준과 필요대응수준을 확인하고 그에 따라 적절한 필요조치를 취하도록 하는 일입니다.

만약 특정한 요소들에만 치중하여 전략대응행동을 전개하고 있다면, 추가적으로 검토하여 보완할 점이 없는가에 대하여 판단할 수 있도록 합니다.   또한 전략성과에 대한 판별에 있어서도 기존의 전략논리에만 입각한 성과판단이나 성공여부의 판단에 그치지 않고, 다각적으로 판별하여 대응할 수 있도록 점검합니다.

예를 들어, RETS 모델에 입각하여 전략적 대응을 전개하여 단기적 성공에 치중하고 있는 경우라면, 단기적 대응은 성공하고 있지만, 조만간 심각한 전략적 위기에 처하게 되거나 기존의 전략을 수정하여 새로운 전략적 변혁에 대비해야 하는 일은 없는가에 대하여 파악하고 대응할 수 있도록 합니다.

만약 SECS 모델에 입각하여 전략적 대응을 전개하고 있는 경우라면, 단기적 대응조치의 성과를 높이기 위한 실천적 대안들에 대한 전개를 새롭게 정비할 수 있도록 합니다.

이 두 가지의 모델을 절충하여 활용하여 전략을 전개할 경우에도, 각 전략요소들의 활용형태가 다양하게 전개될 수 있으며, 그 절차나 방법 또한 다를 수 있습니다. 예를 들면, 환경과 능력, 그리고 전술적 대안과 실천에 대한 전개는 치밀하지만, 전략적 점검이나 대응주체에 대한 판단이 제약되거나 환경과 대응주체, 그리고 전술적 대안에 대한 판단은 치밀하게 전개되지만, 전략과 능력, 그리고 실천에 관한 검토가 제약될 경우, 전략성과는 제한적으로 실천됩니다.

■ SECRETS 모델 전개의 유형별 특징

SECRETS 모델 전개의 대표적 유형별 특징은 <도표 3.5>에서 보는 바와 같이 9가지로 구분하여 살펴볼 수 있습니다.

조직에서 활용되고 있는 전략성공모델을 이해하기 위하여 간략하게 살펴보면 다음과 같습니다.

[제1형] REES형 (RCES 제약형)

제1형은 전략(대응)주체가 당면하고 있는 환경과 그에 대응하는 실행에 주안점을 두지만, 환경에 대응하기 위하여 필요한 능력요소에 대하여는 제한적인 관심을 기울이는 형태입니다.

당면하고 있는 업무과제를 중심으로 필요한 조치들을 강구하고 있지만, 환경대응의 내용에 대한 전략적, 전술적 검토는 미비되어 있기 때문에, 전략적 성과가 제약될 소지가 많은 형태라고 할 수 있습니다.

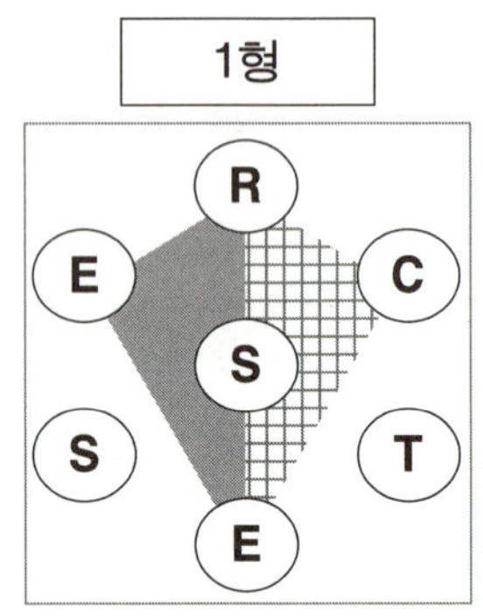

[제2형] RSES형 (RTES 제약형)

제2형은 전략(대응)주체가 전략과 실행을 통한 성공의 실현에는 관심을 두고 있지만 당면하고 있는 환경의 내용과 변화에는 주의를 기울이지 않는 형태입니다.

따라서 다양한 형태의 전략적 접근과 전략계획을 수립하고, 그 성공적 실천을 위하여 조직적 노력을 기울이지만, 새로운 환경변화의 추이나 주요한 환경과제의 전략적 대응방안의 모색과 실천

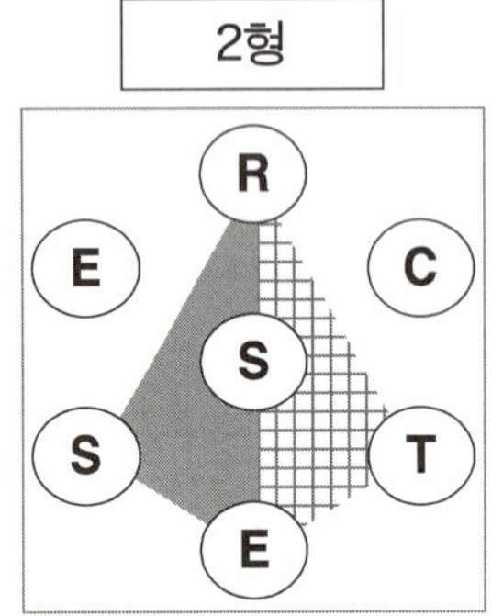

은 예외적인 노력과 현상으로 간주되고, 주요한 전략적 과제들이 간과되거나 경시됩니다.

또한 실천적 성과를 좌우하는 전술적 대응과 실천에 대하여는 별다른 연구를 전개하지 않기 때문에, 별다른 특징이나 경쟁적 성과를 도모하는 대책들이 강구되지 못하고 있으며, 심각한 경우에는 천편일률적 조치들을 전략적 대응이라고 확신하기도 합니다.

[제3형] RESC형 (SETS 제약형)

제3형은 그림의 상층부 쪽에 관심을 보이면서 전략의 실천과

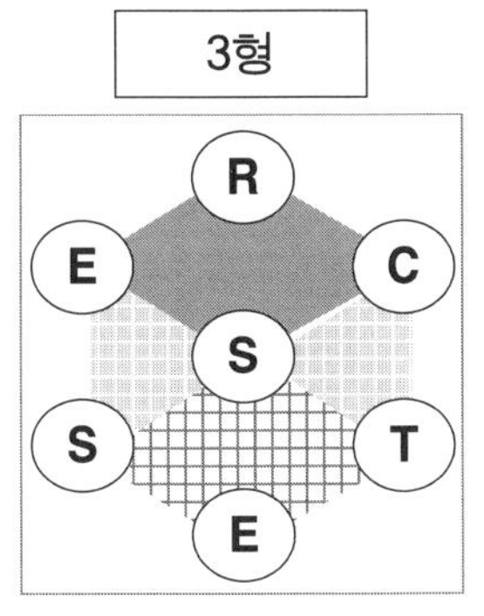

관련된 실무적 관점에는 노력과 관심이 결여되어 있는 형태입니다. 즉, 전략주체와 당면환경, 그리고 대응능력을 통한 전략적 성공을 추구하고자 하면서도, 정작 중요한 전략과 전술적 방법연구나 실천에 관한 노력은 경주하지 않은 형태입니다.

제3형의 연장선상에서 고려할 수 있는 형태로는 다음과 같은 세 가지 유형이 있습니다.

먼저 가장 특징적으로 살펴볼 수 있는 기본유형으로 제3A형이라고 할 수 있는 ESS와 CTS이 불균형이 이루는 형태입니다. 즉, 기업조직 또는 정부조직에서 외부환경변화에 대하여 주목하고 그에 대응하는 전략을 모색하고 전략대응행동을 전개하는 ESS 요소의 영역에 치중하는 형태와 기업 또는 정부조직의 능력과 전술적 대응에 치중하는 CTS 요소영역에 치중하는 형태가 균형적으로 이루어지지 않는 형태를 고려해볼 수 있습니다.

ESS와 CTS의 불균형 진개에서 ESS에 치중하는 노력이나 관심은 큰 반면 CTS에 치중하는 노력은 상대적으로 적은 형태를 편의상 3AL형이라고 하고, 이와는 반대로 ESS보다 CTS에 더욱 치중하는 3AR형이라고 하겠습니다. 그리고 ESS와 CTS의 균형 전개를 실현하고 있는 형태를 3A형이라고 하겠습니다.

3A형은 전략과 환경, 능력과 전술에 대한 관심과 대응은 전개하지만, 전략적 대응의 주체와 실천에 대한 관점이 결여되어 있기 때문에, 종종 전략과 전술적 대안들의 창조와 실천적 측면에서 한계점에 봉착하게 될 소지가 있습니다.

<도표 3.12> 전략성공 SECRETS 모델 전개의 유형별 특징

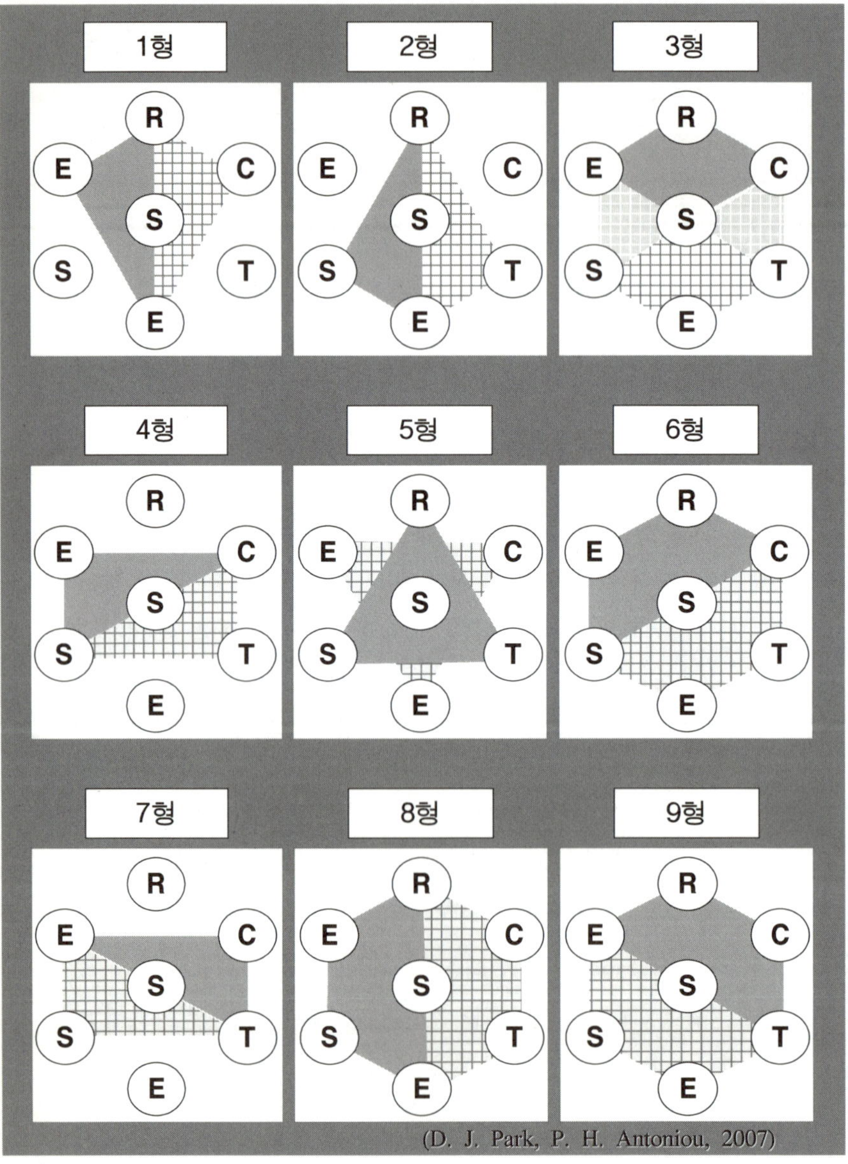

(D. J. Park, P. H. Antoniou, 2007)

3A형보다 좀더 전략요소에 대한 관리와 대응범위를 확대한 형태로 3B형을 고려할 수 있습니다.

3B형은 RESS와 RSTC의 균형을 유지하는 형태입니다. RESS는 전략주체와 당면환경, 대응전략과 성공적 성과 요소들을 관리하고 RSTC는 전략주체와 능력, 전술대응과 성공적 성과 요소들을 관리합니다. 3B형은 이 두 가지의 요소영역을 균형적으로 관리함으로써 성과제고를 도모하는 형태입니다.

현실적으로는 균형적 관리를 전개하지 못하고 어느 한 쪽에 치중하거나 또는 어느 한 쪽을 소홀히 하여 불균형이 발생할 경우가 있습니다. 즉, RESS에 대한 관심과 노력은 기울이면서 RSTC에 대한 관심이 결여되어 있는 3BL형과 그와 반대로 RSTC에 대한 관심과 노력의 투입은 높은 반면, 상대적으로 RESS에 투입되는 관심과 노력이 낮은 3BR형이 있습니다.

3BL형은 전략주체가 외부전략에 대하여는 관심을 보이고 전략적 대응을 모색하지만, 내부전략의 모색과 전개에 대하여 소홀하거나 또는 내부전략전개의 기량이 떨어져 전략적 성과를 보장하지 못하게 되는 형태입니다.

3B형은 환경과 능력, 전략과 전술, 그리고 전략주체에 대한 검토와 대응을 고려하고 있지만, 실천에 대한 검토와 관리가 간과되어 있기 전략성과의 관리가 목표관리의 차원에서 전개되며, 실천적 성과의 관리가 주요한 대응과제로 등장하게 됩니다.

마지막으로 RESSTC에 대하여 관심과 노력을 투입하면서도, 하단의 마름모 꼴인 SETS 영역에 대하여는 현업부서나 사업부서에 대충 맡기는 형태의 3C형이 있습니다.

3C형에도 세부적으로 살펴보면 다음과 같이 네 가지 형태의 전략대응으로 나누어 볼 수 있습니다. 우선 도표의 좌우를 중심

으로 불균형관계가 전개되는 형태를 보면, ①도표의 왼쪽, 즉 외부 환경에 대한 전략대응에는 치중하면서 능력을 비롯하여 내부적 대응전략과 전술적 대응은 치밀하게 전개하지 못하는 3CL형과 ②내부적 전략이나 전술적 대응은 치밀하지만, 외부적 환경대응전략을 등한시하는 3CR형이 있습니다.

또한 도표의 상하간의 불균형관계가 전개되는 형태를 중심으로 살펴보면, ③도표의 상단부(RESC), 즉 전략주체가 환경과 능력의 대응을 통한 성공전략의 모색과 전개에 치중하면서 하단부(SETS)의 실천, 즉 조직의 성공을 달성하는데 필요한 전략과 전술, 그리고 실천을 제대로 관리하지 못하고 있는 3CT형, 그리고 이와는 반대로 ④하단부의 SETS에 치중하면서, 즉 전략과 전술 그리고 실천에 대하여는 주도면밀하게 전개하고자 하면서 전략주체와 대응능력, 그리고 당면하고 있는 환경(RESC)에 대하여는 상대적으로 경시하는 3CB형으로 구분할 수 있습니다.

[제4형] SECS형

제4형은 앤소프 전략경영의 기본모델을 구성하는 형태로, 환경과 능력, 전략을 중심으로 각 요소의 내용을 점검하여 그 필요수준에 대응하고, 요소별 균형을 달성하여 성공을 도모하는 형태입니다.

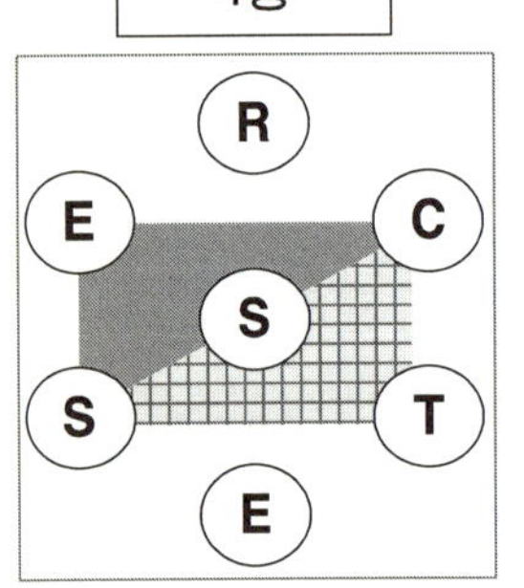

4형은 외부적 환경에서 유발되고 있는 전략과제와 변화의 현상을 파악하여 확보(가능)한 능력요소들을 중심으로 대응할 수 있는 성공적인 전략을 모색하고, 그 전략을 성공적으로 실현하기 위한 논리와 대응을 전개합니다.

따라서 SECS 요소를 중시하여 외부적, 또는 환경의 변화요인에 대응하는 전략의 관점이 중시되며, 또한 전략의 성공적 실현을 위한 능력의 전개에 주목합니다.

그러나 4형은 STCS 요소에 대하여는 상대적으로 관심이 결여됨으로써, 전략의 구체적 전개를 위한 전술적 관점에 대하여는 고려하지 못하고, 사업부서나 현업부서에게 위임하는 형태로 전개되기 때문에, 종종 전술적 시행착오를 경험할 수 있습니다.

또한 전략포맷에서도 살펴본 바와 같이 전략주체나 전략실행과의 연계에 관한 논리와 절차가 결여되거나 생략되어, 현실적으로 전략의 실천적 관리활동에서 다양한 문제현상을 경험하게 될 수 있습니다.

[제5형] RSTS형

제5형은 전략주체와 전략, 그리고 전술에 초점을 두는 형태로 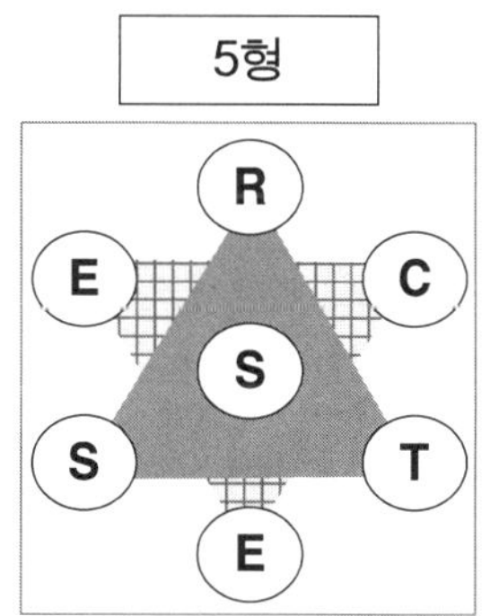

전략내용과 전술적 대응에 대한 관심과 노력을 지대하게 경주하지만, 전략과 전술을 전개해야 하는 조직 외부적 환경이나 주요한 환경적 과제, 전략실천이나 전술전개를 직접 실현하는 실행이나 절차적 전개, 조직적 운영과 같은 일에 관하여는 상대적으로 미흡한 형태의 모델입니다.

따라서 조직내 조직구성원들 간에는 성공전략과 전술에 대한 일반적 상식과 논의, 계획은 넘쳐나지만, 실제로 실천해야 할 전략과 능력, 능력과 전술, 외부환경과 전략 및 전술이 따로 놀고 있는 형태라고 할 수 있습니다.

[제6형] RECSS형

제6형은 앞에서 살펴본 4형에서 전략주체의 역할이 추가적으

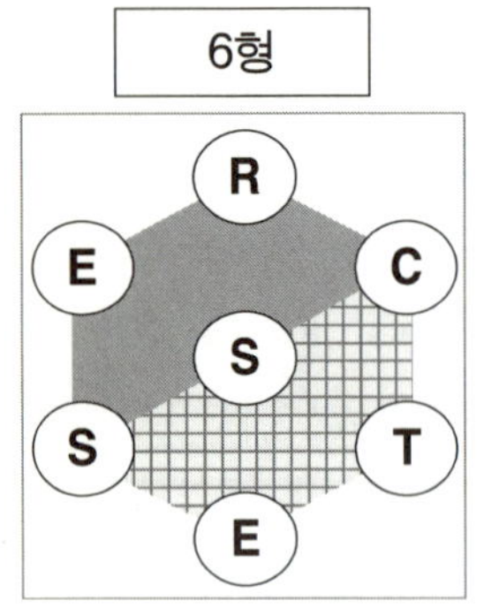

로 강조되는 형태의 모델입니다. 앞에서 전략포맷에서도 언급된 바와 같이 전략은 전략의 기획과 실행주체에 의하여 완성됩니다. 그러나 종종 현장에서는 전략은 논의되지만, 전략주체에 대한 논의는 슬그머니 꼬리를 내리는 경우를 볼 수 있습니다.

따라서 제6형은 전략성과를 높이기 위하여 전략주체가 갖춰야 할 조건이나 능력은 물론이고, 전략주체들이 전략대응과 관련하여 필요한 조치나 책임사항, 역할에 대한 정의를 구체화함으로써 전략성과를 높이기 위한 노력을 경주합니다.

그러나 도표의 아래쪽 CTESS에 대한 검토와 관리, 그리고 감독이 제대로 전개되지 못하여, 제한적인 성과에 그칠 소지가 있습니다.

[제7형] ECTS형

제7형은 제4형의 좌우대칭형으로, ECTS에 치중하는 형태의 모델입니다. 즉, 당면하고 있는 환경에 대응하기 위한 능력전개와 전술적 대안들의 결합으로 전략적 성공을 도모하려는 형태입니다.

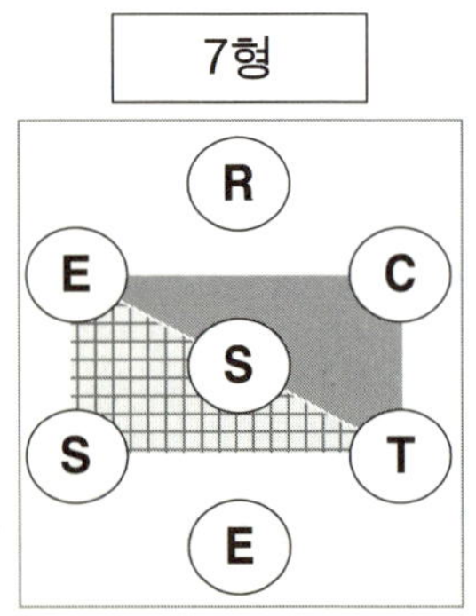

따라서 이러한 조직에서는 전술적 대응행동을 전략적 대응행동과 같은 의미나 동일한 개념으로 활용하기도 하며, 때로는 전술적 대응을 전략적 대응보다 고도의 상위 개념으로 받아들이기도 합니다.

제7형을 추구하는 조직에서는 당일 당일 수시로 변화하고 있는 시장환경이나 고객행동에 대하여 민감하고 신속한 대응을 전개하지만, 거시적 또는 환경적 변화에는 관심을 기울이지 못할 수 있으며, 중대한 전략적 과제를 소홀히 하게 될 경우, 존립이 위태롭게 될 소지도 있습니다.

[제8형] RESES형

제8형은 도표의 왼쪽(RESES)에 치중하는 형태로 제1형과 2형의 결합형이라고 할 수 있습니다. 또는 제4형에서 전략주체와 전략실행으로 확장하지만, 능력요소를 상대적으로 경시하는 형태의 모델이라고 할 수 있습니다.

따라서 제8형은 제1형이나 제2형 보다는 전략적 모색과 대응에 철저를 도모합니다. 그러나 제8형은 외부적 전략대응에는 지대한 관심을 두고 있지만, 조직의 역량과 능력을 중심으로 하는 전략대응에는 상대적으로 덜 주목하고 있기 때문에 유발될 수 있는 내부적 전략전개나 능력주도형 전략전개와 같은 실천적 관점이 제한적으로 전개될 소지가 있습니다.

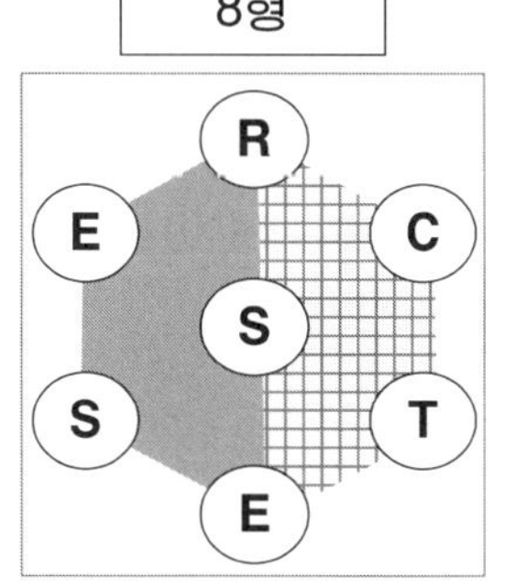

따라서 도표의 오른쪽인 RCTES에 대한 관점이 부실할 경우, 능력주도형 전략이나 전술적 운영에서 치밀한 대응이 전개되지 못하여 제한적 전략성과에 그칠 소지가 있습니다.

[제9형] RESES형

제9형은 제6형의 좌우대칭형으로 도표의 상단 RESTC에 치중하는 한편, 도표의 하단인 ESETS에는 상대적으로 소홀히 대응하는 형태입니다.

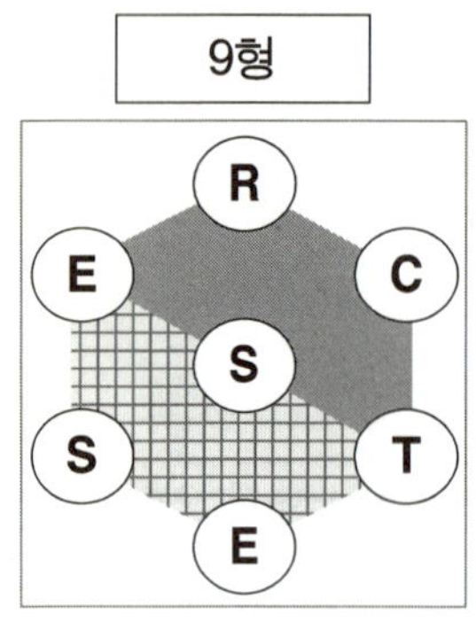

즉, 전략주체, 환경, 능력, 전술, 그리고 이를 통한 전략적 성과에는 지대한 관심과 노력을 기울입니다. 그러나 전략보다는 전술적 과제해결에만 치중하고 있기 때문에, 전략적 성과가 제한적으로 그칠 소지가 있습니다.

도표에서 보는 바와 같이 하단인 ESETS 즉, 환경, 전략, 실천, 전술, 성과로 이어지는 요소와 영역에서 제한적 성과에 그칠 수 있습니다. 또한, 당면하고 있는 환경에 대응하기 위한 전략에 대한 점검과 모색이 결여되어 있기 때문에, 전술이 전략과 유리된 채로 전개될 소지가 있고 전략대응성과를 높이거나 성과를 관리하는 일이 어렵게 됩니다.

이상으로 9가지의 기본형을 살펴보았습니다. 겉으로 보기에는 다들 비슷하게 보이는 기업조직일지라도, 전략대응면에서 각 조직이 당면하고 있는 환경과 도전과제들에 대하여 어떠한 대응모델을 통하여 전략적 행동을 전개하는지에 대한 유형들을 살펴보면 제각기 내용과 방식이 크게 다르며, 그 관리의 양상 또한 질적으로 크게 다르다는 점을 알 수 있습니다.

마지막으로 SECRETS의 각 요소들이 균형적으로 서로 조직의 성공을 위하여 조화롭게 활용되는 형태가 있습니다. 이를 제10형이라고 하겠습니다.

전략대응 SECRETS 모델은 활용모델을 구성하고 있는 요소들과 그 운영에 따라 제각기 특성과 성과가 달라집니다. 동일한 모델을 전개하는 조직들 간에도 그 운영의 내실과 결합적 성과에 따라 최종적 성과가 달라집니다. 또한 모델을 구성하고 있는 요소들을 확대하고 충실히 전개할수록 그 성과는 제고됩니다.

그러나 모델의 복잡성이 증가할수록, 검토와 대응에 필요한 시간과 모델의 전개에 불가결한 자원, 인력이 증대됩니다. 만약, 전략대응의 시급성이 요구되거나, 특정한 요소들의 신속한 대응이 용이하지 못하다면, 대응해야 할 상황과 대응모델에 대한 적절한 판단을 통하여 융통성을 발휘하여 선택적으로 활용하는 동시에, 그에 따라 유발되는 문제현상들을 극복하기 위한 대안들을 병행하여 대비합니다.

그렇다면, 우리 조직은 현재 어떠한 형태의 전략대응모델을 전개하고 있는지에 대하여 살펴보고, 어떠한 형태로 이행해야 할 것인지에 대하여 스스로 점검하여 무엇을 누가 어떻게 개선할 것인지에 대하여 연구와 대안을 모색해볼 필요가 있습니다.

이상과 같은 논의를 토대로 전략대응의 원칙을 다음과 같이 수립할 수 있습니다.

전략대응의 제37원칙

전략 제37원칙: 전략성공의 SECRETS 모델을 활용하여
전략과 전술적 성과를 극대화한다.

전략 마인드 26

전략과 전술
Strategy and Tactics

전략과 전술이라고 하면, 종종 그 개념과 내용에 대하여 구분을 하려고 하는 경향이 있습니다.   전술에 대한 정의를 네이버 백과사전에는 다음과 같이 설명하고 있습니다.

전술(戰術: Tactics)

요약 : 전투에서 병력을 운영하는 기술.

본문 : 작전 목적을 수행하는 데 있어 부대나 개인을 가장 효율적인 방법으로 배치·기동·운영하는 방법과 기술을 뜻하며, 전투행위와 직접적인 관계가 없는 행정과 구분된다.

또한 전술은 국가 차원의 종합적이고 광범위하며 장기적인 계획 및 운영을 의미하는 전략과는 달리, 국부적이고 단기적인 성격을 띠고 있다.

전략이 전쟁목적의 달성에 목적을 두는 데 반하여 전술은 적의 병력을 격멸함으로써 전략목적을 달성하는 데 그 목적이 있다. 따라서 적의 공중세력이 우세한 전투에서 부대를 산개(散開)시키거나, 위장(僞裝)을 하는 행위, 또는 어떤 군사목표를 탈취하기 위해서 보병부대가 공군이나 포병·기갑부대와 협조하는 행위 등을 전술행위라고 한다.

그리고 전략목적을 달성하기 위한 하나의 수단으로 특정 지역을 확보하거나 긴요한 고지 등을 점령하기 위한 작전을 전술작전, 그와 같은 공격목표를 전술목표, 전술작전을 위해서 사용하는 무기를 전술무기라고 한다.

출처: 두산백과사전 EnCyber & EnCyber.com

■ 전술의 개념과 현실

요약하자면, 군사적 관점에서 전술은 전략을 달성하기 위한 수단, 방법, 기술과 같이 설명됩니다.

기업이나 공공부문에서는 주적(主敵)과 대치하는 상황이 아니라, 새로운 환경대응을 전개하는 관점에서 전략은 목표의 관점으로 활용되고, 전술은 실행 또는 운영(operation)이라는 관점으로 통용됩니다. 따라서 이 책의 **SECRETS** 모델에서도 전술을 전략을 실천하기 위한 2차 전략, 실천전략, 후속전략, 실천대안과 같이 설명하였습니다.

여기에서는 경영관리자들의 현실적 활용과 전략적 성과를 제고하기 위하여 전술의 개념을 전략 개념과 연관하여 좀더 살펴보도록 하겠습니다.

그동안 앞에서도 여러 번 반복적으로 언급되었지만 전략은 환경에 대응하는 것이라고 정의해 왔습니다. 같은 맥락에서 전술은 현실에 대응하는 것이라고 할 수 있습니다.

Strategy and Tactics

Strategy: Fit to Environment
Tactics: Fit to Real

(D. J. Park, 2007)

■ 현실의 개념과 실재

우리가 당면하고 있는 현실은 우리가 처해있는 환경과 마찬가지로, 의외로 잘 파악되거나 인식되지 않습니다. 너무나 자명한 것처럼 우리가 사용하고 있는 현실이라는 것이 도대체 무엇인가?

이에 대하여 네이버 백과사전을 다시 한번 참조해보겠습니다.

현실 [現實]

요약: 비현실·초현실 등과 대립되는 말.

본문: 맥락에 따라서 다양한 의미를 가진다. 몽환(夢幻) 등의 비현실에 대하여 사용될 때는 양자를 구획짓는 기준이 제반 과학·인식론(認識論)의 중요한 과제가 된다.

초현실에 대해서는 가까이 느껴지는 사실이라는 의미에서 구체적·개별적 경험이 현실이라고 생각되는 경우가 많다. 그러나 이런 의미의 현실은 극한이어서 오히려 상대적·주관적이 되어, 이론적 추상(抽象)의 소산(所産)에 불과하게 되므로, 어떤 학적 이론구성에 의한 통합적 사실이 현실이라고도 생각된다. 현실은 또한 존재론(存在論)·논리의 용어로서 가능·우연·필연 등과 대비되는 양상개념(樣相槪念)의 하나이며, 더욱이 윤리적으로는 이상·이념과 대비하여 사용되는데, 양자의 어느 편에 적극적 의미를 부여하느냐에 따라 사실주의와 이상주의의 차이가 생긴다.

두산백과사전 EnCyber & EnCyber.com

이와 같은 사전적 정의를 보고 있자면, 도대체 무슨 말을 하고 있는지 도저히 이해가 되지 않습니다. 요약된 설명을 보면, 전혀 이해가 되질 않습니다. 마치 사람이 무엇인가에 대하여 사람이 아닌 것과 대립되는 것과 같이 표현하고 있으므로 거의 설명력이 없다고 볼 수 있습니다.

현실 [現實]

① 현재 실제로 존재하는 사실이나 상태. ② 〖철학〗 실제로 존재하는 사실. ③ 〖철학〗 사유의 대상인 객관적·구체적 존재. ④ 〖철학〗 주체와 객체 사이의 상호 매개적·주체적 통일.

출처: 한컴사전

한컴사전에서 정의하는 바와 같이, 현실은 현재 실재로 존재하는 사실이나 상태라고 할 수 있습니다. 이는 현실에 대한 가장 정확한 표현이라고 할 수 있습니다. 이를 논의의 편의상 「실존현실(實存現實)」이라고 부르겠습니다.

좀더 쉽게 납득되는 표현이라면, 우리가 살아가고 있는 현재, 그리고 공간에서 우리가 현재 보고 있고, 느끼고 있고, 의식하고 경험하고 있는 것이 바로 현실입니다. 이를 편의상 「실감현실(實感現實)」이라고 부르겠습니다.

누구나가 현실을 직시(直視)하고 있지만, 의외로 현실을 보는 시각과 내용은 저마다 다릅니다. 각자가 보는 실감현실이 다르기 때문입니다. 이는 동일한 시장에서 소비자 시민들이 행동하는 모습을 바라다보는 점원들의 시각이 천차만별로 제각기 다른 것처럼, 바로 눈앞에 일어나는 일조차 실제로 느끼는 내용이 다르다는 것은 동일한 현상을 바라보면서도 서로 다른 현실을 구성하고 있다는 것을 의미합니다.

동일한 현상에 대하여 서로 다른 현실을 구성하는 것이 가능하다는 것이 각 조직에서 또는 소비자들이 서로 다른 시장행동을 전개하는 것을 이해할 수 있는 단서가 됩니다. 즉, 그들은 서로 다른 현실을 보고 있기 때문에 다른 행동들을 전개하고 있는 것입니다.

이외 미찬가지로 전략이나 전술을 모색하고 전개하려고 하는 참모들이나 조직에서도 각자가 보고 인식하는 현실이 제각기 다릅니다. 어떤 이들은 과거의 현상이 지속될 것으로 인식하고 과거로부터 지속되어온 사실을 토대로 당면하고 있는 현실을 재구성합니다. 어떤 이들은 새로이 등장하고 있는 현상에 초점을 맞추어 당면하고 있는 현실을 새롭게 구성합니다. 이들은 서로 다른 현실을 조망하며, 서로 다른 현실에 대하여 각각 대응합니다.

전략이 새로운 환경에 대응하기 위하여 나아가야 할 방향과 중요한 골격을 구성한다면, 전술은 새로이 등장하는 현실에 대하여 구체적으로 무엇을 해야 할 것인가를 모색합니다. 신사업의 전개에 대하여 만약, 모두가 해당분야의 시장은 현재 위기상황이고, 향후 전망이 불투명하다고 인식하게 될 경우, 그와 같이 인식되고 있는 실감현실은 암담하고 불확실한 현실로 간주됩니다.

그러나 실존현실을 보면, 해당분야의 시장은 점차 확대되며, 그 수요 또한 지대한 것이라면, 실감현실은 실존현실을 제대로 반영하지 못하고 있음을 알 수 있습니다.

따라서 전술은 현실을 제대로 직시하고 그에 대하여 대응하는 것, 즉 현실에 적합하게 하는 것(Fit to real)이라고 할 수 있습니다. 조직의 방향을 결정하는 전략이 현실적으로 실현되고자 할 때, 바로 이와 같은 전술이 제대로 편성되고 실천될 필요가 있습니다.

■ Tactics의 개념의 재구성

우선, Tactics의 어원인 Tact를 중심으로 Tactics의 개념을 재구성해볼 수 있습니다.

Tactics는 Tact로부터 시작됩니다. Tact는 'Acute sensitivity to what is proper and appropriate in dealing with others, including the ability to speak or act without offending'라고 정의됩니다.[34]

즉 다른 사람들 또는 다른 존재들에 대하여 적절하게 대응할 있는 대응할 수 있는 정확한 감각능력, 예를 들면, 공격적으로 대응하지 않으면서 상대방에게 대응행동을 수행할 수 있는 인지능력이라고 옮길 수 있습니다. 이에 대하여 영한사전에서는 ①남의 기분을 잘 맞추는 약삭빠름, 임기응변의 재주, 재치, ②감촉, 촉감(touch), 촉각 ③ 적부(適否)를 간파하는 날카로운 감각, 미적(美的) 감각이라고 정의하고 있습니다.[35]

---

[34] Excerpted from The American Heritage(r) Dictionary of the English Language, Third Edition (c) 1996 by Houghton Mifflin Company

[35] NEWACE(금성판 뉴에이스) English-Korean Dictionary (r), Second edition (c)

　여기에서 임기응변이나 적부를 간파하여 대응할 수 있는 날카로운 감각은 모두 현실상황에 대하여 적확하게 대응하는 것을 의미하고 있습니다.　편의상 현실을 감지하고 대응할 수 있는 행동, 또는 능력에 초점을 맞추어 Tact를 현실감지대응 또는 현실감지대응력이라고 정의하겠습니다.

　전쟁중에 병력의 열세를 극복하고 승리하기 위하여 유인책을 구사하는 경우를 예를 들어보겠습니다.　적군을 유인하여 험난한 계곡에서 몰살하려고 전략과 전술을 구성하여, 계곡으로 유인하기로 하였습니다.　이때, 적의 후미가 계곡의 후미에 들어오면, 뻐꾸기 소리로 총공격신호를 전하기로 하였습니다.　모두가 숨을 줄이고, 공격신호를 기다리고 있는데, 어디선가 숲속에서 진짜 뻐꾸기 소리가 여기 저기에서 들려옵니다.

　상황이 이와 같이 전개될 경우, 마치 영화촬영중에 NG장면들을 연상하게 되는 코미디가 연출되고, 계곡으로 달려들어오던 적군들이 유인책과 함정이라는 것을 간파하고 계략에 말려들지 않습니다.

　이 경우, 현장에서의 실재주변상황, 즉 현실에 대한 판단의 부족과 정보전달의 내용과 방식이 잘못 구성되어 있음을 알 수 있습니다.　현실감지대응력(Tacts)에 문제가 있는 것입니다.

　이러한 현상은 군대의 전투에서만 발생하는 것이 아닙니다. 시장의 현실에서도 종종 목격됩니다.　고객을 위한 서비스를 강조하고 있는 여러 서비스 기업들에서 고객이 정말로 원하고 있는 서비스를 제공하고 있는지 그 현실을 제대로 이해하지 못하고 있는 기업들이 수두룩합니다.

　선진국의 서비스를 흉내내고 있는 병원 서비스도 그중의 한

예라고 할 수 있습니다. 얼마 전에 국내의 일류병원중의 하나인 A병원에 중환자가 도착하였습니다. 생명을 위급을 다투는 상황이지만, 응급실에 환자를 수용할 수 있는 병상의 수가 제한되어 있다는 이유로, 응급실 복도에서 며칠씩 대기하고 있습니다. 병원측은 시설과 능력의 한계를 이야기 하고 있지만, 입원실이나 간접시설은 확장하여 증축하고 있으면서도 응급실에 대한 고려는 제한적입니다.

이것이 의료서비스 관련하여 최고의 서비스 품질상을 받은 병원이라면, 우리나라의 의료 서비스가 어떠한 수준인지 미루어 짐작해볼 수 있습니다.

얼마 전까지 인수합병으로 시끄러웠던 금융산업부문에서는 사상 최대의 고수익을 실현하고 있다는 뉴스가 나오고 있습니다. 그러나 금융서비스 수수료의 실제를 살펴보면, 지나치다고 하는 고객들이 대부분입니다. '다른 은행들도 그래요, 우리만 그런 것이 아니다'라고 답변하고 있지만, 사실은 '은행 서비스를 이용하려면 그 정도 비용은 내야지, 그리고 그러한 원칙은 은행연합회에서 결정한 거니까, 우리는 잘못하는 것이 없어요'라고 고객은 듣고 있다는 사실을 은행직원들은 받아들이지 않고 있는 모양입니다. 게다가 그동안 증가된 개인부채의 수준을 감안한다면, 뭔가 잘못되고 있다는 생각이 들지 않을 수 없습니다.

각종 수수료는 높일 대로 높여놓고 수익은 최고를 실현한다고 하면, 고객사회에서는 '이 사람들 참 한심한 사람들이 아닌가?'하는 생각을 하지 않을 수 없는 것입니다. 1년간 어린아이들이, 또는 우리의 노인들이 자녀에게 용돈을 받아 저축하여 이자를 받는 것보다 1회 송금하는 수수료가 더 크다면, 이를 어떻게 생각할 것인가에 대한 생각조차 없는 것입니다. 물론 금융기관이 건강하게 수익을 확보해야 하는 것은 당연합니다. 그러나 개인부채는 늘고 심각한 양극화가 진전되고 있는 상황에서 서민들이 활용하고 있는 일반 금융기관에서 그와 같은 행태와 반응을 모르는 척하고 있는 것은 고객현실에 대하여 제대로 대응하고 있는 것이라고 볼 수 없습니다. 이러한 상황에서 수수료를 절반 이하로 낮추고 수익성을 제고하는 금융기관이 등장하게 된다면, 상황은 어떻게 될 것인지 뻔한 일이 아닐 수 없습니다.

고객이 현실에서 어떠한 생각을 하고 있는지, 어떻게 행동할 것인지를 미리 알고 대응한다면, 더욱 좋을 것이지만, 우선 당장 현재 어떤 상태에 있는지에 대하여도 또한 잘 감지하고 판단하지 않는다면, 초일류 금융기업실현 전략의 실천은 쉽게 달성되지 않을 것입니다.

<도표 3.13> 현실의 구성과 전술(Tactics)의 형성

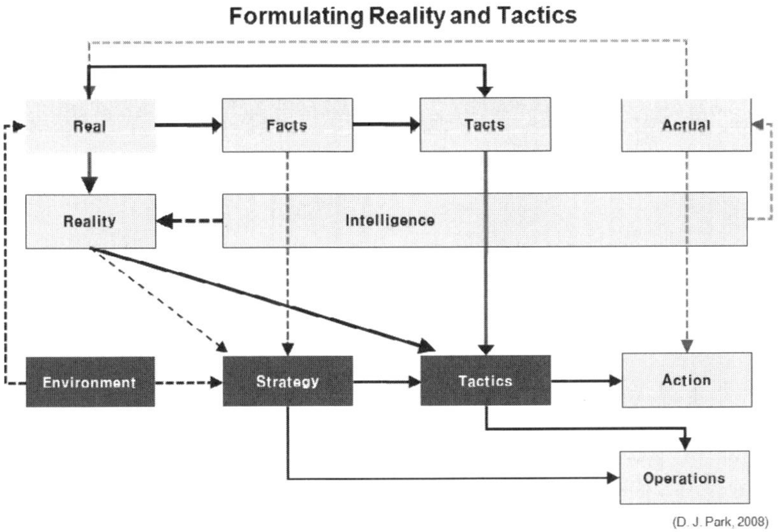

(D. J. Park, 2008)

현실감지대응력(Tacts)은 조직구성원들의 능력에 따라 달라집니다. 현실감지대응력(Tacts)은 현실에서 경험하거나 파악되고 있는 사실(Facts), 또는 현상에 입각하여 대응됩니다. <도표 3.13>에서는 Tacts가 Tactics으로 전개되는 과정에서 사실(Facts)과 현실에 입각하여 조직적 지능을 발휘하여 실천되고 있는 절차를 제시하고 있습니다.

여기에서 유의할 것은 실재의 현실, 즉 실존현실과 다르게 현실을 바라보고 있는 조직구성원들이 자신의 지능에 입각하여 사실(Facts)와 현실감지대응력(Tacts)을 중심으로 자신의 실감현실(Reality)을 재구성하고 있다는 점입니다.

여기에서 조직구성원들이 인식, 감지하고 있는 실감현실이 실존현실을 제대로 반영하지 못할 경우, 현실격차(reality gap)가 유발됩니다. 이와 같은 현실격차는 전략과 전술을 모색할 때에, 실전에서의 성과차이를 유발하게 되는 원천적 요인으로 작용합니다.

따라서 그 전개과정과 구조적 관계를 감안할 때, Tactics는 대응행동의 주체가 인식하고 있는 현실에서 파악된 현상 자료를 중심으로 현실을 재구성하고 그에 대응하기 위한 지능의 발휘에 의한 대응행동이라고 정의할 수 있습니다.[36]

예를 들면, 적이 가까이 오는 현실이 파악되면, 안전거리를 유지하거나 또는 적을 기만하거나, 적을 섬멸하기 위하여 지능적 대응을 전개하는 것과 같은 행동을 들 수 있습니다. 고객과의 예를 들자면, 좀더 고객이 자주, 많이 구매하도록 하기 위한 행동이나 고객이 멀어지지 않도록 하게 하는 행동과 같은 대응을 들

---

[36] 그러한 대응행동을 반드시 효율적인 것으로 한정하는 것에는 무리가 있습니다. 즉, 전략과 전술을 대비하여 전술은 효과성에 관한 것, 전술은 효율성에 관한 것과 같이 억지로 구분을 하기보다는 전술의 전개에서도 현실적 대응 행동에서 효율성과 효과성이 결합적으로 발휘될 수 있다고 보는 것이 타당합니다.

수 있습니다.

■ Tacts, Contacts, Tactics

조직구성원들이 전개하고자 하는 현실감지대응력(Tacts)은 우선 현실과 적합하게 구성되어야 합니다. 따라서 조직구성원들은 자신들이 현실감지대응(Tacts)을 구성하기 전에 먼저, 현실을 감지하고, 현상이나 사실자료들(Facts)을 파악하는 일을 수행합니다.

<도표 3.14> 현실과 전술(Tactics)을 구성하는 5C 모델

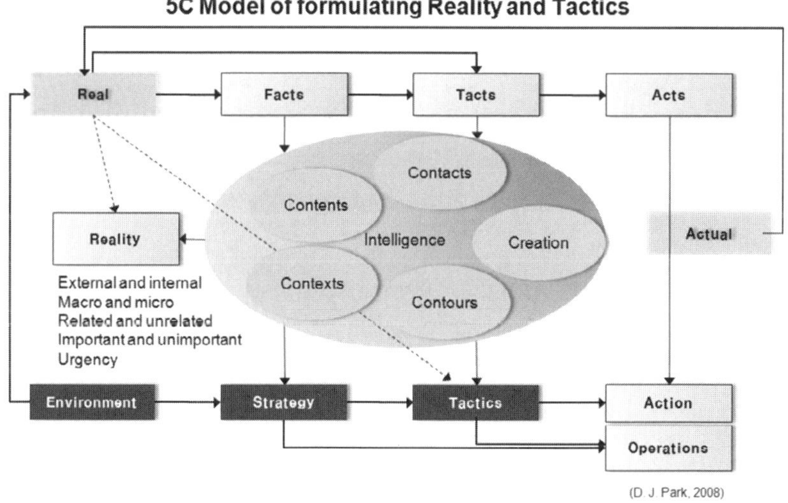

이때, 개인의 주관적 편향이나 왜곡을 줄이기 위하여, 조직적 점검과 검토활동이 수행됩니다. 또한 판단대상의 선별과 적절성에 대한 판단성과를 높이기 위하여 조직적 현실인식감지활동(Tacts)이 전개됩니다.

이러한 활동을 편의상 현실에 대한 조직의 접촉(Contacts)이라고 정의하겠습니다. 이러한 접촉은 현실과 유리된 사무실에서

문서나 자료를 중심으로 현실을 이해하는 것이 아니라 현실 속으로 파고 들어가 직접 확인하고 대응하기 위한 작업을 통하여 전개됩니다.

이와 같은 접촉을 통하여 무엇에 대응해야 하는지에 대한 전후관계(Contexts)를 이해하게 되고, 무엇을 해야 하는지에 대한 행동내용(Contents)을 모색하게 됩니다. 또한 현재 당면하고 있는 현실이 어떠한 것인지에 대한 윤곽(Contours)를 파악할 수 있게 될 뿐만 아니라, 새로운 전략과 전술적 대안을 창조(Creation)할 수 있게 됩니다. 이에 대한 논의는 다음 절에서 살펴보도록 하겠습니다.

따라서 전술(Tactics)은 현실에 얼마나 잘 반영하고, 그에 대하여 얼마나 잘 대응을 전개할 것인가에 따라 그 성과가 결정된다고 볼 수 있습니다. 전략과 연계된 전술의 경우에는 전략적 목표들을 현실상황에 비추어, 얼마나 잘 전술적 목표와 목적들로 전환할 것인가와 그 실천을 얼마나 잘 전개할 것인가에 따라 그 성과가 결정됩니다.

이와 같이 전술의 기능을 고려한다면, 전략의 성패를 좌우하는 중대한 요인으로써 전술의 현실 적합성이 대두되는 것을 알 수 있습니다. 따라서 전략의 설계에서 전술적 전개에 대한 관점이 배제되어 있거나, 또는 현실의 점검이 간과된 채로 전략을 구성할 경우, 그리고 그에 대한 실천적 차원에서의 전술이 배제되어 있다면, 전략만으로는 그 실천의 성과를 기대하기 어렵게 되는 것은 당연한 것이 아닐 수 없습니다.

이러한 점을 고려해볼 때, 전략에만 의존하여 성과를 도모하려는 시도는 현실에 대한 전술적 고려가 배제되어 있을 경우, 현실적으로 무모한 상황대응으로 제한적인 성과달성에 그칠 수 있습니다.

■ 실행성과를 좌우하는 전술대응

따라서 조직현장에서는 종종 전략적 관점에는 관심이 없거나 또는 무시하고 전술적 대응에만 집착하는 경영관리자들이 있습니다. 그와 같은 행동양식은 현실적으로 전략보다는 전술이 유용하다고 판단하기 때문에 등장합니다.

일상적으로 대응하는 과업들은 대부분 전술적 대응에 의하여 전개됩니다. 예를 들면, '보다 빨리, 보다 유용하게, 보다 저렴하게, 보다 편리하게'와 같은 고객대응은 가장 대표인 전술적 대응이라고 할 수 있습니다.

이와 같은 전술적 대응은 경쟁전략을 효과적으로 실천하기 위하여 동원되는 유용한 전술적 행동이며, 실제로 시장 내에서 실행성과를 높이는 강력한 수단이 되고 있습니다. 경우에 따라서는 이러한 전술적 대응을 촉진하기 위한 혁신활동이 대대적으로 전개됩니다. 대부분의 설비의 개선이나 공장혁신, 서비스의 혁신과 같은 활동의 내용을 보면, 전술적 성과를 제고하기 위한 대안들이 핵심적으로 편성되어 있는 경우를 볼 수 있습니다.

그러나 이와 같은 전술적 대응을 아주 잘, 그리고 아주 열심히 전개하는 중에, 쥐머리가 분쇄되어 들어있는 식품이 소비자 시민사회에서 고발될 경우, 해당 기업조직은 기업입지와 사업운영에 대한 치명적인 타격을 입게 됩니다.

이와 마찬가지로 앞에서 살펴본 SECRETS 모델에서 조직이 당면하고 있는 환경에서 무엇에 초점을 맞추고 어떠한 일을 해야 할 것인가에 대한 반성과 성찰을 통하여 전략을 제대로 세우고, 그에 대응하지 못한다면, 아무리 탁월한 전술적 운영을 잘 해낸다고 하더라도, 의미를 상실하게 되는 경우를 종종 목격하게 됩니다. 따라서 전략과 전술은 서로 그 기능을 존중하며, 상호보완적으로 그리고 결합적으로 활용되어야 합니다.

이상과 같은 논의를 토대로 전략대응의 원칙을 다음과 같이 수립할 수 있습니다.

전략대응의 제38원칙

전략 제38원칙: 현실구성의 적합성을 제고하여 전략과 전술의 성과를 제고한다.

전략대응의 제39원칙

전략 제39원칙: 전술과 전략의 조화로운 결합적 전개로 대응성과를 극대화한다.

전략 마인드 27

전략창조를 결정하는 5C 모델

5C Model of Strategic Creation

앞에서 언급된 접촉(Contacts)와 관련하여 전략의 내용 (contents)과 그 내용을 구성하는 논리(context)에 관하여 전략경영의 관점에서 좀더 살펴보도록 하겠습니다.[37]

■ 요약 및 정리

전략창조의 프로세스는 기업의 전략경영의 유의성과 효과성을 제고하고, 전략창조활동의 시행착오를 줄이기 위하여 점검해볼 필요가 있습니다. 전략 창조의 프로세스는 C1(Contacts) C2 (Contexts)-C3(Contours)를 중심으로 하는 각 프로세스와 이 프로세스들을 결합하여 C4(Contents)를 도출하고 이를 토대로 C5(Creation)을 실현하는 프로세스로 구성됩니다. 이를 전략창조의 5C 모델이라고 정의하였습니다. 지속가능한 기업의 성장과 번영을 도모하고자 한다면, 전략창조의 프로세스를 적극적이고 의도적으로 규정하고 이를 관리할 필요가 있습니다. 기존의 전략경영에서는 전략의 내용을 최종 결과물로 하는 전략수립활동과

---

[37] 본 내용은 다음 논문의 전문을 게재한 것입니다.
　朴東濬, 戰略創造プロセスに關する考察 - 5C モデル, 日本戰略經營協會, 戰略經營研究, Vol 30. no.2, 2005. pp. 23-28.

수립된 전략을 실천하기 위한 능력계획과 전략을 창조하는 시스템을 구성하여, 이를 보다 효과적으로 수행하기 위한 전략경영의 원점으로써의 이념추구형 전략경영과 전략경영의 방향성을 규정하기 위한 비전추구형 전략경영이 그 기틀로 활용되어 왔습니다.

이러한 프레임워크를 토대로, 기업이 전략을 창조하기 위하여 필요한 핵심 프로세스를 구분하고 그 핵심 프로세스들의 기능과 연관성을 검토하고, 각 프로세스의 환경 적합성과 결합관계를 7가지의 형태로 구분하여 당면하게 되는 문제점과 현상들을 살펴보았습니다.

이 연구를 통하여 기업이 지속가능한 성장을 도모하기 위하여 필요한 핵심적인 전략프로세스의 형태가 어떠한 것인지를 명확히 구분할 수 있으며, 각 기업의 전략창조의 프로세스가 어떠한 프로세스에 속하는지를 파악해봄으로써 해당 기업에서 성공적인 전략경영을 전개하기 위하여, 어떠한 프로세스를 보강할 것인가에 대하여 유의점을 파악할 수 있습니다.

1. 전략창조의 5C 모델

■ 전략내용과 그 결정논리구조

전략의 내용(contents)은 그 내용을 구성하는 논리(context)에 의하여 전개됩니다. 전략내용을 판단하려면, 그 내용을 구성하는 논리를 판단해야 합니다. 흔히, 경영현장에서 어떠한 논리구조에 따라 도출된 전략인지는 거두절미하고, 시장성과를 제고하기 위하여 매출액을 30% 증가시킨다는 것을 추구해야할 시장전략인 것처럼 거론하는 현상을 종종 목격할 수 있습니다.

그러한 이야기를 듣고 있는 사람들도 그 배경논리는 생각하지 않고, '시장전략을 전개해야 하므로 매출증대를 달성해야 하는가

보다'라고 생각을 하는 것입니다.

그러나 시장전략이라고 하여도, 현재 어떤 시장에서 어떤 제품이 환영받고 있고, 어떤 제품은 아무리 많이 팔아도 오히려 손해만 가중된다면, 그와 같은 대안들은 오히려 전략적이지 못한 내용임에도, 전략이라는 명칭으로 포장되어 조직구성원들을 착각에 빠지게 하고, 결과적으로는 손실을 유발하게 됩니다.

따라서 내용(contents)을 파악하려면 그 내용을 구성하는 논리와 구조(context)를 이해할 필요가 있습니다.

■ 전략 창조 프로세스와 5C 모델

전략창조 프로세스를 좀더 쉽게 이해하기 위하여 다음과 같은 간략한 기업의 전략창조 프로세스의 예시를 통하여 살펴보도록 하겠습니다. 다음의 예시는 포장용기 회사의 경우를 예를 든 것입니다.

<도표 3.15>에서는 포장용기회사에서 당면하고 있는 기업환경에 대응하기 위하여 전략대응을 전개하는 프로세스를 도식화하였습니다. 도표에서 보는 바와 같이 이 회사에서는 자사의 경영관리시스템을 충분히 활용하여 A 타입의 포장용기를 시장에 출시하여, 나름대로의 경영성과를 거두고 있습니다. 그러나 시장환경에서 새로운 니즈가 등장하면서, 경쟁사에서는 기존의 용기제품과는 질적으로 다른 형태의 포장용기의 신제품을 출시하게 되었습니다. 이에 따라 경쟁사에서 시장의 주도권을 장악하려는 강력하고 다양한 시도가 전개되면서 이 기업의 포장용기는 서서히 매출이 격감하기 시작합니다.

이와 같은 경우, 전략적 현안과제(strategic issues)가 등장하게 되며, 이에 대응하기 위하여 필요한 전략적 대응(strategic response)이 시도됩니다. 따라서 당해 기업의 경영관리진과 연구개발, 제조부문에서는 새로운 경쟁제품을 개발하기 위하여 혈안이 되고 경쟁력을 갖춘 새로운 형태의 신제품 B를 출시하여 시장에 대응합니다. 이와 같은 프로세스의 전개를 <도표 3.15>에 간략하게 도식화하고 있습니다.

<도표 3.15> 전략창조 프로세스의 사례

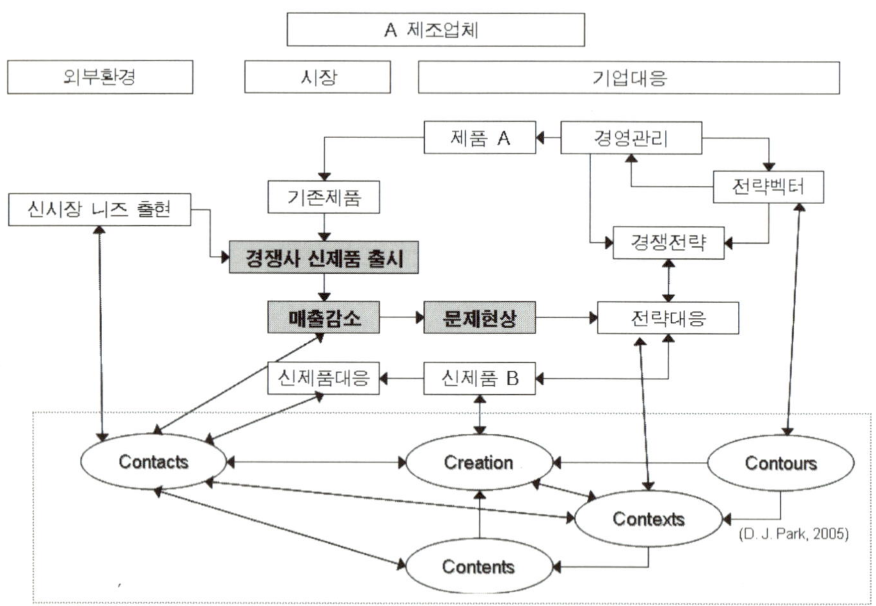

이와 같이 최대한 간략화시켜 전개한 전략적 대응의 전개과정을 보면, 도표의 아래쪽에서 보는 바와 같이 5가지의 중요한 핵심요소들이 작용하고 있음을 알 수 있습니다.

이와 같은 핵심요소들이 전개되는 절차와 방식에 따라서 전략대응의 내용과 창조의 성과가 달라집니다. 이에 대하여 간략히 살펴보도록 하겠습니다.

■ 접촉 주도형 프로세스

우선 「접촉 주도형 프로세스(Contacts-leading process)」를 살펴보겠습니다. 전략의 최종결과물(Contents)을 도출해내는 핵심적 프로세스를 나누어 보면, 우선 환경이나 시장, 즉 외부와의 접촉(Contacts)을 통한 환경인식에서 그 전략적 대응이 출발하고 있음을 알 수 있습니다. 이와 같은 접촉은 외부의 계기(triggers)나 또는 내부의 조직구성원들로부터 촉발될 수도 있습니다. 이러한 형태의 전략창조를 「접촉」을 통한 자극, 또는 계기가 전략행동을 주도한다는 점에서 「접촉 주도형(Contacts-leading process)」 전략창조라고 할 수 있습니다.

■ 논리선도형 프로세스

접촉주도형 프로세스에서는 외부 또는 주요 현상과의 접촉을 통하여 전략수립 및 대응활동이 가동될 수 있지만, 기업이 사전에 특정한 사업군, 또는 사업에 대하여 독자적인 환경의지와 논리판단(contexts)을 가지고 환경을 탐사해가는 접촉의 형태도 있습니다. 이와 같은 경우에는 기업이 적극적으로 환경탐사를 주도할 뿐만 아니라, 의도적으로 미확정된 미래환경창조를 주도한다는 점에서 「논리선도형(Contexts-leading process) 환경인식과 전략창조라고 할 수 있습니다.

■ 구도선도형 프로세스

이와는 다른 형태로 기업이 독자적으로 기업의 당면 환경에 대하여 미래지향적으로 「개략적인 윤곽을 창조」하고, 그에 입각하여 전략을 전개하는 형태도 있습니다. 이와 같은 경우에는 기업이 적극적으로 환경탐사를 주도할 뿐만 아니라, 의도적으로 미래지향적 구도하에서 환경창조를 주도한다는 점에서 「구도선도형(Contours-leading process)」 전략창조라고 할 수 있습니다.

　　이와 같이 전략의 최종결과물(contents)을 만들어 내는 프로세
스를 3가지 형태로 대별하여 봄으로써 각 기업들이 어떠한 형태
의 전략경영의 전개를 추구하고 있는지 이해해 볼 수 있습니다.

■ 5C 모델

　　<도표 3.16>에서 보는 바와 같이 전략창조의 프로세스를 「접촉
(Contacts)」과 「판단논리(Contexts)」, 「구도(Contours)」, 그리고 전
략의 최종결과물인 「전략내용(Contents)」의 도출을 기본적인 핵심
프로세스로 구분하여　「창조(Creation)」의 프로세스로 구성한 것
이 「전략창조의 5C모델」입니다.

<도표 3.16> 전략창조 프로세스 5C 모델의 전체적 개관

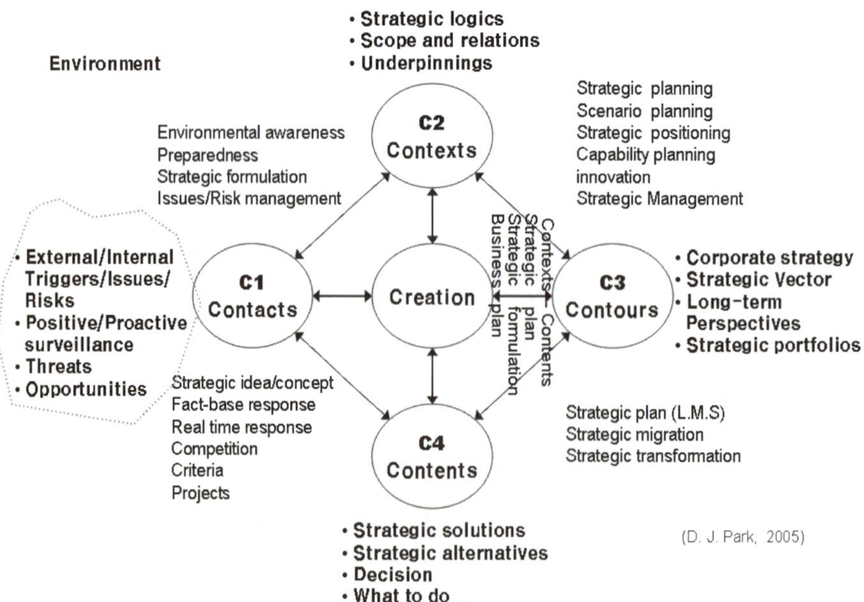

(D. J. Park, 2005)

대부분의 기업현장에서는 전략경영의 프로세스를 전개함에 있어서 그 절차와 방법이 복잡하다는 인식이 높고, 그 실천기법의 적용이 어렵다는 이유로, 간략한 형태의 전개기법을 동원하여 기업행동을 전개하고 있는 기업들이 많습니다.

<도표 3.17> 5C 전략창조 프로세스의 계층적 관계

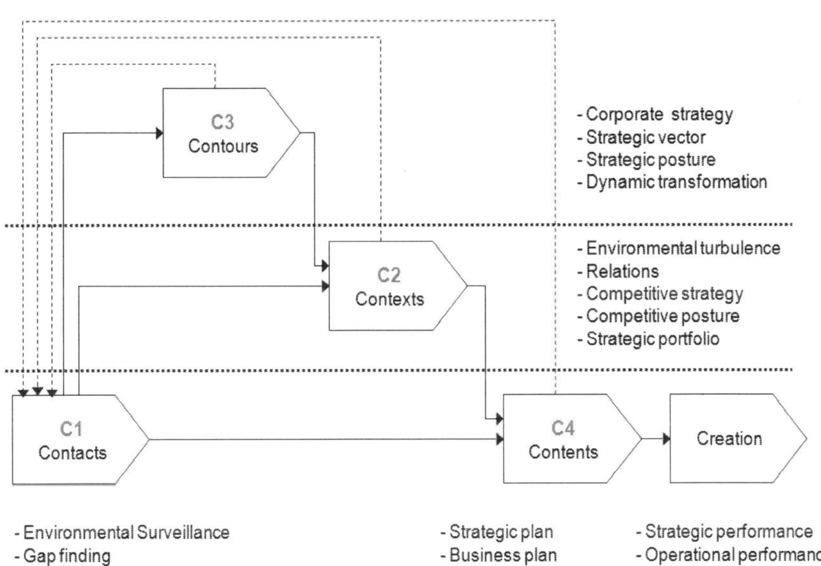

■ 습관처럼 전개되는 조급한 전략대응의 현실

조직내에서 환경상황에 대하여 좀더 정밀한 분석과 전략을 수립하지 않고 조급한 대응행동을 추진하게 되는 이유에는 다음과 같은 현실적 배경이 있습니다. 즉, 상황의 급속한 변화에 따라, 환경대응의 신속성이 요구되고 있는 기업현장의 「시간압력」을 극복하기 위하여 환경대응에 필요한 복잡한 전략경영의 절차를 생략하거나 또는 우선적으로 환경에서 요구하는 수많은 단기적 과제에 대응하지 않으면 안 되는 다양한 현실적 「해결과제압력」이 작용하기 때문입니다.   이와 같은 대응을 일상화하게 되면 점차 습관처럼 작용하게 되어, 기업의 전략창조활동이나 전략대응행동에 있어서 고식적 행태를 일반적으로 수용하게 되는 현상을 초래하게 됩니다.

■ 졸속 전략을 만들게 되는 이유

최근, 기업의 최종성과의 관리가 용이하지 않게 되고, 때로는 기업행동의 실패가 빈번해지면서 기업의 전략경영전개에 대한 관심도는 증가하고 있습니다.

<도표 3.18> 5C 전략창조 프로세스의 결합 전개관계

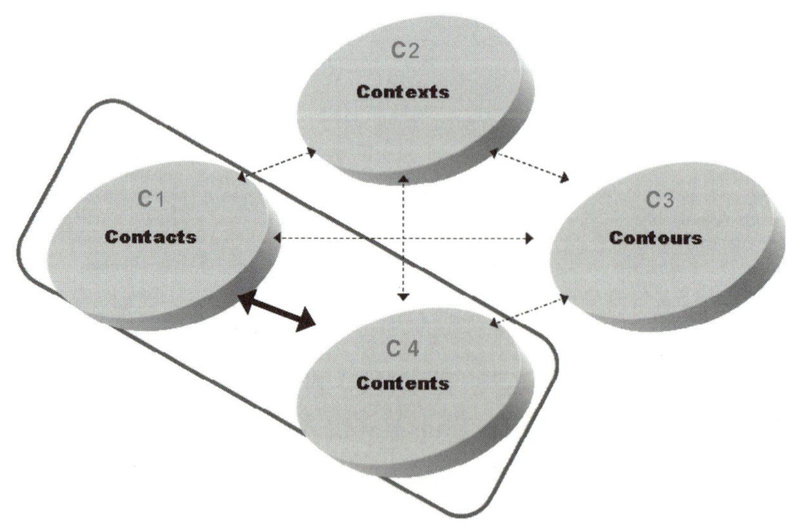

(D. J. Park, 2005)

그러나 전략경영에 대한 중요성이 증가하고 있음에도 불구하고 대부분의 경영자나 전략담당 부문에서는 아직도 자사의 전략창조의 논리(Contents)나 구도(Contours)에 대한 심도 있는 성찰과 분석과 같은 정신적 노력은 소홀히 하는 경향이 노출되고 있습니다. 한편으로는 환경에서 파악되고 있는 단편적 정보와 제한적인 사실자료에 입각하여 즉각적으로 전략대안을 모색하려고 합니다. 즉, 현상인식단계에서 대충 상황이 파악되면 바로 실행전략을 현장에서 도출하여 전략행동을 전개하려는 경향을 보이는 것입니다.

즉, <도표 3.18>에서 보는 바와 같이 전략내용을 편성함에 있어서 환경에 대한 판단 및 논리(Contexts)가 결여된 채로, 현상을 파악하자마자 바로 급조되는 전략을 전개하게 될 경우, 즉흥적 전략이나 모방적 전략을 추종하기 쉬우며, 단기적인 시장성과에 치중하게 될 소지가 높습니다. 또한, 후속적으로 전개해야 할 전략적 대비태세를 갖추는 일에 소홀하게 될 수 있습니다.

뿐만 아니라, 그때그때 등장하게 되는 필요조치들을 수행하지 않으면 안 되는 상황에 처하게 됨으로써 기업의 전략자원의 동원, 배치, 확보, 육성에 대한 동태적 관리와 전략성과의 체계적인 관리가 어렵게 됩니다.

■ 전략내용에 영향을 주는 핵심 프로세스의 결합전개관계

다음의 <도표 3.19>에서는 최종적인 전략내용을 전개하기 위하여, 필요한 나머지 3가지의 핵심 프로세스들이 긴밀하게 결합되어 그 품질을 발휘하는 정도에 따라, 어떠한 결과가 도출되는지에 대한 설명을 하고 있습니다.

도표에서 보는 바와 같이 현재의 성공을 확보할 수 있는 최소한의 요건은 도표의 Type 4에서 보는 바와 같이 즉, C1과 C2가 제대로 결합되어 도출되는 프로세스입니다.

그러나 이 경우에도, 동태적인 개략(Contours)이 결여된다면, 장기적으로 지속가능한 성장을 도모하기 어렵게 됩니다.

따라서 가장 바람직한 프로세스는 도표의 Type 7에서 보는 바와 같이 C1, C2, C3가 결합되어 도출되는 프로세스가 원활하게 전개되어 전략창조의 과정을 지속적으로 유지 발전시켜 나가는 형태라고 할 수 있습니다.

<도표 3.19> 핵심 프로세스의 전개별 성과

Process Quality Type	C1 Contacts	C2 Contexts	C3 Contours	C4 Contents 내용/현상/결과
Type 1	O	X	X	● 전략논리 실패 ● 전략구도의 미비
Type 2	X	O	X	● 전략논리는 합당 ● 현상이해와 구도미비
Type 3	X	X	O	● 장기성장가능 ● 논리판단오류 ● 현실 정합성 결여
Type 4	O	O	X	● 현재의 적합성 확보 ● 미래상황의 전체적 전략균형과 능력미비
Type 5	O	X	O	● 전략논리의 부적절로 현재의 정합성 결여
Type 6	X	O	O	● 논리, 구도는 좋지만 현실의 정합성 결여
Type 7	O	O	O	● 최적

(D. J. Park, 2005)

2. 접촉 주도형 프로세스를 위하는 기업의 전략경영

접촉주도형 프로세스(Contact-leading process: 이하 C1형 프로세스라고 함)를 취하는 기업은 가장 보편적인 형태의 기업으로, 현상의 이해와 환경과의 접촉을 통하여 전략상황을 이해하고 전략논리와 판단을 전개합니다. 이러한 형태는 전략경영에서 설명하고 있는 일반적 형태로 외부환경의 변화요소들을 중심으로 전략 프로세스가 전개됩니다.

C1형 기업의 전략경영 프로세스에도 다음 <도표 3.20>에서 보는 바와 같이 다양한 결합형태가 전개됩니다.

<도표 3.20> C1형 프로세스

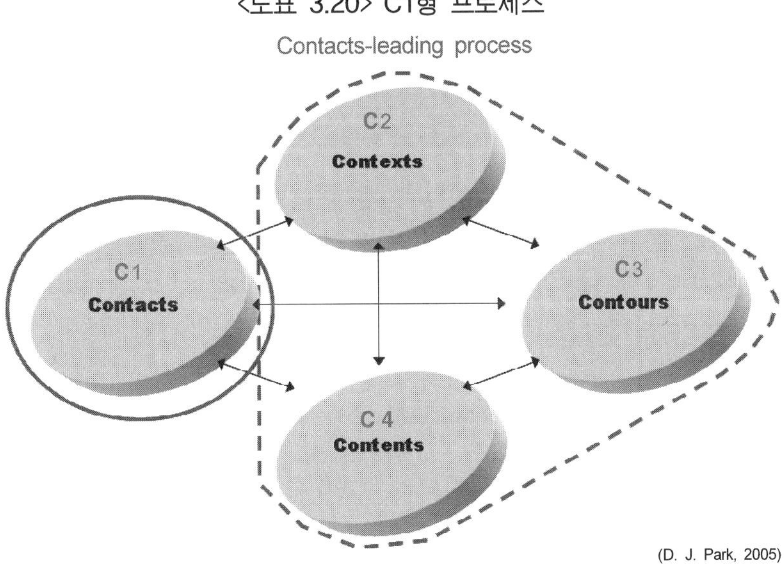

C1형 프로세스 전개에도 나머지 C2(Contexts)와 C3(Contours)의 두 가지의 핵심 프로세스가 어떻게 전개되는가에 따라, 그 프로세스의 내용과 결과가 달라집니다.

즉, 앞의 <도표 3.19>에서 보는 바와 같이 C1 프로세스가 충실히 수행된다고 할 경우에도, C2와 C3 그리고 C4(Contents)의 프로세스가 제대로 전개되지 않을 경우에는 전략성과가 전무하거나 또는 그 성과의 효과성이 제한적으로 축소됩니다.

C1 프로세스가 충실히 수행되어 그 품질이 확보되었을 경우, 유의적으로 고려할 수 있는 조건은 <도표 3.19>의 Type 1, 4, 5, 7의 경우입니다.

■ C1형 프로세스의 전개형태와 유의사항

우선 Type 4의 경우에는 현재와 조만간 당면하게 될 전략적 상황분석과 그 대응의 논리판단은 잘 구성되어 있다고 할 수 있지만, 전체적인 전략의 구도, 시간에 따라 전개해야 하는 전략의 동태적 전개, 상황에 대비하기 위한 능력이나 이념의 재구축과 같은 대비활동이 결여됨으로써 지속가능한 전략성공을 보장하기 어렵게 됩니다.

한편 Type 5의 경우에는 전략의 장기적 단기적 구도의 편성이나 상황을 이끌어가기 위한 능력 등의 편성과 같은 활동은 예비되어 있지만, 당면하고 있는 전략과제들의 해석과 그 판단 및 논리의 제약으로 합당한 전략대응을 전개하지 못함으로써, 단기적인 전략성과의 제약을 초래하게 되고, 장기적인 성장의 기반도 위협받을 소지가 있습니다.

탁월한 전략경영의 프레임워크라고 할 수 있는 이념추구형 전략경영을 실천하는 기업중에도 단기적 성과가 떨어질 경우, 이와 같은 Type 5의 형태를 주목할 필요가 있습니다.

물론 이 두 가지를 모두 충족하지 못하는 Type 1의 형태도 존재합니다. 이 경우에는 C1에서 바로 C4를 도출하는 경우입니다. 이와 같은 경우에는 특별한 전략적 사고능력을 갖고 있는 천재적 개인 또는 집단이 장기적인 안목을 가지고 즉각적으로 대응을 해 나가는 경우에만 성공가능성이 있다고 할 수 있습니다.

■ 벤처사업이 종종 전략적으로 실패하는 이유

대부분의 초기 벤처기업의 경우, 이렇다 할만한 전략조직을 편성하지 못하고, 창업자가 직접 사업과 조직을 지휘해나갈 때, Type 1의 형태의 전략대응이 전개됩니다.

이와 같은 경우, 초기에 창업자가 사업의 성공을 위하여 기울이던 모든 열정과 관심이 쇠퇴하게 될 경우, 더 이상 그 기업조직에서 전략에 대하여 유의하는 조직구성원이 결여되면서, 해당 기업의 전략성과는 퇴조하게 될 뿐만 아니라, 급속하게 성장하는 시장을 목전에 두고도 성공을 향유하지 못하는 기회손실상황을 경험하게 될 수 있습니다.

이러한 기업에서는 경영훈이나 창업훈이 잘 존중되고, 또한 기능하고 있지만, 그 실현 프로세스에서의 성과가 기대에 미치지 못하게 됨으로써 이념과 기업행동간의 거리가 발생하게 됩니다.

이와 같은 경우 안타까운 것은, 기력이 쇠약해가는 창업자도 회사 내의 그 밖의 조직구성원들도 전략의 핵심 프로세스를 정비해나가야 하는 필요성을 인식하지 못한다는 점입니다.   그것은 그동안의 성공경험에 대한 집착과 과신이 자신들의 전략행태에 타당성을 부여하기 때문입니다.

여기에 가일층, 신사업개발이나 기발한 아이디어를 중심으로 창업전략이나 사업전략을 지도하는 컨텐츠 컨설턴트들의 지도내용이 기업 전략의 핵심 프로세스에서 요구되는 노력이나 기본적이고 기초적인 전략경영의 프로세스조차 무시하는 현상도 문제라고 할 수 있습니다.

■ 관련핵심 프로세스의 결합적 전개에 유의해야 한다

C1형 프로세스에서 C1(Contacts) 프로세스는 나머지의 프로세스의 전개 내용에 따라, 그 내용이 달라집니다. 예를 들어, 전략의 상황인식과 판단논리가 명확하게 설정되어 있는 기업조직의 경우, Contacts 프로세스에서 전개하는 외부 환경인식과 그 해석의 논리와 내용이 그렇지 못한 기업의 경우와 명확히 다릅니다.

뿐만 아니라, 기업이 당면하고 있는 환경의 난기류의 동태적 변화에 대한 인식과 논리를 구비하고 전략의 전체상을 기획하고 있는 기업의 경우에 감지하고, 파악하고자 하는 정보나 자료, 상황에 대한 이해의 심도와 내용이 그렇지 못한 기업과 큰 차이가 있습니다.

따라서 C1 프로세스는 사실상의 전략창조의 핵심 프로세스의 선두에 등장하는 것처럼 보이지만, 나머지의 핵심 프로세스와의 연관관계하에서 기능적으로 결합되어 작용하게 됩니다. C1 프로세스는 기업의 전략창조의 핵심 프로세스에서 외부의 환경으로부터 직접적으로 전략의 투입정보를 도입할 뿐만 아니라, 그 성과의 평가도 이에 입각하여 수행하기 때문에, 전체적인 전략 프로세스의 시동과 완료를 결정하는 프로세스라는 점에서 중요시되는 프로세스라고 할 수 있습니다.

3. 논리선도형 프로세스의 전개형태와 유의사항

■ 논리선도형 프로세스의 주요 특징

C2(Contexts) 프로세스는 환경인식의 구조와 그에 대응하는 논리, 그리고 그에 입각한 판단 프로세스를 말합니다.

따라서 C2는 전략 프로세스의 최종결과인 C4(Contents)를 구성하는 기반, 또는 기저라고 할 수 있으며 전략내용의 대강과 논리

를 규정합니다. C2를 구성하는 요소들은 기존의 전략논리, 판별
인식논리, 의사결정원칙과 같은 규정적 요소들과 선택, 비교, 유
추, 동태적 판단과 같은 논리가 편성됩니다.

또한 C3에서 제시하는 시장, 제품, 사업에 대한 내용과 범위의
편성에 대하여 C1 프로세스를 통하여 그 사실성과 현실성을 점
검하고 가능성을 구성합니다.

따라서 C2 프로세스에서는 필요한 정보와 방법론을 포함하여
전략논리를 구사하고 필요한 시스템을 동원하여 C4 생성 프로세
스로 개략적인 대안들을 넘겨줍니다.

<도표 3.21> C2형 프로세스

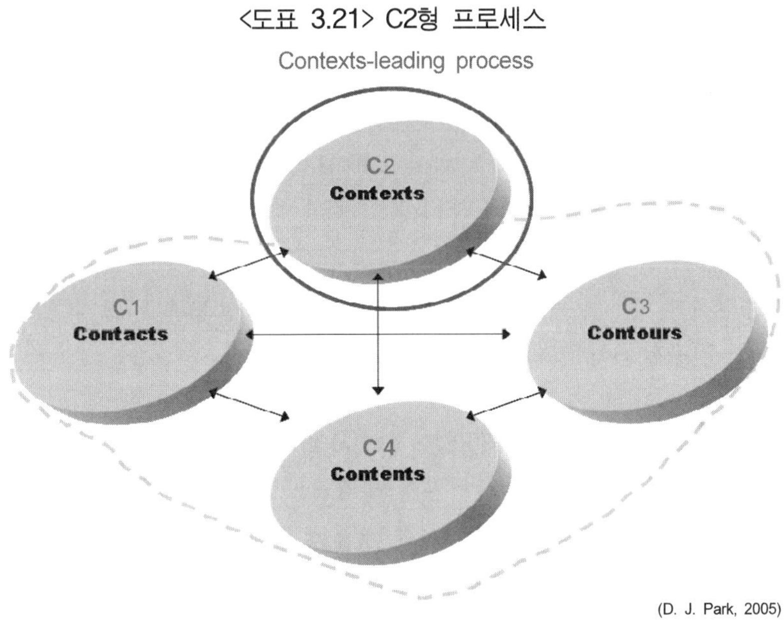

(D. J. Park, 2005)

즉, C2형 프로세스는 다양한 전략논리와 인식논리를 통하여 전
후방의 C1과 C3의 프로세스를 자극하고 여기에서 동원된 전략논
리들을 토대로 방법론과 대안들의 가능성, 환경대응의 구조를 판

별하고 여기에서 판별된 논리와 그 구성내용을 토대로 C4 프로세스에서는 제시된 가능성들과 대안들을 전략의 내용으로 구체화합니다.

대부분의 기획주도형 전략경영을 전개하는 기업들이 이에 속한다고 할 수 있습니다.

■ 논리선도형 프로세스의 유의사항

C2형 프로세스의 경우에는 환경 및 관련현상에 대한 접촉(C1 process)에 있어서도 의도적이며 선행적 접촉이 가능하며, 따라서 사전에 정의된 범위와 내용에 국한하여 C1 프로세스를 전개함으로써 접촉활동의 효과적 관리가 용이합니다. 그러나 C2의 논리나 내용구성이 제한적으로 되거나 또는 사전에 선입견이나 기성관념과 같은 판단의 왜곡현상이 내재되어 있을 경우, C1 프로세스의 대상범위를 스스로 제약해버리게 됨으로써 오히려 전략활동의 품질이 저하할 소지도 있습니다.

대부분의 기획주도형 전략의 수립과 전개에서 이와 같은 현상이 등장하게 될 경우, 제한적이거나 때로는 현실성과가 크게 떨어지는 전략활동이 전개됩니다.

■ 논리선도형 프로세스의 전개형태와 유의사항

이러한 C2형 프로세스에는 도표의 Type 2, 4, 6, 7의 형태가 있습니다. Type 2의 형태는 기획 프로세스는 발휘되고 있지만, 현실의 현상이나 환경에 대한 접촉이 제한적이며, 전사적, 장기적 구도가 결여되어 있으며 현재시점의 전략도, 미래시점에서의 전략도 그 유의성이나 효과성이 크게 떨어지는 형태입니다.

한편 Type 4의 경우에는 현재의 상황에서 단기적 성과를 거두고 있지만, 장기적, 전사적 전략구도의 프로세스가 미비하여 그 전략의 성과관리가 제대로 실행되지 못하고 있는 형태입니다. 이와 같은 경우에는 제품-기술-시장 환경의 변화 정도가 극심해지거나 변화내용이 급격하게 변화하게 될 경우, 사안별로 전개하는 상황대응의 전략성과가 고르지 못하게 될 뿐만 아니라, 전체적인 전략구도하에서의 지속적인 전략적 투자를 제대로 전개하지 못함으로 인하여, 지속가능한 전략적 성장이 곤란하게 됩니다.

Type 6의 경우에는 C2나 C3가 모두 제대로 편성되어 기능하고 있지만, C1 프로세스에서 파악되는 정보나 현실의 실상에 대한 이해가 부적절하여 그 전략성과를 보장하지 못하고 있는 형태입니다.

흔히 전략경영을 시스템적으로 잘 갖춘 회사의 경우, 시스템의 성과만을 지나치게 과신한 나머지, C1 프로세스를 타성에 의하여 전개하거나 또는 기존의 성공경험에 치중하여, 새로운 환경인식과 그 대응방식의 변경을 등한시 할 경우, 이와 같은 형태의 시행착오를 경험하게 됩니다.

Type 4, 7을 제외하고 Type 2, 6의 Contexts-leading 프로세스를 전개히고 있는 기업의 경우, 조직내부에서 기획에 대한 성과나 기능의 불신풍조가 등장할 여지가 있으며, 결과적으로는 기획기능과 기획권리와 책무의 분리현상이 조장되어 현업부문으로 기획기능이 흡수되어 사업별 기획기능의 분산현상이 초래됩니다. 이 경우, 전사적인 전략구도를 주도하는 일에 등한시 할 경우, 기업의 지속가능한 전략적 성장은 지연될 소지가 있습니다.

■ 논리선도형 프로세스의 전개와 전략경영

요약하자면, C2 프로세스가 주도적으로 전개하지만, 전체적인 구도와 자원계획의 관점에서의 C3 프로세스와의 관계에 따라 전략계획(Strategic planning)의 차원의 실천 또는 전략경영(Strategic

management)의 차원의 실천이 결정됩니다. C3 프로세스가 전향
적으로 지원할 경우, C2 프로세스는 전체적인 전략경영의 구도하
에서 전개되는 전략계획의 특성을 갖게 됩니다. 그러나 그렇지
못할 경우, C2 프로세스는 단위 사업이나 제품, 시장을 중심으로
하는 전략기획의 특성에 국한됩니다.

4. 구도선도형 프로세스의 전개형태와 유의사항

■ 구도선도형 프로세스의 특징

<도표 3.22> C3형 프로세스

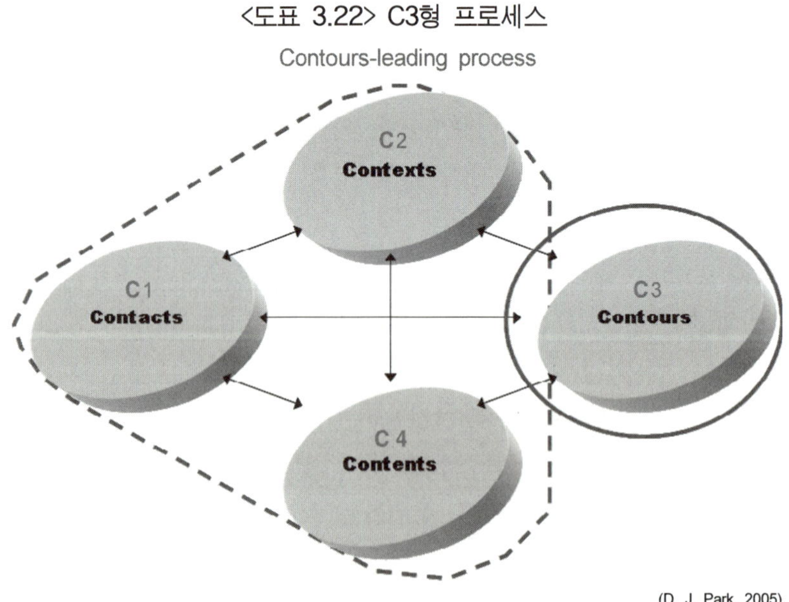

　　구도선도형 프로세스(Contours-leading process)는 전사적인 전
략구도 하에서 C1과 C2의 각 프로세스를 전개하며, 그에 입각하
여 전략창조와 전개를 도모하는 전략 프로세스입니다.

C3(Contours)는 미래를 조망하여 크게 그리는 전략의 그림 하에서 전략을 구체화 해가는 프로세스라는 점에서 비전추구형 전략경영의 프레임워크라고 할 수도 있습니다.[38]

다만, C3형 프로세스에서는 비전을 중심으로 능력계획이나 기업행동의 진화, 전략자원의 역동적 관리와 같은 전략경영의 전체상을 구도한다는 점에서, 보통의 비전수립활동보다 광범위하고 절차적이고 구조적인 활동이 전개됩니다.

환경의 흐름이 완만하지 않고, 기술적 난기류가 높고 경쟁환경이 치열하여, 시장구도의 변화가 빠를 경우, 또는 현재와는 크게 다른 미래, 즉 이질성이 높은 미래환경이 예상될 경우, C3 프로세스의 전개가 더욱 필요하며 그 유용성이 높게 됩니다.

■ 전략경영의 전체상을 중심으로 전개

구도(Contours)를 간결히 재정의하자면 기업이 추구해야하는 전략경영의 전체상이라고 할 수 있습니다.

C3형 프로세스는 난기류 수준이 높은 상황하에서 기업의 전략적 돌파가 요구될 경우에, 그 프로세스의 복잡성이나 범위의 광대함에도 불구하고, 불확실한 미래상황에서의 전략적 구도와 모색을 전개합니다. 따라서 C3형 프로세스는 전체적인 전략구도를 설정하고 그에 입각하여 환경인식과 전략논리를 전개합니다.

C2형의 경우에는 제한적인 환경인식이 C1 프로세스를 제약할 수 있지만, C3형의 경우에는 상대적으로 보다 광범위한 환경인식

---

[38] 영어단어로 Contours의 사전적 정의는 윤곽, 외곽, 개략, 형세, 등고선과 같은 의미로 활용되는 바와 같이, 여기서는 전략의 전체상을 파악하는 개념을 의미하는 것으로 채택한 단어입니다. 즉, 그 기업이 당면한 환경하에서 전략대응의 전체상의 작성과 구도를 Con(함께)+tour(두루 살펴보면서 다닌다)의 관점에서 전략주체들을 중심으로 함께 전략을 그려간다는 의미가 있으므로, 전략의 전체상의 작성 프로세스에 합당한 개념어라고 생각되어 Contours의 단어를 선택하였습니다.

을 전개함으로 C1 프로세스에서의 선입관이나 편견, 또는 기존의 성공경험에의 지나친 과신과 같은 오류는 경감될 수 있습니다.

■ 구도선도형 프로세스의 유의점

그러나 여기에서도 마찬가지로 주의해야 할 점은 C3 프로세스에서 파악하지 못하여 불확정 요소로 유보하고 있던 내용들에 대하여 C1 프로세스에서 감지하지 못하고 통과시켜버릴 수 있다는 점입니다. 그러한 현상은 현재시점에서의 불확실성의 문제에 기인하고 있는 것이므로 C1형의 경우에도 동일한 현상이 등장할 수 있습니다.

단, C1형의 경우, 제로베이스 접근에 의하여 현상을 이해하고자 할 때에는 이러한 현상을 극복할 수 있다는 점에서, C3형 프로세스를 추진하는 기업의 경우, 이에 유의할 필요가 있습니다.

C3형 프로세스는 지주회사를 중심으로 하는 기업그룹이나 다양한 사업군을 포함하고 있는 대기업체의 경우, 특히 주목해야 할 프로세스입니다. C3형 프로세스에서는 후속적으로 전개되는 C2 프로세스와 C1 프로세스의 병렬처리가 요구됩니다. 그 이유는 C3 프로세스는 거시적, 장기적, 전사적 전략구도를 작성하지만, 개별적 전략대안들을 만들고자 할 경우에는 현실상황의 정보와 환경인식에서 도출되는 사실자료(Contacts)를 중심으로 전략논리에 입각한 판단체계(Contexts)를 통하여 구체적인 전략내용(Contents)의 작성을 수행해야 하기 때문입니다.

■ 구도선도형 프로세스의 전개형태와 유의사항

C3형 프로세스에는 도표에서 보는 바와 같이 Type 3, 5, 6, 7의 형태가 있습니다. Type 3의 형태는 소위 '그림의 떡' 신드롬이라고 할 수 있는 바와 같이 기업의 거시적인 형태의 전략구도

는 편성되어 있지만, 환경인식이나 상황에 대한 정보를 파악하는 C1 프로세스나 또는 전략적 판단 논리를 구성하는 C2 프로세스가 결여됨으로써 구체적인 전략내용(Contents)을 제대로 편성하기 어려운 형태입니다. 경험이 부족하고 조직화 및 사업화 능력이 부족하지만, 모처럼 어렵게 파악한 사업기회를 놓치기 싫어서 무모하게 전개하는 초기의 대망의 기업들이 이와 같은 형태의 전략 프로세스에 속한다고 할 수 있습니다.

Type 5는 전체적인 전략구도와 현실적 상황인식은 잘 되어 있으나 전략논리가 부족하여, 그 전략성과가 떨어지는 형태의 기업을 설명하고 있습니다. 기술계 벤처기업에서 종종 이와 같은 형태의 프로세스를 취함으로써 전략적 시행착오를 반복하고 오래지 않아, 성장여력을 상실하게 됨으로써 기업도태의 과정을 경험하게 됩니다.

Type 6의 형태는 대기업에서 근무하던 우수한 인재들이 모여 만든 회사에서 의외로 시장의 실상과 환경에서 요구하는 기술-시장의 요구사항을 제대로 수용하지 못함으로 인하여 경험하는 형태라고 할 수 있습니다. 많은 시간과 지혜를 동원하여 C3와 C2의 프로세스를 가동하고 있지만, 현실적 상황인식과 시장 및 환경에 대한 접촉노력을 충분히 기울이지 못함으로써, 그 전략내용(Contents)이 겉보기에는 화려하지만, 내용이 부실하거나 또는 피상적으로 작성되어 그 전략실천의 성과가 미흡하게 되는 경우입니다.

흔히 새로이 상장하게 되는 회사들 중에 이와 같은 형태의 프로세스를 유지하는 기업들이 상당수 은폐되어 있으며, 회사의 내실과는 상관없이 주가를 조작하려는 기업들에서 목격되기도 합니다.

　이상과 같은 논의를 토대로 전략대응의 원칙을 다음과 같이 수립할 수 있습니다.

전략대응의 제40원칙

전략 제40원칙: 전략창조 프로세스를 관리한다.

전략 마인드 28

전략포맷 PERD^{2}프레임워크
Strategy Format PERD^2 FRAMEWORK

<도표 3.11>과 <도표 3.12>에서는 포괄적인 SECRET 성공전략모델을 살펴보았습니다. 전략모델을 염두에 두어, 성공적인 전략을 구도하기 위하여 이제 전략포맷의 전반적인 기본구조를 검토해볼 필요가 있습니다.

■ 전략포맷의 구조결정의 기본 프레임워크

<도표 3.23>에서는 전략포맷의 구조와 활용을 결정하는 기본 프레임워크입니다.

도표에서 보는 바와 같이 전략포맷의 근본직인 틀을 결정하는 가장 근본적인 것은 전략의 출발점, 또는 전제와 전략전개의 성과 또는 결과입니다. 전략포맷의 내용을 아무리 멋지게 편성한다고 해도, 환경변화의 흐름에 부적합하거나 환경의 요구에 적절히 대응하지 못하고 있다면, 또는 성과가 부실하다면, 전략대응의 의미를 상실하게 됩니다.

도표의 상단 좌측에는 가정 또는 전제가 정의되어 있으며, 도표의 중앙에는 활용하고자 하는 전략포맷을 구체화하고 도표의 상단 우측에는 앞에서 정의한 가정과 전제와 그에 대한 전략대응의 결과에 따라 입증, 또는 검증의 프로세스가 제시되고 있습니다.

  이에 따라 도표의 하단 좌측에는 가정과 전제의 현실을 구성하고 있는 환경요소가 제시되어 있으며, 도표의 하단 우측에는 전략포맷의 실천과 성과를 제시하고 있습니다.

<도표 3.23> 전략포맷 프레임워크의 결정구조

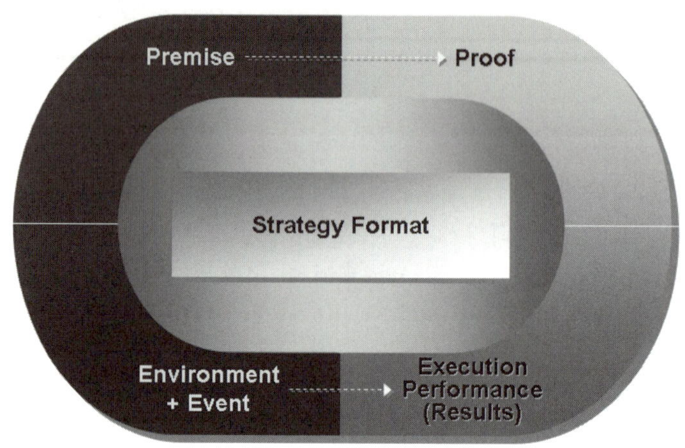

(D. J. Park, P. H. Antoniou, 2007)

  따라서 전략포맷을 활용할 때에는 가정과 전제, 환경, 실천, 그리고 입증에 관한 점검을 할 필요가 있습니다.

  제2장에서 살펴본 전략포맷에서는 가정과 전제에 관한 검토는 포맷의 맨 뒤쪽의 필드에서 점검하고 있지만, 환경의 요구사항에 대한 논의와 성과 또는 결과에 대한 검토에 대한 설명을 생략한 경우가 많습니다. 그러나 전략포맷의 활용에서는 환경변화 또는 환경요구에 관한 사항과 성과측정기준에 관한 사항을 고려할 필요가 있습니다.

전략포맷의 활용 : 환경요구사항 + 전략포맷 + (성과측정기준) + (실행)성과

■ 전략포맷 PERD 프레임워크와 연구개발

최근 기술전략, 창조전략과 관련하여 연구개발에 관련된 활동 및 기능이 강조되고 있습니다. R&D기능은 연구(R)기능과 개발 (D)기능의 결합기능으로 주로 시장중심적 제품 또는 상품개발, 기능개발을 중심으로 전개되고 있습니다.

<도표 3.24> 전략포맷 PERD^2 프레임워크

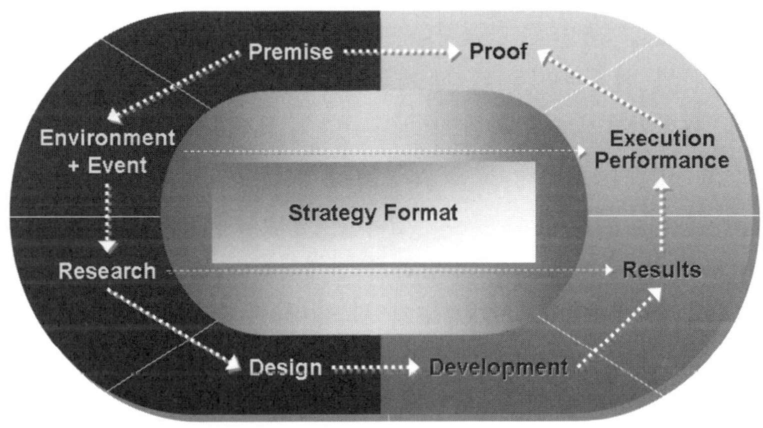

이와 같은 R&D 기능을 전략포맷의 프레임워크를 통하여 살펴 보면 <도표 3.24>에서 보는 바와 같이 PERD 프레임워크에 의하 여 점검해볼 수 있습니다.

도표의 좌측 반원은 맨 위쪽의 환경 및 상황에 대한 가정과 전제(P)에서 출발하여, 환경에 대한 현실인식(E), 환경과 현실에 대한 탐구(R), 그리고 그에 대응하기 위한 대응설계(D)로 이어지 는 PERD 구조와 전개 프로세스를 설명하고 있습니다.

도표의 오른쪽으로 이어지는 절차를 보면, 도표의 왼쪽에서 전개된 설계를 통하여 전개되는 구체적인 기능, 제품의 개발(D), 그리고 연구개발활동의 시장에서의 성과(R), 시장에서의 전략활동의 전개(E), 전략의 전제와 가정에 대한 대응의 점검(P)의 프레임워크를 설명하고 있습니다.

■ 연구개발(R&D)은 연구설계개발(R&D^2)로

도표의 하단을 보면, 연구개발의 성공적 프로세스에서 보는 바와 같이 연구개발에는 연구와 개발만 있는 것이 아니라 설계, 즉 디자인이라는 기능이 추가됩니다. 디자인의 구체적 활동에는 제품의 외관의 설계뿐만 아니라, 제품의 기능, 성능, 품질, 내구성, 운영에 이르기까지 다양하게 전개됩니다. 서비스에 대한 디자인을 보면, 시장에서 거래 또는 활용되고 있는 서비스 패키지뿐만 아니라, 서비스의 구성과 기능, 성과, 적용범위와 같이 디자인의 대상 및 방법, 구성에 따라 다양하게 전개됩니다.

이와 같은 디자인을 전개하고자 할 때에는 환경현실에서 요구되고 있는 니즈들은 어떠한 것인가, 또는 어떠한 새로운 니즈들이 요구되고 있는가에 대하여 검색하고 점검하는 서치(Search) 활동이 요구됩니다. 리서치는 흔히 이론적 연구, 선행연구, 또는 이론의 검증과 같이 해석하지만, 전략적 관점에서 리서치는 당면하고 있는 환경에서 요구되는 요구사항이나 대응해야 하는 니즈와 같은 해결과제들을 찾아내는 일이라고 할 수 있습니다.

만약 현재 당면하고 있는 니즈나 해결과제들이 파악되어 있다면, 그러한 니즈나 과제들을 다시 점검하고 검토하는 일을 리서치라고 할 수 있습니다. 이와 같이 상황과 환경에 대하여 리서치가 끝나게 되면, 이제는 어떻게 대응할 것인가, 어떠한 절차나 방법으로 대응할 것인가, 어떠한 수단을 동원하여 대응활동을 전개할 것인가와 같이 주요한 전략내용과 전략대응행동을 디자인,

즉 설계합니다.

설계작업이 진행되면, 개발작업이 순차적으로 전개됩니다. 경우에 따라서는 개발작업과 설계작업이 병행적으로 전개될 수도 있습니다. 개발작업에서는 구체적인 제품이나 기능과 같은 단위요소의 개발뿐만 아니라 운영에 필요한 새로운 시스템이나 신사업전개의 방법을 포괄하여 전략적 개발이 포함됩니다.

따라서 기존의 연구소를 중심으로 전개되는 R&D 활동은 전략적 관점에서 볼 때, 연구소와 사업연구개발 부문이 결합적으로 전개됩니다.

이와 같이 전략적 관점에서 살펴본 프레임워크에서는 전략포맷을 중심으로 좌우측으로 PERD가 대립적으로 배치되고 있기 때문에, 편의상 「전략포맷 PERD^2 프레임워크」라고 하였습니다.

전략포맷을 활용할 때에는 앞에서 살펴본 전략성공 SECRET 모델과 전략포맷 PERD^2 프레임워크를 참조하고 근거로 전략포맷의 내용을 검토하여 그 전개를 점검합니다.

<도표 3.25>에서는 전략포맷 PERD^2 프레임워크와 전략성공 SECRETS 모델을 한 눈에 알아볼 수 있도록 제시한 결합도표입니다.

이와 같이 결합해보면 다음과 같은 특성을 이해해볼 수 있습니다. 우선 전략포맷 PERD^2 프레임워크는 환경을 바라보는 가정과 전제, 활용하는 패러다임의 선택과 당면하고 있는 환경, 그에 대응하기 위한 검색과 연구, 대응방안의 모색과 방법 및 방안의 개발, 실행, 그리고 대응성과에 입각한 대응절차의 점검과 같은 환경대응의 절차적 단계를 설명하고 있습니다.

한편, 전략성공 SECRETS 모델에서는 당면하고 있는 환경에 대하여 전략대응의 주체의 역할과 책무, 당면하고 있는 환경의 이해, 능력의 진단과 활용, 전략의 모색과 전술의 개발 및 전략, 전술의 실천과 같은 전략적 환경대응 프로세스를 살펴보고 있습니다.

<도표 3.25> 전략포맷 PERD^2 프레임워크와 전략성공 SECRETS 모델

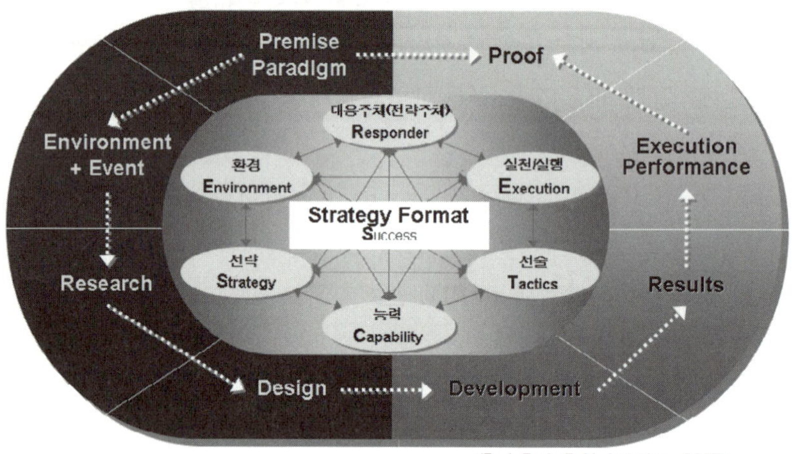

(D. J. Park, P. H. Antoniou, 2007)

이상과 같은 기본적인 전략창조와 전개의 프레임워크와 전략성공의 모델을 중심으로 다음 절에서는 전략포맷의 활용과 기본구도에 대하여 살펴보도록 하겠습니다.

이상과 같은 논의를 토대로 전략대응의 원칙을 다음과 같이 수립할 수 있습니다.

전략대응의 제41원칙

전략 제41원칙: 전략적 환경대응의 절차적 단계를 점검, 관리한다.

전략 마인드 29

전략포맷의 기본구도
Strategy Format Structure

전략포맷은 활용상황과 주체 및 능력에 따라서 전략포맷의 용법과 용례가 달라집니다. 또한 각 포맷마다, 구조와 내용이 다르기 때문에, 포맷을 완성하고 활용하는데 필요한 시간과 노력, 지능적 활동들이 요구됩니다. 따라서 경영관리자들은 당면하고 있는 상황에 따라서 어떠한 전략포맷을 활용할 것인가를 선택하여 결정해야 합니다.

<도표 3.26> 전략성과를 제고하는 전략포맷

	1	2	2A	3	5	6
	Goal/ Objectives	Contents	Capability	Alternatives of execution	Management	Operation
Strategy Formats	Strategy Format 1					
	Strategy Format 2					
	Strategy Format 3					
4 Organizations	Strategy Format 4					
	Strategy Format 5					
	Strategy Format 6					

Strategic Modifiers & Performance Enhancers

(D.J. Park and P. H. Antoniou, 2007)

<도표 2.44>에서는 전략포맷의 기본구조에서는 포맷 1에서 6 까지의 기본 전략포맷을 살펴보았습니다.

■ 전략성과를 촉진하는 RIRI 전략요소들

<도표 3.26>에서는 기본 전략포맷을 강화하여 전략성과를 제고하는 고급 전략포맷의 논리를 설명하고 있습니다.

<도표 3.27> 전략포맷의 전체상

Format Structure of the Strategy

Strategy Formats		1 Goal/ Objectives	2 Contents	4 Alternatives of execution	5 Management	6 Operation
		Strategy Format 1				
		Strategy Format 2				
3	Organization & Capability	Strategy Format 3				
		Strategy Format 4				
		Strategy Format 5				
		Strategy Format 6				
7	Resources	Strategy Format 7				
8	Innovation	Strategy Format 8				
9	Risks	Strategy Format 9				
10	Intelligence	Strategy Format 10				

(D.J. Park and P. H. Antoniou, 2007)

제2장에서는 전략포맷 7에서부터 10까지 자원(Resource), 혁신(Innovation), 리스크(Risk), 지능(Intelligence)의 요소들을 추가적으로 반영한 전략포맷의 형태로 살펴보았습니다. 이 4가지의 성과

촉진요소들을 기억하기 쉽게 편의상 **RIRI** 전략요소라고 하겠습니다.   **RIRI** 전략요소들은 난기류가 높아지고, 불확실성이 높아지는 상황에서 특히 주목해야 할 전략요소들입니다.   <도표 3.27>에는 전략포맷의 전체상을 요약하고 있습니다.

<도표 3.27> 전략포맷의 전체상을 보면 알 수 있는 바와 같이, 어떠한 전략포맷들이 어떠한 전략요소들을 고려하고 있는가를 식별할 수 있습니다.

앞에서도 살펴본 바와 같이 전략포맷의 활용에서는 전략포맷의 앞뒤 또는 내용에 전략성공모델과 **PERD** 프레임워크에서 요구되는 요소들을 추가할 수 있습니다.   예를 들면, 다음과 같은 컨텍스트(context), 즉 환경과제와 성과측정요소를 문맥으로 반영하여 전략포맷을 활용합니다.

<도표 3.28> 전략포맷의 활용시 환경과 성과요소를 반영

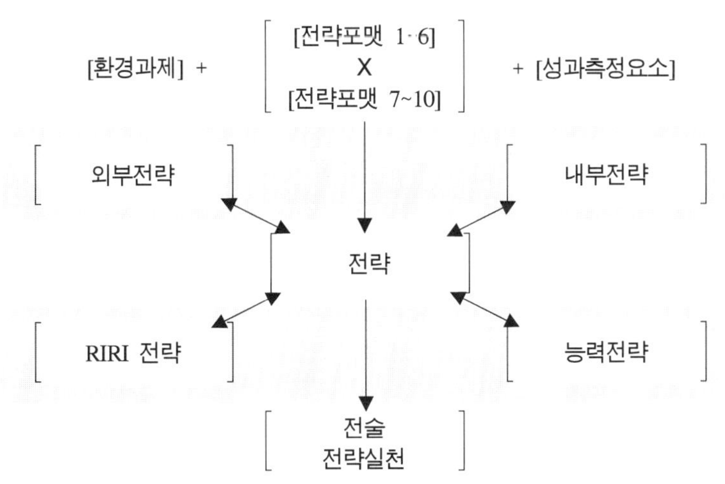

(D. J. Park, 2007)

■ 다양한 형태의 결합적 전개로 전략성과를 높인다

이와 같은 전략포맷의 활용과 실천에서는 필요에 따라 다양한 형태의 결합적 전개가 가능합니다. 예를 들면, [전략포맷 4]를 활용하면서 RIRI 전략성공요소들을 부가적으로 선택반영하거나 또는 [전략포맷 8]을 활용하면서 능력중심형 전략전개를 전개할 수도 있습니다.

이와 마찬가지로 [전략포맷 9]를 활용하면서 시스템적 혁신과 신시스템 구축의 논리적 기틀로 활용할 수도 있습니다.

필요하다면, 외부전략을 중심으로 전략포맷을 전개하면서 필요한 내부전략을 도출할 수도 있으며, 그와 반대로 내부전략을 전개하면서 전략포맷을 중심으로 외부전략을 정비할 수도 있습니다. 이와 마찬가지로, RIRI 전략요소들에 대한 대응전략을 강화하면서 경영관리와 실행에 관한 [전략포맷 5]와 [전략포맷 6]을 정비할 수도 있습니다.

이상과 같은 논의를 토대로 전략대응의 원칙을 다음과 같이 수립할 수 있습니다.

전략대응의 제42원칙

전략 제42원칙: 전략성과촉진 요소를 체계적으로 관리한다.

전략대응의 제43원칙

전략 제43원칙: 전략성과요소들과 전략촉진요소들의 결합적 전개를 효과적으로 실시하여 전략성과를 높인다.

전략 마인드 30

전략적 균형모델
Strategic Alignment Model

■ 전략 스케치(sketch)

미지의 환경에 대응하기 위하여 전략을 모색할 때에는 마치 그림을 그릴 때의 스케치를 하는 것과 마찬가지로 전략에 대한 윤곽을 파악할 때 전략벡터나 큐브를 활용할 수 있습니다.[39]

앞에서도 살펴본 바와 같이 전략벡터를 완성하는 과정은 스케치의 내용을 구체화하는 작업과도 유사합니다. 기술이나 사업, 또는 시장에 대하여 미세한 조정을 할 필요가 있을 때, 그에 대하여 지속적으로 보완과 수정을 통하여 전략벡터를 정교하게 다듬이갑니다.

전략벡터가 완성되면, 전략벡터를 중심으로 성장전략을 구체화시킵니다. 예를 들면, 시장의 전개와 제품, 사업의 전개, 기술의 전개를 결합하여 지금보다 유리한 상황으로의 성장전략을 구사합니다. 전략벡터를 완벽한 형태로 정교한 내용을 만들지 못하였을 경우, 실험적으로 각 전략영역들에 대하여 단계별 시도를 전개합니다.

예를 들면, 특정시장에서의 제품 및 기술전략을 전개하면서 시장과 고객의 반응을 점검하고, 그에 따라 후속적인 시도를 전개

---

[39] 이하 전략벡터와 큐브를 동일하게 전략벡터라고 하겠습니다.

하면서, 처음에 만들었던 벡터를 보완하는 것도 가능합니다.   이와 같은 경우, 처음에 대충 그렸던 벡터는 최종적인 전략모색을 위한 스케치 초안과 같은 기능을 하게 됩니다.

■ 전략벡터와 구심력의 균형

전략벡터는 나아가는 힘, 즉 원심력이며 전략의 내용을 구체화하는 것이라고 한다면 전략벡터에 대응하는 구심력, 즉 전략능력이 뒷받침되지 않을 경우, 전략성과는 무의미하게 됩니다.   따라서 전략포맷에서도 간략히 소개된 바와 같이 실행력이 뒷받침되지 않는 전략은 착상과 발상 차원에서의 전략, 즉 「그림의 떡」으로 전락하게 됩니다.

따라서 전략을 수립하고자 할 때에는 구심력을 확보하는 방안을 모색하거나 또는 구심력을 활용하는 전략방안을 모색할 필요가 있습니다.

<도표 3.29> 전략벡터와 구심력

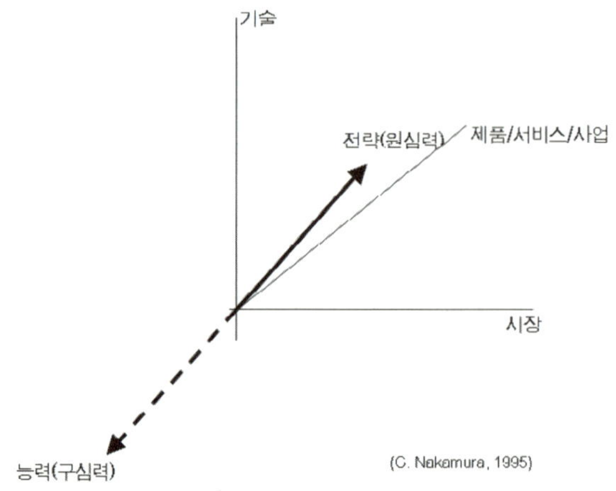

　　<도표 3.29>에서 보는 바와 같이 전략의 벡터의 크기(S1)는 능력의 구심력(C)과 균형을 이룰 필요가 있습니다.

　　만약 벡터의 크기, 즉 원심력(S1)이 구심력(C)보다 작으면 과잉능력의 문제가 발생하며, 그 반대의 경우에는 능력부족의 문제가 발생하게 됩니다.

　　정태적 관점에서 현재 원심력과 구심력이 균형을 이루고 있다면, 전략은 안정적으로 실현됩니다. 그러나 <도표 3.30>에서 보는 바와 같이 동태적 관점에서 볼 때, 당면하고 있는 환경 하에서는 지속적으로 새로운 도전과제들이 등장하게 되어, 조직에서는 새로운 전략대응(S1)이 요구되므로 전략의 변혁에 따라 필요한 능력(C)을 지속적으로 변혁해야 하는 상황을 경험하게 됩니다.

　　이와 같은 동태적 관점에서는 환경대응의 주체는 만성적인 능력부족현상(△C)을 경험하게 됩니다.

<도표 3.30> 전략벡터와 구심력의 변화 (SC 균형)

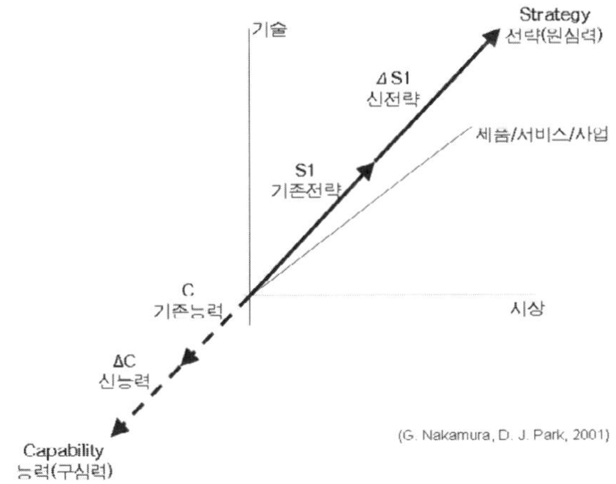

■ 전략능력부족현상을 어떻게 극복할 것인가?

전략능력부족현상(△C)을 극복하는 방법에는 다양한 수단들이 동원됩니다. 내부적 자원능력의 재편성을 위한 수단으로는 능력재편을 위한 특정사업부문에서의 철퇴(divestment)와 내부조직기능의 외부화(spin off)와 같은 수단들이 있으며 외부적 자원의 도입과 활용을 위하여 인수합병(M&A)와 전략적 제휴(strategic alliance)와 같은 수단들이 있습니다. 이와 같은 대안들을 성장전략을 뒷받침하는 수단전략이라고 정의합니다.

<도표 3.31> 능력확보를 위한 수단과 대안

	확보능력 활용	능력 혁신	신규개발
기존확보능력	기존 자원활용의 효과적, 효율적 전개	능력 및 전개내용, 전개방식의 혁신	증자, 증원, 증설
기존능력 재구성	철퇴(Divestment) 내부역량의 외부화 (Spin off)	능력구조의 변혁 리스트럭처링	자회사/관계사 설립
조달활용	전략적 제휴 (Strategic Alliance)		
확보	인수합병 (Merger & Acquisition)		

(G. Nakamura, 2001, D. J. Park, 2007)

수단전략이 동원될 경우, 자원의 전개나 활용능력의 구조가 변화됩니다. 따라서 사전에 수단전략의 전개가능성을 고려하게 되면, 전략의 내용과 수준을 변화시킵니다.

이와 같은 수단전략을 전개하는 방안 이외에도 스스로 내부적 능력을 개발하고 육성하여 추가적으로 필요한 능력을 확보하여 대응하는 방법이 있습니다. 외부적 능력의 활용의 경우에도 내부적 능력확보의 수준에 따라 그 활용가능성이 달라지기 때문에, 내부능력의 확보는 필수적인 요소라고 할 수 있습니다.

내부능력의 확보와 더불어 내부능력강화를 위하여 전개할 수 있는 두 가지의 필수적인 대안들이 등장합니다.

그 첫 번째는 기존의 능력발휘의 방식이나 내용의 구성을 새롭게 하고 변혁하여 혁신을 도모하는 방법입니다. 여기에는 경영관리나 사업전개의 방식, 제품, 서비스, 업무처리의 내용을 변혁하는 혁신방안들이 있습니다.

또 하나의 전략은 기존의 능력요소들의 내용을 질적으로 변혁하여 새로운 형태로 대응하는 개발전략이 있습니다. 새로운 형태의 신제품, 신서비스개발, 신사업의 개발을 수행할 수 있는 신소재개발이나 신기술의 개발, 새로운 제품-서비스 능력과 같은 능력을 개발하는 전략입니다.

따라서 능력확보를 위한 전략대안들은 <도표 3.31>에서 보는 바와 같이 구분하여 볼 수 있습니다.

■ 전략의 필요조건으로써의 구심력

구심력을 새로이 확보하여 전략을 전개하는 방안을 신규역량전략이라고 하고 기존의 구심력을 활용하는 전략을 기존역량전략이라고 정의하겠습니다.

기존역량전략은 기존의 능력상의 강점이나 역량의 우위성을 중심으로 전략을 전개합니다. 따라서 새로운 능력을 통하여 대응하기 보다는 기존의 능력을 중심으로 대응의 방식이나 내용을 편성하여 전략을 모색합니다. 따라서 기존의 인적 자원이나 물적 자원을 중심으로 그 활용에 있어서 최적의 대안을 모색합니다. 따라서 능력을 벗어나는 전략은 실행가능성이 제한되므로,

전략내용이나 범위는 능력범위 내에서 모색되고 전략대안의 선택 또한 능력범위 내에서 실천가능한 방안들이 선택됩니다.

따라서 기존역량전략에서는 전략이 역량에 의존하는 형태로 전개됩니다. 이와 같은 방식을 일반화하게 될 경우, 새로운 역량을 지닌 경쟁그룹이 등장하게 될 때, 새롭게 추진하는 전략의 핵심은 새로운 역량을 어떻게 최대한 효과적이고 효율적으로 도입할 것인가에 초점을 맞추게 됩니다.

신규역량전략은 새로운 역량을 중심으로 전략을 전개합니다. 따라서 새로운 전략을 성공적으로 전개하기 위하여 필요한 전략역량을 새로이 갖추기 위한 경영노력을 경주합니다.

이러한 신규역량전략에서도 새로운 역량의 확보가능성이 전략의 내용과 범위를 제한합니다. 새로운 역량을 신속하게 확보하지 못할 경우, 신전략의 선택과 전략전개는 제한됩니다.

역량에 의한 전략은 실행적 차원에서 볼 때, 확보하고 있는 역량에 따라 제한됩니다. 그러나 역량중심적, 또는 역량의존적 전략발상의 관점은 상대적으로 불리한 역량을 확보하고 있는 신흥기업들이 시장을 평정하게 되는 경우와 같은 역량부족상황 하에서의 전략전개를 창조하지 못하게 됩니다.

실제로 역량은 전략의 실천을 위한 필요조건이기는 하지만 충분조건은 아니기 때문입니다.

■ 전략성과를 촉진하는 경영능력

원심력과 구심력, 즉 전략과 능력을 갖추고 있을 경우에도 이를 효과적으로 관리할 수 있는 경영활동이 뒷받침되지 못하면 능력과 전략의 균형을 유지하거나 전략의 실천과 성과의 관리가 제대로 전개되지 못할 뿐 아니라 능력성과의 발휘도 유지되지 못하게 됩니다.

<도표 3.32>에서 보는 바와 같이 새로운 환경에 대응하기 위한 전략의 모색과 추진에는 새로운 능력뿐만 아니라 그에 합당한 새로운 경영활동이 전개되어야 합니다. 새로운 경영활동을 전개하기 위하여 필요한 대안을 모색하는 일은 새로운 전략과제로 등장합니다.

<도표 3.32> 원심력과 구심력의 균형을 관리하는 경영행동(SMC 균형)

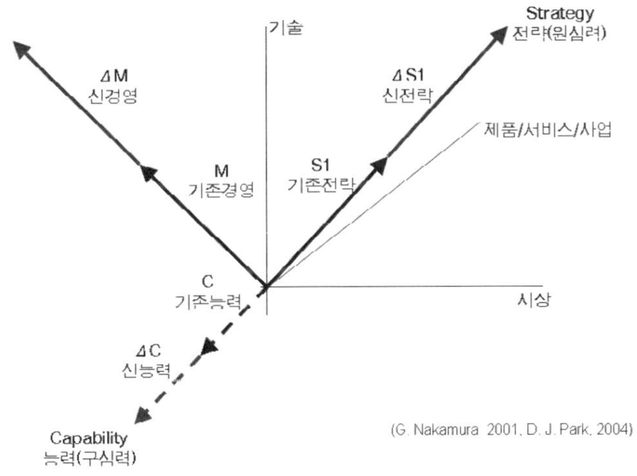

따라서 경영전략은 새로운 환경에 대응하는 전략의 모색과 그에 대응하는 능력의 전개에 관한 전략을 포함하여 이에 관한 경영활동의 전개를 위한 방안을 모색합니다. 기업현장에서 환경대응을 전개하기 위한 새로운 전략이나 능력의 변혁에 관한 핵심적인 전략의 내용이 결여되어 있을 경우, 경영전략은 종종 관리를 위한 전략으로 「전락」됩니다. 그것은 경영전략이 이 전략과 능력간의 균형과 갈등의 해결을 수행해야 하지만, 실제로 그에 대

한 핵심을 결여하고 있을 경우, 과거로부터 실천되어온 균형을 전제로 관리를 효과적으로 수행하기 위한 대안을 중심으로 전략을 모색하기 때문에 비롯됩니다.

그러므로 경영전략이 제대로 편성되려면, 전략과 역량에 대한 내용이 먼저 제대로 편성되어야 합니다. 전략과 역량에 대한 내용이 확립되고 그에 따라 경영전략이 구체적으로 편성될 때, 전략벡터에서 수립한 전략은 사업전략, 제품-서비스 전략, 시장전략 및 기술전략으로 구체화됩니다.

■ 전략경영의 전개를 위한 혁신적 경영변혁이 요구된다

경우에 따라서는 이와 같은 전략들이 경영전략과 결합적으로 전개되기도 하며, 각각 개별적으로 구분되어 수립되고 상호 지원적으로 전개되기도 합니다. 이러한 과정에서 각 전략의 전개에서 유발되는 마찰과 조정, 결합효과와 관련하여 전략의 통제가 필요하게 됩니다. 대부분의 기업에서는 전략의 통제를 별도의 조직이나 기능에서 주관하지 않고 기존의 경영행동에서 주관하려는 경향이 있습니다.

기존의 경영행동에서는 계획과 관리행동, 실행통제 및 피드백을 실시하고 있으므로, 기존의 경영행동에서 주관할 수 있다고 판단하기 때문입니다. 그러나 종종 전략과 경영간의 마찰이 등장하게 될 때, 현실적으로 경영활동이 전략을 밀어내는 경향을 보이기도 합니다. 그 대표적인 예가 전략에 대한 「그레샴 법칙 신드롬」이라고 할 수 있습니다.[40]

이와 같은 현상이 만연될 때, 기업은 외부효과성을 상실하게 되어 전략적 환경대응성과가 떨어지게 됩니다. 이러한 경우, 내

---

[40] 전략에서의 그레샴 법칙은 운영행동(operating activities)이 전략행동(strategic activities)을 밀어내는 현상을 의미합니다.

부감사가 공식적인 해결방안이지만, 감사실이 최고경영자 또는 이해관계인의 권능에 부정적 영향을 받아서 제대로 기능을 하지 못할 경우가 많습니다. 이 경우, 유일한 견제책으로 최고경영자를 비롯한 관련 임원의 책임을 묻고 해임하는 방안이 동원됩니다.

최근 기업행동의 통제활동에서는 이사회에 대한 견제와 감시와 같은 행동이 늘고 있으며, 그와 같은 현상이 등장하는 요인 중의 하나는 기업내부에서 사업운영(Operation)에서의 전략통제의 효과성이 떨어지고, 그 성과를 제고하지 못한 임원진과 이사회에 대하여 책임을 부여하고 감독하고자 하기 때문입니다.[41]

따라서 이사회 기능을 점검하고 전략성과를 높이기 위한 역할의 정비를 제시하기도 합니다.[42]

이와 같은 현상은 근본적으로 전략기능을 주관하는 부문과 기능이 제대로 갖춰지지 않고 제대로 발휘되지 않고 있기 때문에 발생하는 것이므로, 필요한 조직과 시스템, 연관부문과의 결합적 통제와 같은 체계적 대응이 결여될 경우, 단순히 임원이 직접 책임을 맡아서 지휘를 한다고 해서 순탄하게 해결될 성질의 것은 아닙니다.

■ 환경대응의 핵심이 빠진 허울 좋은 경영전략, 운영전략을 경계하라

전략의 모색과정에서 기존역량전략과 신규역량전략과 마찬가지로 기존경영전략과 신규경영전략의 모색이 전개됩니다. 이와 같은 모색과정에서 환경에 대응하기 위한 새로운 전략에 대한 판

---

[41] 최근 이와 같은 현상에 대한 연구와 대응방안의 연구는 주로 Corporate Governance라는 주제로 전개되고 있음.

[42] Gordon Donaldson, A New Tool for Boards - Strategic Audit, (HBR, Jul-Aug 1995), Harvard Business Review on Corporate Governance, 2000, HBS Press. pp. 53-78

단이 결여되거나 핵심이 빠져있을 경우, 경영전략과 능력전략 간
의 결합을 통하여 보기 좋은 전략을 모색하는 경우도 종종 목격
됩니다.

예를 들면, 기존역량전략과 신경영전략의 혼합적 적용이나 신
규역량전략과 기존경영전략, 또는 신경영전략과 신규역량전략과
같은 형태의 전략을 편성하여 기업전략을 설계하는 형태입니다.
이와 같은 경우에는 내부적 효과성은 달성할 수 있을지는 몰라
도, 전략벡터를 형성하는 전략영역들에 대한 대응방안이 결여되
어, 외부적 효과성을 결여하게 되고 결과적으로 전략적 타당성을
상실하게 됩니다.

<도표 3.33> SMCO의 결합적 전개

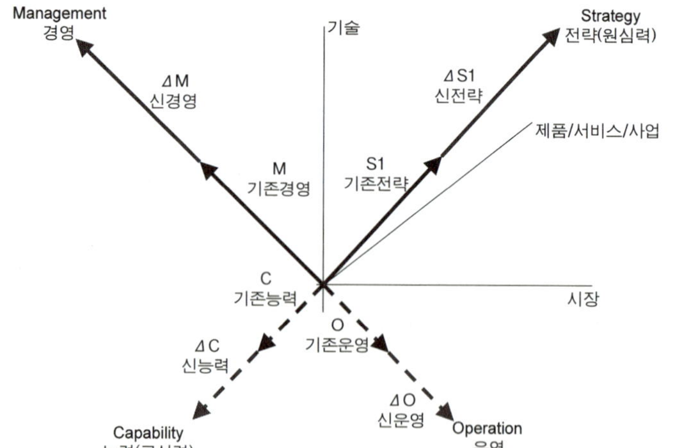

이와 같은 형태의 경영전략을 토대로 운영전략을 편성할 경우,
기업의   최종적인   수익성과를   좌우하는   운영성과(operating
performance)는 제약됩니다.   따라서 새로운 환경에서 요구하는

전략의 핵심적 대응을 간과하게 될 경우에는 아무리 운영측면에
서의 새로운 방안을 이리저리 만들어 봐도 성과가 오르지 않는
현상이 유발되는 것입니다.

<도표 3.33>에서는 전략과 경영, 운영과 능력의 결합관계를 통
하여 새로운 전략의 추진에 필요한 신경영, 신운영, 신능력이 균
형적으로 전개되어야 하는 관계를 설명하고 있습니다.

<도표 3.34> SMCO의 균형

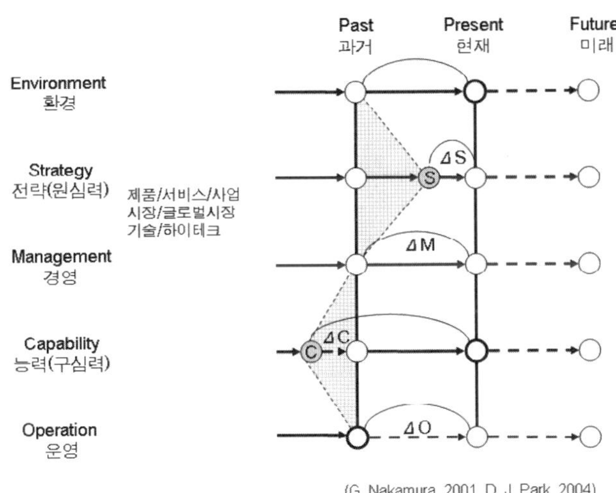

<도표 3.34>에서는 환경대응에 필요한 전략과 능력, 그리고 이
를 효과적으로 수행하기 위한 경영과 운영에 관한 균형관계를 예
시하고 있습니다. 예시되고 있는 기업은 과거에는 환경에서 부
여하고 있는 도전과제들에 대하여 전략적 대응은 다소 앞서가고
경영과 운영은 환경에서 요구하고 있는 수준과 적합하게 대응하
고 있지만 능력은 다소 미흡한 상태의 불균형관계를 유지하였음

을 보여주고 있습니다.

그러나 이 기업은 현재 당면하고 있는 상황 하에서는 전략의 내용도 약간의 격차($\varDelta S$)를 보이고 있습니다. 그동안 경영의 내용이나 운영의 측면에서도 별다른 개선을 하지 않고 과거의 수준을 유지하고 있기 때문에 현재 당면하고 있는 도전과제를 해결할 수 있는 경영행동이나 사업운영의 수준 또한 미달하고 있습니다.

더욱이 그동안 능력의 강화와 보완을 수행해오지 않았기 때문에, 새로운 도전과제들에 대응하기 위한 능력격차는 더욱 벌어지고 있습니다. 따라서 이 기업은 새로운 환경대응을 전개하기 위하여 환경대응의 4대 성공요소인 경영, 운영, 능력, 전략을 균형수준으로 혁신하고 개선하며 부족한 점들을 보충하여 대응할 수 있도록 하기 위한 각고의 노력을 경주하여야 할 것입니다.

균형수준에서 미달하고 있는 성공요소를 충족시키지 못할 경우, 현재의 기업성과를 높일 수 없을 뿐만 아니라 장래의 균형유지에 더욱 큰 격차를 경험하게 됩니다. 즉, 현재 당면하고 있는 성공요소의 격차 문제를 회피하는 것은 향후에는 보다 큰 문제의 발생을 유발하는 것과 같다고 할 수 있습니다.

따라서 기업의 경영관리자들은 전략과 능력 그리고 경영과 운영의 균형적 결합과 효과적 전개를 도모할 수 있는 전략경영의 방법과 능력을 강화하고 정비할 필요가 있습니다.

■ 불균형에서 활력을 찾는다

정태적 차원에서 전략과 능력, 그리고 경영의 균형상태를 유지하는 것은 현재, 또는 특정한 시점에서 중요한 성공요소입니다. 그러나 동태적 차원에서는 불균형이 균형을 유발시키는 동인(動因)이 됩니다. 즉, 지속적으로 변화하고 있는 환경에 대응하는 조건에는 불균형이 발생하기 때문에, 균형을 만들어갈 수 있으며, 또한 균형을 창조하려는 의지가 실현된다는 역설이 성립됩니다.

$$E = S \times C \times M \times O$$

$$E' = E + \varDelta E$$

$$E' = (S +\varDelta S) \times (C +\varDelta C) \times (M +\varDelta M) \times (O +\varDelta O)$$

E: 환경대응 E': 새로운 환경대응 $\varDelta$E: 새로운 환경변화
S: 전략 $\varDelta$S: 새로운 전략 변화 C: 능력 $\varDelta$C: 새로운 능력 변화
M: 경영 $\varDelta$M: 새로운 경영 변화 O: 운영 $\varDelta$O: 새로운 운영 변화

이와 마찬가지로 기존의 균형은 일정시점 이후에는 불균형으로 전환됩니다. 그렇다면, 현재의 균형을 유지하는 것도 중요하지만, 새로운 불균형으로의 신속한 이동은 새로운 균형을 창조하는데 필수불가결한 요건으로 작용합니다.

예를 들면, 기존의 균형관계에 성립되는 [S=C=M=O]의 균형관계에서 [S+$\varDelta$S=C+?=M+?=O+?]과 같이 새로운 환경변화에서 요구되는 $\varDelta$S를 추가함으로써 기존의 균형을 파괴하여 불균형을 유발시키고 $\varDelta$C와 $\varDelta$M, $\varDelta$O를 변혁시켜 기업의 능력과 경영을 새로운 차원으로 발전시켜 새로운 균형으로 이동시켜가는 접근방법이라고 할 수 있습니다.

<도표 3.35>에서는 새로운 환경의 도래와 더불어 기존의 성공조건이 새로운 환경에서는 새로운 성공조건으로 이행하여야 한다는 점을 제시하고 있습니다.

즉, 새로운 환경이 등장하면 그에 대응한 전략적 내용들은 그동안 대응하던 내용과는 다른 종류의 새로운 내용과 형태의 전략대응이 요구됩니다. 따라서 기존의 성공전략의 내용은 새로운

환경하에서 새로운 내용으로 재구성되거나 새로이 편성되어야 합
니다. 이러한 관계구조는 특정한 기업이나 조직, 또는 개인이 기
존의 성공전략을 모방할 경우, 새로운 환경현실 하에서는 성공적
인 결과를 도출하게 되지 못하는 이유를 설명하고 있습니다.

<도표 3.35> SMCO의 동태적 균형

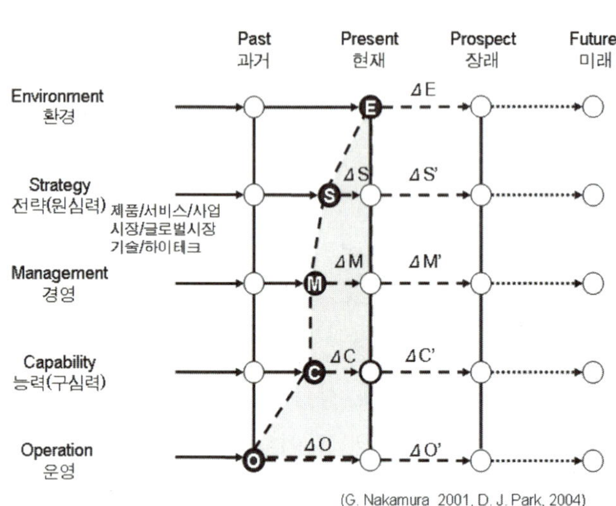

시점을 당면하게 될 장래의 현실로 옮겨놓고 본다면, 현재 추
구하고 있는 전략은 조만간 대폭적으로 수정되지 않을 경우, 즉
전략내용의 변혁(ΔS')을 전개하지 않을 경우, 전략의 유효성은
상실하게 될 수 있습니다.

이와 마찬가지로 능력변혁(ΔC')이나 경영의 변혁(ΔM'), 사업
운영 또는 생산운영의 변혁(ΔO')을 전개하지 않을 경우, 당면하
게 될 새로운 환경현실에서 환경대응의 성과를 보장할 수 없게
됩니다. 따라서 미래로 시간을 연장하여 동태적으로 파악해 볼
때, 현재의 균형에 만족하지 않고 미래의 균형의 관점에서 새로
이 고려해볼 필요가 있습니다.

　물론 전략을 선두로 하지 않고, 능력이나 경영을 선두로 하여 불균형을 조성하고 그에 의하여 다른 요소들의 균형을 이끌어갈 수도 있습니다. 그러나 전략벡터의 핵심이 제품, 서비스, 사업을 중심으로 하는 사업축과 입지와 공간을 중심으로 하는 시장축, 그리고 사업과 시장에서의 품질을 결정하는 기술축을 중심으로 하는 전략영역에서의 기획이 경영과 능력의 설계의 초점이 되므로 전략의 창조는 기업의 성장과 발전의 원동력이 된다고 할 수 있습니다.

　이와 같이 전략과 능력, 경영과 운영의 결합을 효과적으로 전개하는 논리와 체계를 전략경영의 기본이라고 할 수 있습니다. 필자는 이러한 논리적 체계를 「전략경영 SMCO 균형모델」, 또는 줄여서 「전략적 균형모델」이라고 정의하고 있습니다.

　이상으로 전략벡터를 중심으로 어디에서 무엇을 할 것인가에 대한 기본적인 발상의 원점과 관련된 전략들 간의 관계를 살펴보았습니다.

　전략벡터는 기본적으로 전략발상의 원점에서 고려할 수 있는 전략영역들을 구상하고 발상의 연습과 스케치를 통하여 기업이 나아가야 할 전략적 영역의 세분화(strategic segmentation)를 가능하게 합니다.

■ 균형도 규모에 따라 다르다

　전략적 균형을 고려할 때, 규모를 고려하지 않을 경우, 처음부터 판단의 혼란을 가져올 수 있습니다. 예를 들어, 당면하고 있는 환경에 대응하고자 할 때, 대응해야 하는 환경의 규모가 어느 수준인지에 대하여 판단을 내리지 않고 대응하고자 할 경우, 마치 계란으로 바위를 치는 격으로 난처한 상황에 처하게 될 수 있습니다.

이와 마찬가지로 대응해야 할 내부적 역량의 가용자원의 규모가 어떠한가에 따라 전략적 균형도 달라집니다.

대응가능한 능력 수준, 또는 능력 규모의 내에서 대응전략을 모색할 경우 전략대응은 용이하게 전개될 수 있습니다. 그러나 대응가능한 능력의 규모를 초월하는 전략을 전개해야 할 경우, 전략대응이나 전략실천은 타당성을 상실할 소지가 있습니다. 이와 같은 경우에는 필요능력규모를 충당하기 위한 별도의 수단전략을 강구하지 못할 경우, 해당 전략의 전개는 오히려 기업조직에 심각하고 위험한 영향을 미치게 될 수 있습니다.

따라서 전략적 균형을 모색할 때, 선행적으로 규모에 대한 판단을 염두에 둘 필요가 있습니다.

■ 외부적 균형과 내부적 균형을 결정하는 규모

만약 당면하고 있는 환경현상에 대하여 대응을 전개하고자 할 때, 소규모의 외부대응으로도 전략적 대응이 가능하다면, 신속히 그리고 효과적으로 대응을 전개하도록 합니다. 외부대응의 규모가 내부역량으로 대응할 수 있는 규모를 훨씬 초월하는 상황이라면, 외부의 역량을 동원하여 활용하거나 내부역량을 재편하여 대응을 전개할 수 있는 방안을 모색하여야 합니다.

따라서 당면하고 있는 환경에 대하여 외부적 대응에 필요한 대응필요규모(ERS)를 다음과 같이 구분해볼 필요가 있습니다.

<도표 3.36> 환경대응에 필요한 대응규모의 구분

- 외부적 대응필요규모(ERS) > 내부적 대응역량(IRS) [내부역량부족]
- 외부적 대응필요규모(ERS) ≅ 내부적 대응역량(IRS) [균형역량발휘]
- 외부적 대응필요규모(ERS) < 내부적 대응역량(IRS) [내부역량과잉]

(D. J. Park, 2007)

따라서 ERS가 IRS보다 클 경우, 그렇지 않은 경우보다 전략적 도전이나 대응은 상대적으로 규모의 과부족에 따른 난이도가 증대하게 됩니다. 이와 같은 규모의 과부족에 의하여 발생하는 전략적 실패가능성을 편의상 능력규모부족에 의한 성과제약, 또는 실패가능성이라고 부르겠습니다.

이와 같은 성과제약이나 실패의 가능성은 능력편성의 시행착오를 통하여 전략성과를 제약합니다.

그러므로 경영관리자는 이와 같은 상황 하에서는 전략적 대응의 범위를 축소하거나 대응능력을 확대하는 대책을 신속히 강구하여야 합니다. 만약, 능력부족의 상황 하에서도 과욕을 부려 대응규모가 큰 전략을 전개할 경우, 전략적 성과의 제약은 물론이고, 능력의 손실을 유발할 소지도 높기 때문입니다.

<도표 3.37> 대응규모에 따른 전략대응의 구분

- 규모의 전략 Strategy of Scale
- 규모내 전략 Strategy in Scale
- 규모초월 전략 Strategy over Scale

(D. J. Park, 2007)

그러나 여기에서 유의해야 할 점은 도전가능한 수준의 능력부족의 경우, 현재의 능력수준에 안주할 것인가 또는 새로운 능력편성을 전개하여 도전적 대응을 전개할 것인가에 대한 판단을 내릴 필요가 있다는 점입니다.

능력부족에 따라 유발되는 실패가능성을 어떻게 극복할 것인가의 문제는 소위 기업가(entrepreneur)의 역량에 의하여 재검토될 수 있습니다. 만약 특정한 자원들이 제한되어 있다고 할지라도,

기존의 능력규모 내에서 발휘되고 있는 능력성과의 내용을 주도 면밀하게 점검하고, 그 능력성과를 배가시켜 전략대응성과를 높일 수 있다면, 기업의 성과는 제고될 수 있기 때문입니다.

<도표 3.37>에서 보는 바와 같이 규모에 대하여 능력규모의 범위내에서 대응전략을 구사할 것인지, 능력규모를 최대한 활용하는 대응전략을 구사할 것인지, 또는 능력규모 범위를 크게 초월하는 대응전략을 구사할 것인지는 상황의 통제가능성, 또는 상황에 대한 적극성, 그리고 활용능력과 보유능력 간의 구성을 어떻게 가져갈 것인가에 대한 판단과 의지에 따라 달라집니다. 여기에서 상황에 대한 의지와 능력에 대한 활용의지, 그리고 이전의 전략경험이 전략을 구성하는 출발점에서 작용하게 된다는 점을 알 수 있습니다.

따라서 전략을 모색할 때, 이해관계자들에 대한 이에 대한 능력의지의 점검과 전략지능에 대한 판단이 선행될 필요가 있습니다.

또한 대상의 측면에서 당면하고 있는 환경을 국소적으로 볼 것인지, 아니면 대국적으로 볼 것인지에 따라 전략의 초점이 달라집니다. 따라서 경영관리자는 이와 같은 관점들을 결합하여 전략의 내용과 방향을 설정할 때, 점검하고 대응할 수 있도록 합니다.

이상과 같은 논의를 토대로 전략대응의 원칙을 다음과 같이 수립할 수 있습니다.

전략대응의 제44원칙

전략 제44원칙: 신전략의 기획과 추진에 필요한
신능력을 균형적으로 확보한다.

전략대응의 제45원칙

전략 제45원칙: 기존의 능력을 충분히 발휘할 수 있는 전략을 편성하여
기업의 성장추력을 유지하고 강화한다.

전략대응의 제46원칙

전략 제46원칙: 전략능력확보를 위한 수단과 대안을 충실히 구성한다.

전략대응의 제47원칙

전략 제47원칙: 전략성과를 촉진하는 경영능력을 강화한다.

전략대응의 제48원칙

전략 세48원칙: 선략경영선개를 위한 성공적 경영변혁을 기획하고 실천한다.

전략대응의 제49원칙

전략 제49원칙: 환경대응의 핵심이 빠진 경영전략, 운영전략을 경계한다.

전략대응의 제50원칙

전략 제50원칙: 전략경영성과를 제고하기 위하여 SMCO의 균형적 전개를
실천한다.

전략 마인드 31

전략대응 50원칙
50 Principles of Strategic Response

■ 전략 대응원칙

그동안의 논의에서 살펴보았던 전략대응원칙들을 요약해보면 다음과 같습니다.   이 전략대응원칙들은 전략적 성공을 위하여 현실적으로 경영관리자가 조직 내에서 전략포맷을 활용하고자 할 때 착안하고 유의해야할 체크리스트로 활용할 수 있습니다.

■ 전략대응의 제1원칙

환경변화에 대응하는 외부대응전략을 확립한다.

■ 전략대응의 제2원칙

환경변화에 대응하는 내부대응전략을 확립한다.

■ 전략대응의 제3원칙

외부대응전략과 내부대응전략의 균형적, 결합적 전개를 도모한다.

■ 전략대응의 제4원칙

전략성과는 1차 전략성과(원천적 전략성과)와 2차 전략성과(후속적 전략성과)의 결합적 성과로 구성된다.

■ 전략대응의 제5원칙

탁월한 능력으로 당면환경에 대응한다.

■ 전략대응의 제6원칙

기업성과는 환경에 대응하는 전략성과와 능력성과의 결합에 의하여
창조된다.

■ 전략대응의 제7원칙

전략내용과 전략대안을 구체적으로 구분하여 활용한다.

■ 전략대응의 제8원칙

전략영역의 내용과 방향, 실행 가이드라인(원칙)을 구체화한다.

■ 전략대응의 제9원칙

전략벡터로 성장전략의 포트폴리오를 구성하여 전략적 비전과 나아갈
방향을 점검한다.

■ 전략대응의 제10원칙

전략실행성과를 좌우하는 능력과 자원의 확보와 변혁능력을 강화한다.

■ 전략대응의 제11원칙

2차 전략(실행전략, 전술)을 구체화하고 실천성과를 관리한다.

■ 전략대응의 제12원칙

전략대안모색기법과 방법론을 학습한다.

■ 전략대응의 제13원칙

전략과 전략대안의 선택과정과 품질에 유의한다.

■ 전략대응의 제14원칙

고유전략성과와 결합전략성과를 관리한다.

■ 전략대응의 제15원칙

돌발상황에 대응한다.

■ 전략대응의 제16원칙

다양한 전략대응방법과 전략수단들을 강구한다.

■ 전략대응의 제17원칙

전략대응 실천 프로세스를 관리한다.

■ 전략대응의 제18원칙

전략대응조직을 정비하고 지휘한다.

■ 전략대응의 제19원칙

전략대응에 필요한 업무규칙, 조직원칙을 설정한다.

■ 전략대응의 제20원칙

전략유효기간을 설정하고 관리하라.

■ 전략대응의 제21원칙

전략철퇴(포기) 조건을 설정하라.

■ 전략대응의 제22원칙

전략실행 핵심조직과 책임자, 지원조직, 예비조직, 통제조직을 편성하고
배치한다.

■ 전략대응의 제23원칙

전략을 수립하고 전략실행을 관리하며, 집행하는 책임부문을 확립한다.

■ 전략대응의 제24원칙

성공적 전략대응을 위하여 필요한 경영관리요소들을 기능별로
구체적으로 점검한다.

■ 전략대응의 제25원칙

전략대응에 필요한 제도적, 시스템적 관리실태를 점검하고 보완해야 할
내용들을 충족한다.

■ 전략대응의 제26원칙

전략실행을 위한 담당부문과 업무 프로세스를 확립한다.

■ 전략대응의 제27원칙

전략대응을 성공적으로 전개하기 위하여 필요한 선결요건, 전제조건을
점검한다.

■ 전략대응의 제28원칙

전략자원을 지속적으로 확보, 개발하고 자원성과를 관리한다.

■ 전략대응의 제29원칙

전략자원을 확보수단 및 대안을 확대한다.

■ 전략대응의 제30원칙

전략적 혁신요소를 관리한다.

■ 전략대응의 제31원칙

전략적 리스크를 관리하라.

■ 전략대응의 제32원칙

조직과 개인의 전략지능을 향상시킨다.

■ 전략대응의 제33원칙

전략포맷을 활용하여 전략품질을 향상시킨다.

■ 전략대응의 제34원칙

사전대응(선행대응)으로 전략적 대응 타이밍을 확보한다.

■ 전략대응의 제35원칙

전략대응방법과 절차를 체계화한다.

■ 전략대응의 제36원칙

품질충족의 9원칙과 품질전략 5원칙을 준수한다.

■ 전략대응의 제37원칙

전략성공의 SECRETS 모델을 활용하여 전략과 전술적 성과를
극대화한다.

■ 전략대응의 제38원칙

현실구성의 적합성을 제고하여 전략과 전술의 성과를 제고한다.

■ 전략대응의 제39원칙

전술과 전략의 조화로운 결합적 전개로 대응성과를 극대화한다.

■ 전략대응의 제40원칙

전략창조 프로세스를 관리한다.

■ 전략대응의 제41원칙

전략적 환경대응의 절차적 단계를 점검, 관리한다.

■ 전략대응의 제42원칙

전략성과촉진 요소를 체계적으로 관리한다.

■ 전략대응의 제43원칙

전략성과요소들과 전략촉진요소들의 결합적 전개를 효과적으로
실시하여 전략성과를 높인다.

■ 전략대응의 제44원칙

신전략의 기획과 추진에 필요한 신능력을 균형적으로 확보한다.

■ 전략대응의 제45원칙

기존의 능력을 충분히 발휘할 수 있는 전략을 편성하여 기업의
성장추력을 유지하고 강화한다.

■ 전략대응의 제46원칙

전략능력확보를 위한 수단과 대안을 충실히 구성한다.

■ 전략대응의 제47원칙

전략성과를 촉진하는 경영능력을 강화한다.

■ 전략대응의 제48원칙

전략경영전개를 위한 성공적 경영변혁을 기획하고 실천한다.

■ 전략대응의 제49원칙

환경대응의 핵심이 빠진 경영전략, 운영전략을 경계한다.

■ 전략대응의 제50원칙

전략경영성과를 제고하기 위하여 SMCO의 균형적 전개를 실천한다.

맺음말

전략포맷에 대한 발상은 2005년 3월 샌디에고에서 공저자인 피터교수와 기업 컨설팅에 관련된 논쟁에서 시작되었습니다. 전문가들조차 종종 전략을 논의할 때, 제각기 다른 내용을 설명하면서 대안을 모색하는 일이 생기는 것입니다.

어떤 사람들은 너무 단순하게 설명하면서 복잡한 내용들을 하나씩 끌어다 붙이기도 하고, 어떤 사람들은 복잡한 설명을 전개하면서 내용이 별로 없는 경우도 있습니다. 이와 같은 현상은 기업이나 정부관련조직에서도 마찬가지입니다. 어째서 똑같은 단어를 구사하면서 이와 같이 통일적인 활용이 되지 못하고 있는가에 대한 의문이 이 책의 핵심주제이며 내용인 전략포맷을 개발하게 된 동기입니다.

약 8개월 정도의 문제의식과 주제의식을 구성한 뒤, 최종적으로 포맷과 활용의 기틀을 구성하는 데에는 2년이 소요되었습니다. 포맷의 구성에서는 매월 정기적인 공저자와의 미팅과 설계, 현장적용과 컨설팅 및 경영학과 강의실에서의 논의를 통하여 본서에서 소개하는 바와 같이 구체화하게 되었습니다. 이에 대한 활용이 증대할수록, 그리고 현실적으로 해결해야 할 전략적 과제의 복잡성이 증가할수록 전략포맷은 점차 복잡해질 수도 있습니다. 그러나 여기에서 확정하고 활용하는 전략포맷은 가장 간단한 표준형태로 구성하였습니다. 이러한 전략포맷을 미국이 아닌 국내에서 한글로 가장 먼저 소개하게 되어 저자로서 기쁘게 생각합니다.

여기에서 제시되고 있는 다양한 전략포맷들은 정부나 일반기업조직에서 제각기 당면하고 있는 현실적 필요에 따라 자유자재로 활용할 수 있습니다. 또한 필요하다면, 사용자의 니즈에 따라 적절하게 포맷의 내용을 재구성하거나 변형하여 활용할 수 있습니다.

그와 같이 경영관리자들이 편리하게 사용할 수 있도록 다양한 형식을 제시하기 위하여 전략성공을 단계적으로 심화시켜가기 위한 10가지의 전략포맷의 기본형을 제시하였습니다. 이제부터라도 조직 내에서 전략포맷을 중심으로 전략을 논의할 수 있게 되어 참으로 다행이 아닐 수 없습니다.

전략포맷을 활용할 경우, 가장 중대한 성과는 대응하고자 하는 전략의 품질이 크게 향상될 뿐만 아니라 조직구성원들이 전략에 대한 개념을 명확하게 구성하고, 또한 성공적인 전략을 위하여 검토하고 발전시켜야 할 전략이 무엇인가를 스스로 생각하고 상호간에 교환할 수 있게 된다는 사실입니다. 바로 이와 같은 전략에 대한 조직의 오리엔테이션이 조직의 전략지능을 발전시키고 향상시키는 계기로 작용합니다.

따라서 경영관리자 여러분께서는 이제부터라도, 막연히 '전략을 만들어봅시다'라고 하기 보다는 '전략포맷 6으로, 또는 전략포맷 9로 전략을 만들어 봅시다'와 같이 구체적인 형식과 내용을 규정함으로써 전략을 지휘할 수 있기를 희망합니다.

전략포맷은 조직구성원의 전략의 형식논리를 강화합니다. 때로는 잘 설계된 형식논리가 내용의 향상을 크게 도모할 수 있습니다. 현재와 같이 전략에 대한 논리적 틀과 내용이 부정확하게 활용되는 실정에서는 전략포맷과 같은 형식논리를 효과적으로 구사함으로써 조직의 전략성과를 높이는데 유용한 결과를 가져올 수 있습니다.

그러나 지나치게 형식을 강조하다보면, 때로는 왜곡되거나 잘못된 내용의 전략이 구사될 수도 있습니다. 따라서 지나치게 형식논리에만 의존하지 않도록, 전략포맷의 자유도를 허용할 필요가 있습니다.

본문에서도 설명되었지만, 전략포맷에 채울 수 없는 내용들이 있을 경우, 비어 있는 채로도 서로 논의하고 대응할 수 있는 자세를 갖추는 것이 중요합니다. 특히 난기류와 불확실성이 높아지고, 대응해야 할 시간적 여유가 없을 경우에는 이에 대하여 더욱 유의할 필요가 있습니다.

이 책에서는 전략적 리스크와 관련된 논의는 생략되어 있습니다. 이에 대하여는 이 책의 자매서로 출간되는 「전략적 위기경영」을 참조하시기 바랍니다.[43]

제3장에서는 필자들이 연구하고 개발한 전략적 성공모델과 개념들을 살펴보았습니다. 기존의 전략벡터를 개량하여 새로운 형태의 성장전략벡터와 품질전략을 살펴보았습니다. 여기에서는 조직에서 전략의 방향설정을 새롭게 할 수 있도록 하기 위하여 기존의 전략벡터를 수정한 품질사업영역벡터인 BMQ전략벡터를 살펴보고 경영관리자가 주목해야 할 품질충족의 9원칙과 품질전략의 5원칙을 살펴보았습니다. BMQ 전략벡터는 기존의 전략요소들로 성공할 수 없는 고품질 경쟁의 국면에서 품질중심의 성장전략을 추구하고자 할 때, 유용한 착안점을 제시합니다.

전략성공모델은 그동안 전략만능적 관점과 전략회의론적 관점을 통합하여 실천적 전략성과를 제고하기 위하여 창안한 성공모델입니다. 여기에서는 전략적 성공을 위한 SECRET 모델을 중심으로 각 조직에서 어떠한 방식으로 전략전개를 추구하고 있는지에 대하여 점검하고, 어떻게 대응할 것인지에 대하여 대안을 모색할 수 있는 착안점을 제시하고 있습니다.

---

[43] 김승렬, 박동준 공저, 「전략적 위기경영-실천기법」, 소프트전략경영연구원, 2008

전략과 전술에 관한 관점에서는 조직구성원들이 현실을 구성하는 관점에 대하여 살펴보았으며, 전술의 새로운 개념과 중요성을 이해하고 전략과 전술의 조화로운 전개를 추구할 것에 대하여 살펴보았습니다.

또한 전략포맷과 $PERD^2$ 프레임워크를 통하여 상황을 인식하고 대응하는 패러다임으로부터 환경의 인식, R&D+D와 추진결과, 사업집행과 성과의 관리로 전개되는 경영의 과정 속에서 전략포맷을 연계활용하는 결합구도를 간략하게 살펴보았습니다.

전략적 균형모델에서는 전략과 능력, 경영과 운영 또는 실행이 체계적으로 전개되어야 하는 종합적 관점에서의 전략경영의 전개를 살펴보았습니다.

이 책자가 여러분의 전략적 마인드를 강화하고 현실과 조직에서 전략적 성과를 높이는 데, 조금이라도 도움이 될 수 있기를 간절히 희망합니다.

342

참고문헌

1. 김승렬, 박동준, 전략적 위기경영, 소프트전략경영연구원, 2008.
2. 박동준, <전자도서>뉴패러다임의 전략경영, 소프트전략경영연구원, 2003.
3. 박동준, 거시경영으로써의 전략경영, 전략경영저널, 소프트전략경영연구원, 2003년 6월호
4. 박동준, 경영정치론의 전략경영 패러다임, 소프트전략경영연구원, 2003년 10월호
5. 박동준, 뉴스와트 전략 2.0 실천기법, 소프트전략경영연구원, 2008.
6. 박동준, 뉴스와트전략, 소프트전략경영연구원, 2005.
7. 박동준, 성공경영을 위한 전략 C, 소프트전략경영연구원, 1997
8. 박동준, 소프트파워전략, 도서출판 성림, 1993.
9. 박동준, 신경쟁전략, 경영관리자 전략경영워크샵 교재(2), 소프트전략경영연구원, 2006.
10. 박동준, 신임 경영관리자의 전략관리, 소프트전략경영연구원, 2003.
11. 박동준, 전략경영, 경영자 전략경영워크샵 교재(1), 소프트전략경영연구원, 2005.
12. 朴東濬, 戰略創造プロセスに關する考察 : 5C モデル, 日本戰略經營協會, Strategic Management Review 戰略經營研究, (2005 Vol. 30 No.2), 2005. 12.
13. 박동준, 창조경영, 경영관리자 전략경영워크샵 교재(5), 소프트전략경영연구원, 2006.
14. 박동준, 피터 앤토니오 공저, 경영과 나 - 윤리경영을 생각하는 100제, 소프트전략경영연구원, 2003.
15. 이민광·박동준 공저, 기업병, 소프트전략경영연구원, 1994.
16. 전성현, 뉴 비즈니스 모델 - 신경제시대의 가치창출, 아산재단연구총서 제79집, 집문당, 2001.
17. 조동성, 21세기를 위한 전략경영 (개정판), 도서출판 서울경제경영, 1999.
18. 나까무라겐이치(中村元一) 외, 實踐戰略經營診斷, ダイヤモンド社, 1994, 박동준 역, 실천전략경영진단매뉴얼, 소프트전략경영연구원, 1998.
19. 나까무라겐이치(中村元一) 외, 實踐ライアンス型經營, ダイヤモンド社, 1993, 박동준 역, 제휴의 전략경영, 소프트전략경영연구원, 1994
20. 나까무라겐이치(中村元一), 圖表50で讀む戰略經營, 박동준 역, 소프트전략경영연구원, 1993

21. 竹田志郎 編著, 國際經營論, 中央經濟社, 1994

22. 마사아키 이마이, 카이젠, 이길진 역, 범문사, 1991.

23. 오마에 겐이치(大前硏一), 異端者の時代, マネジマント社, 1994, 박동준 역, 이단자시대의 공격우위, 소프트전략경영연구원, 1997.

24. 쯔무라 타케오(都村長生), 企業變身, ダイヤモンド社, 1992, 박동준 역, 리스트럭춰링을 통한 기업변신전략, 1993

25. 카키시마 카즈미, 現代實踐內部監査, 白桃書房, 1992, 박동준 역, 실천내부감사매뉴얼, 소프트전략경영연구원, 1996.

26. 키타야 유키오(北矢行男), 10年後の一流企業, かんき 出版, 1992, 박동준 역, 21세기 초일류기업, 소프트전략경영연구원, 1993.

27. 토머스 데이븐 포트 외, IT 경영전략, 현대경제연구원 역, 21세기북스, 1998.

28. Ansoff, H. I., et al., *Implanting Strategic management*, Prentice-hall, 1992, 박동준·신준성 역, 전략경영실천원리, 소프트전략경영연구원, 1997.

29. Ansoff, H. I., *The New Corporate Strategy*, Wiley, 1988, 박동준 역, 최신전략경영, 소프트전략경영연구원, 1993.

30. Antoniou, P., *Competitiveness Through Strategic Success*, The Planning Forum, 1994

31. Antoniou, P., *Negotiating with Americans*, Paratiritis, Thessaloniki, 1995

32. Antoniou, P., *Optimizing Profitability During the 21st Century*, USICB at Alliant International University, San Diego, 2000

33. Antoniou, P., *Strategic Management and the Relationship Between Government and Companies*, China People's University Press, Beijing, 2001

34. Antoniou, P., *Strategies for Developing Companies in Evolving Countries*, China People's University Press, Beijing, 2004

35. Antoniou, P., Sullivan, P. E., *The Igor Ansoff Anthology*, 2006

36. Antoniou, P., *The Secrets of Strategic Management: The Ansoffian Approach*, BookSurge, 2005

37. Blake R. B. (et al.), *Executive Achievement: Making it at the Top*, McGraw-Hill, 1989.

38. Bourgeois III, L. J., et al., *Strategic Management - Managerial Perspective* (2nd ed.), The Dryden Press, 1999.

39. Brown, S. L. and Eisenhardt, K. M., *Competing on the Edge: Strategy as Structured Chaos*, Harvard Business School Press, 1998.

40. Davenport T. H. and Prusak, L., *Working Knowledge: How Organizations Manage What They Know*, Harvard Business School Press, 1998.

41. David, Fred R., *Strategic Management* (6th ed.), Prentice-hall, 1997.

42. Drucker, Peter F., *Managing in a Time of Great Change*, Truman Talley Books/Plum, 1998

43. Drucker, Peter F., *The Executive in Action*, HarperBusiness, 1996.

44. Gen-Ichi Nakamura, *Core Competence-based Approach in a Practical Perspective*, 1994, <전자도서> 나까무라겐이치 교수 논문모음집, 소프트전략경영연구원, 2003

45. Hamel, G; Heene, A.(ed), *Competitence Based Competition*, John Wiley & Sons, 1994.

46. Hamel, G., Praharad, C. K., *Competing for the Future*, Harvard Business School Press, 1994

47. Hammer M. and Stanton, S. A., *Reengineering the Corporation: A Manifesto For Business Revolution*, HaperBusiness, 1993.

48. Hammer M. and Stanton, S. A., *The Reengineering Revolution*, HarperCollins, 1995.

49. Hamner W. C. et al., *Organizational Behavior – an applied psychological approach*, Business Publications, 1978.

50. Handy C., *Beyond Certainty*, Harvard Business School Press, 1996.

51. Harvard Business School, *Harvard Business Review on Advances in Strategy*, Harvard Business School Press, 2002.

52. Harvard Business School, *Harvard Business Review on Change*, Harvard Business School Press, 1998.

53. Harvard Business School, *Harvard Business Review on Knowledge Management*, Harvard Business School Press, 1998, 현대경제연구원 역, 지식경영, 21세기북스, 1999.

54. Harvard Business School, *Harvard Business Review on Measuring Corporate Performance*, Harvard Business School Press, 1998.

55. Harvard Business School, *Harvard Business Review on Strategies for Growth*, Harvard Business School Press, 1998.

56. Hax, A. C. and Majluf, N. S., *The Strategy Concept and Process: A Pragmatic Approach*, Prentice-Hall, 1996.

57. Hesselbein F. (et al.), *The Organization of the Future*, The Drucker Foundation Series, Jossey-Bass Publishers, 1997.

58. Hilb, M., *Integriertes Personal-Management*, Luchterhand, 1994.

59. Hilb, M., *Personalpolitik für Multinationale Unternehmen*, Verlag Industrielle Organisation des Betriebswissenschaftlichen Insitituts der ETH Zürich, 1985.

60. Hilb, M., *Transnational Management of Human Resources: The 4P Model of Glocalpreneuring)*, Univ. of St. Gallen (Switzerland), 1999.

61. Hitt, Michael A. et al., *Strategic Management － Competition and Globalization* (2nd ed.), West Publishing Company, 1997.

62. Hitt, Michael A. et al., *Strategic Management － Competition and Globalization (Concepts)* (4th ed.), SouthWstern College Publishing, 2001.

63. Hussey, David E., *Business Driven Human Resource Management*, John Wiley & Sons, 1996.

64. Hussey, David E., *How to Manage Organisational Change* (2nd ed.), Kogan Page, 2000

65. Hussey, David E., *Strategic Management － Theory and Practice* (3rd ed.), Pergamon, 1994.

66. Hussey, David E., *Strategic Management from theory to implementation* (4th ed.), Butterworth-Heinemann, 1998.

67. Juran, J. M., *Juran on Leadership for Quality*, The Free Press, 1989.

68. Juran, J. M., *Managerial Breakthrough: The Classic Book on Improving Management Performance* (2nd ed.), McGraw-Hill, 1995.

69. Kaplan, R. S. and Norton, D. P., *The Balanced Scorecard: Translating Strategy into Action*, Harvard Business School Press, 1996.

70. Kaplan, R. S., Norton, D. P., *Balanced Score Card*, Harvard Business School Press, 1996.

71. Keeney R. L., *Value-Focused Thinking*, Harvard University Press, 1992.

72. Kotler P., *Marketing Management: Analysis, Planning, Implementation, and Control*, Simon & Schuster, 1988.

73. Lewis, J. D., *Partnerships for Profit*, Free Press, 이덕실 역, 협력경영, 소프트전략경영연구원, 1993

74. Lipton, M., *Guiding Growth: How Vision Keeps Companies on Course*, Harvard Business School Press, 2003.

75. MicroStrategy, *Business Intelligence: An Architecture for Next*

Generation, MicroStrategy Inc, 2002.

76. Mintzberg, H. and Quinn, J. B., *The Strategy Process: Concepts, Contexts, Cases* (3rd ed.), Prentice-Hall, 1996.

77. Mintzberg, H., *The Rise and Fall of Strategic Planning*, Free Press, 1994.

78. Montgomery C. A., Porter, Michael E. (ed.), *Strategy - Seeking and Securing Competitive Advantage*, Harvard Business Review Book, Harvard Business School Press, 1991.

79. Nilsson, N. J., *Artificial Intelligence: A New Synthesis*, 최중민 외 공역, 인공지능 - 지능형 에이전트를 중심으로, 사이텍미디어, 2000.

80. Porter, M. E., *Competitive Advantage: Creating and Sustaining Superior Performance*, The Free Press, 1985.

81. Porter, M. E., *The Competitive Advantage of Nations*, The Free Press, 1990.

82. Rangan V. K. (et. al), *Business Marketing Strategy*, Irwin, 1995.

83. Rosenhead, J., *Rational Analysis For A Problematic World*, John Wiley & Sons, 1989, 木嶋恭一 監譯, ソフト戰略思考, 日刊工業新聞社, 1992

84. Rothschild, W. E., *Risktaker, Caretaker, Surgeon, Undertaker*, John Wiley & Sons, 1993, 梅津祐良 譯, 戰略型リーダーシップ, ダイヤモンド社, 1994.

85. Senge, Peter M., *The Fifth Discipline: The Art & Practice of The Learning Organization*, Currency Doubleday, 1990.

찾아보기

(아)

(자)

(1,2,3)

(A)

(B)

(C)

(D)

(E)

(F)

(G)

(I)

(L)

(M)

(T)

(U,V,W)

지은이에 대하여

박 동 준 (朴 東 濬)

지은이는 삼성그룹 용인연수원, 한국상업은행 전산업무부 DBA, 한국생산성본부 교육기획실장, 책임전문위원, 포스데이타(주) 교육과장, 서강대학교 경영회계연수원 책임연구원을 거쳐, 1993년 소프트전략경영연구원을 설립하여 대기업, 중견기업, 벤처기업을 포함하여 공기업, 정부투자기관의 경영관리자들의 전략경영능력강화를 위한 교육, 컨설팅지도, 관련 도서의 저술 및 번역 출판활동에 매진해오고 있습니다. 미국법인 ESPRO Inc.의 대표이사, 일본전략경영협회(JSMS) 이사로 재임하고 있으며, 미국 현지에서는 최신의 전략경영의 실천기법을 개발하고 이의 보급에 주력하고 있습니다.
앤소프 코리아(Ansoff Korea) 대표, 앤소프전략경영스쿨(USIU/AIU MBA 과정) 주임교수로 활동하고 Ansoff Institute Advisory Director, Strategic Change(John Wiley) editorial board를 역임하였습니다.
숭실대학교 철학과, 연세대학교 경영대학원 경제학 석사, 국민대 BIT 대학원 박사과정.

주요저서로는 「무계획은 실패를 계획하는 것이다」, 「소프트파워전략」(도서출판 성림, 1993), 「ソフトパワ-戰略」, (都市文化社, 日本 東京, 1993), 「기업병」(李民光 공저, 1994), 「성공경영을 위한 전략C」(1997), 「뉴 패러다임의 전략경영」(2003), 「뉴스와트 전략」(2005), 「Management, Zen and I」(피터 앤토니오 공저, 2007), 「전략적 위기경영-실천기법」(김승렬 공저, 2008), 「전략포맷과 성공전략모델(피터 앤토니오 공저)」(2008), 「뉴스와트 전략 2.0 실천기법」(2008) 등이 있으며,

주요역서로는 「최신전략경영」, 「전략경영실천원리」(H. I. Ansoff), 「협상의 전략」(Peter H. Antoniou, K. Whitman), 「최고경영자를 위한 전략경영매뉴얼」(나까무라겐이치 中村元一), 「리스트럭춰링을 통한 기업변신전략」(쯔무라 타케오, 都村長生), 「21세기의 초일류기업」(키타야 유키오 北矢行男), 「제휴의 전략경영」(나까무라겐이치 中村元一), 「실천내부감사매뉴얼」(카키시마 카즈미), 「실천전략경영진단매뉴얼」(나까무라겐이치 中村元一), 「이단자시대의 공격우위」(오마에 겐이치 大前硏一), 「알기 쉬운 업무개선매뉴얼」(일본능률협회) 등이 있습니다.

Peter H. Antoniou, MIBA, DBA

Peter H. Antoniou, MIBA, DBA, received his Master's in International Business Administration in England and his Doctorate in Strategic Management in the US.

As a partner at Pomegranate International, founded in 1986, he has been involved in International Venturing, Educational programs and Consulting activities (www.pomegranateinternational.com). He teaches select courses in Strategic Management and International Business.

In International Venturing, Pomegranate International matches United States and Chinese companies, negotiates joint venture agreements, establishes international distributorship contracts and arranges contract manufacturing. In the area of Education, Pomegranate International develops and implements training programs for executives in the United States and China. In Consulting, Pomegranate International develops and executes Strategic Transformations globally.

Dr. Antoniou travels frequently to Europe and China to deliver seminars and consult in the areas of International Marketing and Strategic Management. He has worked with a wide range of companies including IBM-Brazil, IBM-Mexico, Johnson Wax, Infotec, the US Navy and the Pearl River Investment Company.

Dr. Antoniou was the founder and co-chair of the International Trade Committee of the Mid-Valley Chamber of Commerce in Los Angeles. The Chamber serves an area with more than 10,000 manufacturers. He is a member of the National Committee on US-China Relations, Senior Advisor of the US-China Chamber of Commerce and member of the Board of Directors of the Los Angeles Guangzhou Sister City Association. He was awarded the titles of: Honorary Advisor of the Gansu Foreign Trade and Economic Cooperation Department; Special Advisor to the China Council for the Promotion of International Trade; Special Consultant to the Tianjin Municipal Science and Technology Exchange Center; Visiting Professor at the Guangdong University of Law and Business; Senior Advisor at the Wuxi New Development District; Senior Advisor to the Korea Productivity Center, Seoul, Korea; Economic Advisor to Taicang Municipal Government, Jiangsu Province; and Special Advisor to Qingdao Economic Development Zone.

Dr. Antoniou has authored and co-authored 19 books published in the United States, China, Bulgaria, Greece and Korea. He has written numerous articles featured at national and international conferences and publications. He was contributing editor at the China Business Review.

Books: Authored or co-authored

Management, Zen and I, BookSurge, 2007

The H. Igor Ansoff Anthology, BookSurge, 2006

The Secrets of Strategic Management: The Ansoffian Approach, BookSurge, 2005(Adopted as a required text at: Marshall Goldsmith School of Management at Alliant University graduate and undergraduate programs)

Intercultural Communication Skills, Sun Yat-Sen University Press, Guangzhou, China, 2004

Strategies for Developing Companies in Evolving Countries, People's University Press, Beijing, China, 2004

Strategic Management and the Relationship Between Government and Companies, People's University Press, Beijing, China, 2001

The U.S. Economy and the 21st Century's Trends, People's University Press, Beijing, China, 2001

Optimizing Profitability During the 21st Century, USICB at Alliant International University, San Diego, 2000

Negotiating with Americans, Paratiritis, Thessaloniki, 1995

Competitiveness Through Strategic Success, The Planning Forum, 1994

The Challenges and Rewards of Exporting to the United States, Bulgaria, CORPEX, Sofia, 1992

Articles

Successful Technology Transfer, International Journal of Technology Management Special issue - Strategy and Information Management in the Innovative Era, Spring 2006

General Managers' Capability in Asian Organizations - Empirical Findings of Four Studies, Journal of Global Business, Winter 2005, Vol.16, No 30, pp. 67~73

Strategic Management of Technology, Journal of Technology Analysis and Strategic Management, June 2004, Vol. 16, No. 2, pp. 275~291

전략포맷을 활용하여 조직의 전략체계와
구조적 전개를 정비하기 위한 워크샵 프로그램 안내

전략포맷 능력강화를 통한 전략성과제고 워크샵 기본 프로그램

1. 전략포맷의 기본적 프레임워크
2. 우리의 전략포맷과 전략 내용의 점검
3. 현재 또는 향후 추진사업과 우리 조직의 실제에 합당한 최적의 전략포맷의 확인
4. 전략요소별 전략내용의 점검
5. 성공적인 전략구성과 전략대응을 위한 전략성공 프레임워크 점검
6. 전략포맷의 작성과 점검
7. 전략내용의 수정과 보완, 검토
8. 전략점검
9. 전략실천에 필요한 관리항목과 점검항목의 확인
10. 경영전략회의의 전개 및 후속조치의 수행

전략포맷 능력강화를 통한 경쟁전략성과제고 워크샵 프로그램

1. 경쟁환경분석
2. 기존의 전략성과분석
3. 기존의 전략구조와 내용의 점검
4. 신경쟁전략의 전략포맷구성
5. 전략내용의 수정과 보완, 검토
6. 전략점검
7. 전략실천에 필요한 관리항목과 점검항목의 확인
8. 경영전략회의의 전개 및 후속조치의 수행

전략지휘능력 확충을 위한
전략포맷 리더 프로그램

1. 전략경영과 전략포맷의 기본적 프레임워크
2. 성공적 전략구조모델과 전략성과제고를 위한 전략구성과 전개절차
3. 최적 전략포맷의 확인
4. 전략내용의 편성과 지휘: 기법과 요령, 절차
4. 전략요소별 전략내용 점검의 지휘와 관리
5. 성공적인 전략구성과 전략대응을 위한 전략성공 프레임워크 점검
6. 전략포맷의 작성지휘와 점검
7. 전략내용의 수정과 보완, 검토의 지휘
8. 전략점검의 절차와 요령
9. 전략실천에 필요한 관리항목과 점검항목의 확인의 테크닉
10. 경영전략회의의 전개 및 후속조치의 수행의 지휘

* 본 워크샵은 기업조직별로 특성에 따라 실전 워크샵 프로그램으로 설계하여 수행합니다.
* 국내 리더 워크샵을 이수하고 성과에 따라 미국 연수 프로그램을 수행합니다.
* 미국 연수 프로그램에서는 캘리포니아 샌디에고에서 영어로 진행합니다. (통역 제공없음)
* 전략포맷 리더 워크샵 프로그램 문의:

    박동준: nswot@naver.com

    피터 앤토니오: drpha@aol.com

전략적 성과제고를 위한 전략 마인드 시리즈 출간안내

전략 마인드 1	경영관리자의 성공전략 (박동준 저)

신임 경영관리자 및 자신 및 조직의 업적성과를 개선하고자 하는
경영관리자의 필독서. 새로운 경영관리자를 위한 성공전략안내서

1. 경영관리자의 성공원칙과 경영성공모델을 학습하고 경영관리자의 업적과 조직의 성과제고를 위하여 기본적으로 학습해야 할 전략적 관점과 태도를 강화한다.

2. 조직의 업무기획실태를 점검하고 업무기획품질을 제고하고 조직의 전략적 역량을 강화하기 위한 착안점과 경영관리자의 역할을 재정립한다.

3. 기업의 성장을 주도하기 위한 전략개념과 관점을 강화하고 전통적인 SWOT전략기법을 알기 쉽게 학습한다.

4. 조직 내에서 현재 전개되고 있는 전략적 문제해결기법의 한계점을 확인하고, 새로운 관점에서의 전략대응기법을 학습한다.

전략 마인드 2	뉴스와트전략 2.0 실천기법 (박동준 저)

2005년 최초로 선을 보인 뉴스와트전략 실천기법의 최신 수정판

1. 뉴스와트전략의 절차와 작성도표를 보완하여 추가하고, 점검항목을 개선하여 2008년 뉴스와트전략 2.0 실천기법을 상세히 소개하고 있다.

2. 개정판에서는 전략적 과제대응 프로그램인 SIS 프로세스의 점검항목에서 리스크에 대비하기 위하여 선행적 대응항목을 추가하였으며, 긴급대응항목을 보완하여, 조직의 성과를 증진하도록 하였다.

3. 정부부문과 초일류기업의 전략 프로세스의 혁신에 도움을 주고 있는 뉴스와트전략 기법의 창안자가 직접 지도하면서 경험한 실전기법을 소개하고 있다.

4. 당면하고 있는 전략적 과제의 복잡성 및 실무자의 작업능력에 따라 작업전개의 난이도를 구분하여 학습할 수 있도록 전개하고 있다.

전략 마인드 4	전략적 위기경영 실천기법 (김승렬, 박동준 공저)

리스크 스와트 매트릭스 기법, Risk Issues Clustering 기법, Risk Issues Map, 전략적 기업 위기경영 프레임워크 등 전략적 리스크에 대응하기 위하여 필요한 실천적 접근방법을 알기 쉽게 소개하고 있는 전략적 위기경영의 기본서

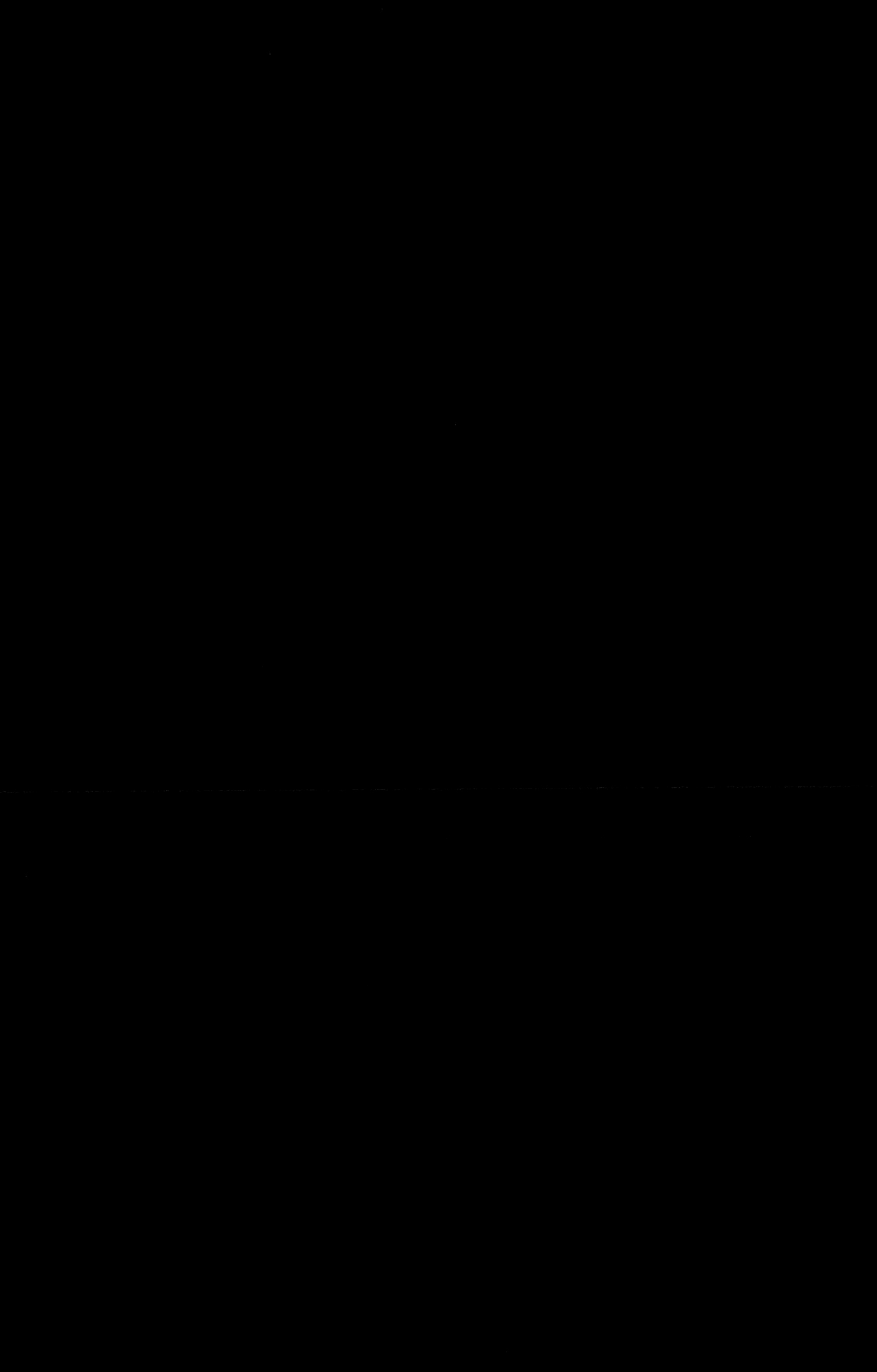